KAISERZEIT UND MODERNE

„Der Wegweiser durch Berlin mit seiner Fülle von Fakten, Geschichte und ins Heute ragenden Zeugnissen Berliner Begebenheiten ist mehr als eine Fleißarbeit – wir lernen die Stadt, unsere Stadt, neu erkennen und mit anderen Augen zu sehen.“
DER TAGESSPIEGEL

MICHAEL BIENERT / ELKE LINDA BUCHHOLZ

KAISERZEIT UND MODERNE

EIN WEGWEISER DURCH BERLIN

WWW.BERLINSTORY.DE

IMPRESSUM

Deutsche Nationalbibliothek – CIP Einheitsaufnahme

Bienert, Michael / Buchholz, Elke Linda:
Kaiserzeit und Moderne – Ein Wegweiser durch Berlin
2., aktualisierte Auflage – Berlin: Berlin Story Verlag 2009
ISBN 13: 978-3-929829-47-1

Unter den Linden 26, 10117 Berlin
Tel.: (030) 20 45 38 42
Fax: (030) 20 45 38 41
www.BerlinStory.de, E-Mail: Service@BerlinStory.de
Gestaltungsentwurf: Till Kaposty-Bliss
Umschlag und Satz: Norman Bösch

WWW.KAISERZEIT-UND-MODERNE.DE

INHALT

ÜBERALL IST KAISERZEIT 8

BERLINER CHRONIK 1871-1918 12

FRIEDRICHSTRASSE 16
Karte der Friedrichstraße 20 – Kaisergalerie 21 – Theaterspuren 22 – Admiralspalast 24 – Geburt des Kinos 26 – Bankenviertel 28

MASSENVERKEHR 30
Stadt der Bahnhöfe 34 – Karte des Berliner Eisenbahnverkehrs 36 – Ring- und Stadtbahn 38 – Reisen mit der U-Bahn 41 – Ruhmeshallen der Post 46

VERWALTUNG UND VERSORGUNG 50
Übersichtskarte von Berlin 54 – Stadthaus und Rathäuser 56 – Sauberes Wasser 59 – Der Bauch von Berlin. Markthallen 62 – Krankenstädte im Grünen 64 – Schulkasernen und Lernschlösser 69 – Palme, Wiesenburg und Arbeitshaus 74 – Justizpaläste 77

WOHIN MIT DEN TOTEN? 80
Sozialistenfriedhof in Friedrichsfelde 83 – Jüdische Nekropole. Der Friedhof in Weissensee 86 – Totenwald mit Gleisanschluss. Südwestfriedhof Stahnsdorf 90 – Asche zu Asche. Das erste Krematorium 93

REICHSHAUPTSTADT 94
Wo die Kaiser wohnten 96 – Hotel Adlon 100 – Schlossmoderne in Cecilienhof 102 – Kaiserlicher Denkmalsboom 104 – Karte des Tiergartens 108 – Rotkäppchen und Neptun 110 – Zur Ehre von Kaiser und Gott. Kirchenbauten 111 – Kaisers Rock im Zeughaus 116 – »Dem deutschen Volke«. Reichstag und Landtag 118 – Weltpolitik in der Wilhelmstraße 123 – Reichsversicherungsamt 127 – »Rote Burg« und Sophiensäle 128 – Bebel & Co. Politiker-Adressen 130

FRAUENWELTEN 132
Vaterländische Frauenvereine 135 – Das Pestalozzi-Fröbel-Haus 136 – Frauen in den Beruf! Der Lette-Verein 138 – Abitur für Mädchen! 139 – »Malweiber« Verein der Berliner Künstlerinnen 140 – Orte bedeutender Frauen 142

SCHÖNER WOHNEN 146
Reforminseln im Häusermeer. Alfred Messel 150 – Riehmers Hofgarten 153 – Wohnen in Pankow 154 – Villenkolonien 156 – Hermann Muthesius 158 – Raus ins Grüne. Gartenstädte 162 – Charlottes Gründerzeitmuseum 166

HANDEL UND WANDEL 168
Panoramaansicht der Gewerbeausstellung 172 – Strom für die Welt. Die AEG 174 – Industrieanlagen 177 – Gewerbehöfe 180 – Kultur statt Bier. Brauereien 182 – Kathedralen des Konsums. Waren- und Kaufhäuser 184

KUNSTLEBEN 186
Künstlerspuren. Von Menzel bis Anton von Werner 190 Gartenparadies am Wannsee. Max Liebermann und die Villenkolonie Alsen 194 – Zilles Orte 197 – Die »Brücke«. Avantgarde im Berliner Südwesten 198

MUSEUMSBOOM 200
»Der deutschen Kunst«. Alte Nationalgalerie 202 – Schatzhaus der alten Meister. Bode-Museum 205 – Ein Tempel für die Antike. Pergamonmuseum 208 – Haus Wiegand

in Dahlem. Moderne Antike 210 – Märkisches Museum. Rumpelkammer oder Erlebnisraum 211 – Der Martin-Gropius-Bau. Kunstgewerbemuseum 214 – Exkurs: Jugendstil in Berlin 216

STADT DES WISSENS 218
Auge, Zelle, Bakterium 222 – Berliner Forscher 226 – Museum für Naturkunde 228 – Elefantös. Der artenreichste Zoo der Welt 231 – Forschen in Dahlem. Kaiser-Wilhelm-Institute 234 – Die ganze Welt in einem Garten. Botanischer Garten 236 – Stadtgrün: Arboretum - Parks - Karl-Foerster-Garten 238

MODERN SEI DER POET 240
Freie Bühnen 244 – Gerhart Hauptmanns Adressen 246 – Hinter der Weltstadt. Friedrichshagen 247 – Geld und Geist. Villenkolonie Grunewald 249 – Weitere Adressen der Moderne 251 – Fontanopolis 253

MARSCH IN DEN KRIEG 256
Musterung bei General Pappkarton 260 – Militärbauten 261 – Reichsmarineamt und Pépinière 264 – Raub in Uniform. Die Köpenickiade 265 – »Nieder mit dem Krieg!«. Liebknechts Sockel 267

ANHANG 268
Literaturhinweise 269
Museumsadressen 271
Abbildungsnachweis 274
Register 275

ÜBERALL IST KAISERZEIT

Das Haus, in dem wir wohnen, ist kurz vor dem Ersten Weltkrieg gebaut worden. Wie viele Häuser aus dieser Epoche hat es seine ornamentierte Stuckfassade verloren. Mit seinem fadgelben Putz wirkt es unscheinbar, doch viele schöne Jugendstildetails verleihen ihm noch immer eine besonders wohnliche Atmosphäre: die abgerundeten Glasfenster der Haustür und die eingekerbten Pflanzenornamente an den Wohnungstüren, das gedrechselte Holzgeländer oder die angenehm in der Hand liegenden Messingklinken der Doppelfenster. Die Räume sind höher als in neueren Wohnhäusern, an manchen Decken sind Stuckrosetten erhalten. Der Zuschnitt der Räume hat sich über Jahre als zweckmäßig für das Familienleben erwiesen. Das Knarren der alten Dielen nimmt man gerne in Kauf.

Aus unseren Schreibzimmern schauen wir auf die Stuckaturen eines Mietshauses, das der Besitzer aufwändig restaurieren ließ. Die ganze Straße ist in der Kaiserzeit angelegt worden, schon damals verkehrte eine nahe Straßenbahnlinie in die Berliner Innenstadt. Auch unser Sohn benutzt sie an Regentagen, um zur Schule zu kommen. Wie viele Berliner Kinder verbringt er einen großen Teil des Tages in einem ziemlich heruntergekommenen Schulgebäude aus der Kaiserzeit.

Die Hinterlassenschaft jener Epoche umgibt uns alltäglich, ohne dass wir ihr große Aufmerksamkeit schenken. Das ist so, wenn wir die Klospülung betätigen und unsern Unrat der Kanalisation anvertrauen, deren erster Bauabschnitt 1876 in Betrieb genommen wurde. Das ist so, wenn wir krank werden und in ein Hospital aus der Kaiserzeit eingeliefert werden. Das ist so, wenn spektakuläre Kriminalprozesse in einem der großen Justizpaläste stattfinden. Die erste elektrische Straßenbeleuchtung, das erste Telefon, die erste U-Bahn, das erste

< Elisabethhof am Erkelenzdamm 59-61 in Kreuzberg, erbaut 1897-98. Foto 2007

Automobil in Berlin – viele Innovationen des modernen Großstadtlebens fallen in die letzten Jahre der Monarchie.

Zwischen 1871 und 1918 hat sich die Stadt mit einer heutzutage kaum vorstellbaren Dynamik verändert und ihre heutigen Proportionen angenommen. Als Berlin zur Hauptstadt des Deutschen Reiches gekürt wurde, lebten im damaligen Stadtgebiet gut 820.000 Menschen. Auf dem Höhepunkt der Verdichtung, im Jahr 1912, waren es über zwei Millionen. Rechnet man die Neubürger in den Umlandgemeinden hinzu, die 1920 in Groß-Berlin aufgingen, so vervierfachte sich die Bevölkerungszahl von der Reichsgründung bis zum Ersten Weltkrieg sogar auf rund 3,6 Millionen. Seither ist Berlin kaum noch gewachsen; inzwischen zählt die Stadt sogar weniger Einwohner. In der Kaiserzeit wurden die städtebaulichen und technologischen Voraussetzungen für das Funktionieren einer so großen Stadt geschaffen; parallel bildete sich eine spezifische Kultur der Millionenmetropole heraus. Das Kino wurde geboren, aber auch die Geschichte bedeutender Kulturinstitutionen wie des Berliner Philharmonischen Orchesters, des Deutschen Theaters oder des Bode-Museums hat hier ihren Ursprung.

Dennoch schätzten nachfolgende Generationen die Leistungen der Epoche gering. Militarismus und nationale Selbstüberschätzung führten zum Untergang des Kaiserreichs im Ersten Weltkrieg. Die Weimarer Republik sollte ein demokratischer Neuanfang sein, daher mieden ihre Repräsentanten den Pomp, mit dem sich die Monarchie gegenüber einem unmündig gehaltenen Volk in Szene gesetzt hatte. Auch in den Künsten und der Mode grenzten sich die Erneuerer vom offiziellen Formenvokabular der Kaiserzeit ab. Strömungen wie der Expressionismus, der Futurismus oder der Funktionalismus in der Architektur sind aber keine Erfindungen der Zwanziger Jahre, sie zeigen sich bereits in den Jahren vor dem Ersten Weltkrieg. Der Mythos der Zwanziger Jahre in Berlin beruht ganz entscheidend auf den Vorleistungen der vorangehenden Epoche.

Für uns als Autoren war es daher nur konsequent, unserem vor drei Jahren erschienenen Wegweiser ins Berlin der Zwanziger Jahre ein ähnliches Buch über die Kaiserzeit folgen zu lassen. Größte Schwierigkeiten bereitete dabei die Auswahl: Der behandelte Zeitraum ist viel länger, das architektonische, städtebauliche und museale Erbe ungleich umfangreicher. Trotz der Kriegszerstörungen, trotz des oft lieblosen Umgangs mit dem Erbe der Kaiserzeit nach dem Zweiten Weltkrieg hat keine andere Epoche so viel zur Substanz des heutigen Berlin beigetragen.

In den vergangenen 20 Jahren nahm die Wertschätzung dieses Erbes kontinuierlich zu. Historistische Stuckfassaden sind nicht länger als geschmackloser Protz und Pomp verschrien, werden nicht länger abgeschlagen, sondern denkmalgerecht wiederhergestellt. Seit dem Fall der Mauer haben überdies viele Orte Funktionen zurückgewonnen, die sie schon in der Reichshauptstadt besaßen: So ist die Friedrichstraße wieder eine vitale Geschäftsstraße und der Reichstag wieder Sitz des Nationalparlaments. Die Erkennbarkeit der Kaiserzeit im Stadtbild nimmt weiter zu, insofern stellt dieses Buch auch die Momentaufnahme einer aktuellen Stadtentwicklung dar.

Überall ist Kaiserzeit: Produziert hat dieses Buch der Berlin Story Verlag im Verwaltungspalast einer Schlafwagengesellschaft und in den Kaiserhöfen, die vor dem Ersten Weltkrieg an der Straße Unter den Linden errichtet wurden. Besonderer Dank gilt der Zentral- und Landesbibliothek, die 1901 unter dem Namen Stadtbibliothek gegründet wurde. Die unkomplizierte Nutzung der historischen Bestände im Zentrum für Berlin-Studien hat es ermöglicht, dieses Buch reich zu bebildern. Ralph Hoppe hat unschätzbare Dienste bei der Fehlersuche im Manuskript geleistet. Ohne den heißen Wunsch des Verlegers Wieland Giebel wäre das Buch kaum entstanden; Dank auch an seine Mitarbeiterinnen und Mitarbeiter, allen voran Norman Bösch und Angelina Moukahal. Unsere Kinder Leon und Sonja haben uns bei zahlreichen Ausflügen in die Kaiserzeit geduldig begleitet.

^ *Fassadenschmuck am 1906-13 gebauten Verwaltungsgebäude der Victoria-Versicherung, Lindenstraße 20 in Kreuzberg. Foto 2007*

BERLINER CHRONIK 1871-1918

1871 Nach dem deutsch-französischen Krieg wird Berlin Hauptstadt des neu gegründeten Deutschen Kaiserreichs. Otto von Bismarck wird Reichskanzler. Enthüllung des Schillerdenkmals am Gendarmenmarkt. Im Stadtgebiet leben etwa 820.000 Menschen.

1872 Höhepunkt der Gründerjahre. Etwa 250 neue Firmen entstehen in Berlin, meist Aktiengesellschaften, darunter 40 Baugesellschaften. Am 25. Juli kommt es wegen der Wohnungsnot zu Barrikadenkämpfen.

1873 Einweihung der ersten Passage (»Kaisergalerie«) und der Siegessäule. Baubeginn für eine Kanalisation nach Plänen von James Hobrecht. Am 28. Oktober »Gründerkrach« mit Kurssturz an der Berliner Börse und anschließender Wirtschaftskrise in ganz Deutschland.

1874 Eröffnung des ersten städtischen Krankenhauses in Friedrichshain. Fertigstellung von »Meyers Hof«: In der größten Mietskaserne an der Ackerstraße 132/33 leben 2000 Menschen in 300 Wohnungen.

1875 Im neuen Stadtwappen trägt der Bär kein Halsband mehr. Die Stadt übernimmt Verwaltung und Unterhalt aller öffentlichen Straßen, Plätze und Brücken. Anton von Werner wird Direktor der akademischen Hochschule der Künste und Adolph Menzel vollendet sein »Eisenwalzwerk«.

1876 Eröffnung der Nationalgalerie und Inbetriebnahme der Stadtrohrpost.

1877 Die Einwohnerzahl Berlins überschreitet eine Million.

1878 Nach zwei Attentaten auf Kaiser Wilhelm I. verbietet der Reichstag per Gesetz alle sozialdemokratischen und sozialistischen Bestrebungen, Vereine, Druckschriften, Versammlungen.

1879 Gründung der Königlich Technischen Hochschule in Charlottenburg.

^ *Truppeneinzug in Berlin am 16. Juni 1871. Relief am Sockel der Siegessäule*

1880 Einweihung der neuen Halle des Anhalter Bahnhofs und des Jüdischen Friedhofs in Weissensee.

1881 Der Unternehmer Carl Bolle liefert erstmals Milch mit Verkaufswagen frei Haus. Inbetriebnahme des Ortstelefonnetzes in Berlin, des Städtischen Zentralvieh- und Schlachthofes und der ersten elektrischen Straßenbahn in Lichterfelde. Einweihung des Kunstgewerbemuseums und erstes öffentliches Radrennen.

1882 Eröffnung der 11 Kilometer langen Stadtbahn zwischen dem Schlesischem Bahnhof und Charlottenburg. Gründung des Berliner Philharmonischen Orchesters.

1883 Der Ausbau des Kurfürstendamms zur Prachtstraße beginnt. Emil Rathenau gründet die Deutsche Edison-Gesellschaft, die spätere AEG.

1884 Bei Reichstagswahlen gewinnen Sozialdemokraten erstmals zwei von sechs Berliner Wahlkreisen. Grundsteinlegung für das Reichstagsgebäude. Bei der Kongo-Konferenz teilen die Kolonialmächte Afrika unter sich auf.

1885 Das erste Berliner Elektrokraftwerk in der Markgrafenstraße nimmt den Betrieb auf. Im Sommer streiken 12.000 Maurer für höhere Löhne und einen 9-Stunden-Tag.

1886 Eröffnung der Zentralmarkthalle am Alexanderplatz und des Museums für Völkerkunde in der heutigen Stresemannstraße.

1887 Eröffnung des städtischen Obdachlosenasyls in Prenzlauer Berg und des Varietés »Wintergarten« am Bahnhof Friedrichstraße.

1888 »Dreikaiserjahr«: Nach dem Tod von Wilhelm I. (9. März) wird sein Sohn Kaiser Friedrich III. Er stirbt nach 99 Tagen, ihm folgt Wilhelm II. (15. Juni).

1889 Eröffnung des Museums für Naturkunde an der Invalidenstraße. Baubeginn in der Villenkolonie Grunewald.

1890 Entlassung Bismarcks als Reichskanzler und preußischer Ministerpräsident. Aufhebung der gegen die SPD gerichteten Sozialistengesetze. Erstmals feiern Arbeiter den 1. Mai als Kampftag für ihre Rechte.

1891 Einweihung des Neptunbrunnens von Reinhold Begas. Erste Gleitflüge von Otto Lilienthal in Lichterfelde.

^ *Milchwagen von Bolle, um 1900*

Der Neptunbrunnen stand ursprünglich am Schlossplatz. ^

1892 Zulassung des ersten Automobils, eines Dreirades von Benz. Eine Ausstellung des Malers Edvard Munch löst einen Skandal aus. Gründung des Fußballclubs »Hertha 92«.

1893 Das dritte und größte städtische Wasserwerk geht in Friedrichshagen in Betrieb. Die SPD gewinnt fünf von sechs Berliner Reichstagsmandaten.

1894 Eröffnung des Reichstagsgebäudes.

1895 Einweihung der Kaiser-Wilhelm-Gedächtniskirche. Erste Filmvorführung der Brüder Skladanowsky im »Wintergarten«.

1896 Eröffnung des Theaters des Westens von Bernhard Sehring und des Urbanhafens am Landwehrkanal. Ludwig Hoffmann löst Hermann Blankenstein als Berliner Stadtbaurat ab. Gewerbeausstellung im Treptower Park.

1897 Eröffnung des 1. Bauabschnitts des Wertheim-Warenhauses von Alfred Messel am Leipziger Platz. Verlegung des Botanischen Gartens nach Dahlem. Einweihung des Nationaldenkmals für Wilhelm I. am Stadtschloss.

1898 Baubeginn der Siegesallee im Tiergarten und Gründung der Berliner Secession. Erstes Autorennen zwischen Berlin und Potsdam.

1899 Else Neumann erhält als erste Frau den Doktortitel der Physik.

1900 Berlin, Charlottenburg, Schöneberg und Rixdorf werden zu einem Polizeibezirk zusammengefasst.

1901 Enthüllung des Bismarck-Denkmals vor dem Reichstag.

1902 Erste Linie der Hoch- und Untergrundbahn zwischen Potsdamer Platz und Stralauer Tor in Betrieb. Der Berliner Historiker Theodor Mommsen und der Chemiker Emil Fischer erhalten Nobelpreise.

1903 Max Reinhardt inszeniert Gorkis »Nachtasyl« am Kleinen Theater (Unter den Linden 44) und übernimmt die Direktion des Neuen Theaters am Schiffbauerdamm (heute Berliner Ensemble).

1904 Eröffnung des Kaiser-Friedrich-Museums, heute Bode-Museum.

1905 Einweihung des Doms am Lustgarten. Die Einwohnerzahl Berlins übersteigt 2 Millionen.

1906 Wilhelm Voigt, der »Hauptmann von Köpenick«, macht den preußischen Militarismus weltweit zum Gespött. Erstes Funkferngespräch zwi-

^ *Das Warenhaus Wertheim am Leipziger Platz war bis zum Zweiten Weltkrieg ein Wahrzeichen des modernen Berlin.*

schen Berlin und der neu errichteten Funkstation Nauen.

1907 Eröffnung des Luxushotels Adlon, des Kaufhauses »KadeWe« und des Strandbades Wannsee.

1908 Frauen werden in Berlin zum Universitätsstudium zugelassen. Das Märkische Museum bezieht sein neues Domizil am Köllnischen Park.

1909 Graf Zeppelin besucht mit einem Luftschiff Berlin. Die Gebrüder Wright führen Motorflugzeuge auf dem Tempelhofer Feld vor. Inbetriebnahme des Flugplatzes Johannisthal.

1910 Am 6. März demonstrieren 150.000 Menschen im Tiergarten auf einem »Wahlrechtsspaziergang« für mehr Demokratie.

1911 Gründung der »Kaiser-Wilhelm-Gesellschaft zur Förderung der Wissenschaften«.

1912 Berlin und seine Nachbargemeinden schließen sich zum »Zweckverband Groß-Berlin« mit über vier Millionen Einwohnern zusammen, um kommunale Aufgaben besser zu koordinieren. Eröffnung des »Deutschen Opernhauses« in Charlottenburg mit 2200 Plätzen.

1913 Staatsbesuch des russischen Zaren. Einweihung des neuen Aquariums am Zoo, des Osthafens und des Märchenbrunnens.

1914 Am 31. Juli wird der Kriegszustand über Berlin verhängt, am nächsten Tag Mobilmachung. Beginn des Ersten Weltkrieges.

1915 Einführung von Lebensmittelkarten in Berlin.

1916 Kuchenbackverbot. Massendemonstrationen gegen den Krieg.

1917 Nach einem Hungerwinter streiken zeitweise 300 000 Arbeiter. Gründung der Universum Film AG (Ufa) zu Propagandazwecken.

1918 Ende Januar absolutes Versammlungsverbot. Am 9. November erreicht die Revolution Berlin: Abdankung des Kaisers, Ausrufung der Republik und Übergabe der Regierungsgeschäfte an den SPD-Politiker Friedrich Ebert.

^ *Attraktionen wie die Städtische Oper und das Aquarium lockten die Berliner in die Nachbarstadt Charlottenburg.*

FRIEDRICH-
STRASSE

Unter den Linden, Ecke Friedrichstraße – die Kreuzung ist keine Sehenswürdigkeit, die wir vorbehaltlos empfehlen könnten. Die Autofahrer auf der Friedrichstraße sind froh, wenn sie die notorische Staustelle passiert haben. Und für die Spaziergänger auf der Mittelpromenade der »Linden« ist der Querstrom der lärmenden Blechlawine aus der Friedrichstraße höchst lästig. Schwer vorstellbar, dass dieser unwirtliche Ort mal ein höchst gefragtes Postkartenmotiv und eine Touristenattraktion mit großen Cafés an den Straßenecken war.

In der Kaiserzeit trafen hier die beiden prominentesten Straßen der Hauptstadt aufeinander. Unter den Linden war die repräsentative Hauptstraße der Monarchie, wo Staatsfeiertage mit Militärparaden gefeiert wurden; die Friedrichstraße kannte man im ganzen Deutschen Reich als bedeutende Geschäftsstraße, vor allem aber als quirlige Vergnügungsmeile. 1909 hat sie der Schweizer Schriftsteller Robert Walser in dem Prosastück »Friedrichstraße« hymnisch besungen: »Die Luft bebt und erschrickt von Weltleben. Bis zu den Dächern hinauf und über die Dächer noch hinaus schweben und kleben Reklamen. Große Buchstaben fallen in die Augen. Und immer gehen hier Menschen. Noch nie, seit sie ist, hat in dieser Straße das Leben aufgehört zu leben. Hier ist das Herz, die unaufhörlich atmende Brust des großstädtischen Lebens.«

Dabei ging es Mitte des 19. Jahrhunderts auf der Friedrichstraße noch recht beschaulich zu. Dass sie an Anziehungskraft und Ausstrahlung einmal alle anderen Straßen überflügeln würde, sogar die prächtigen »Linden«, daran war lange nicht zu denken. Unter dem schlichten Namen »Querstraße« wurde sie im 17. Jahrhundert angelegt, erhielt um 1705 ihren heutigen Namen und erreichte mit den

< Blick durch die Friedrichstraße von der Straße Unter den Linden in Richtung Norden, um 1900. Links steht seit 1936 das »Haus der Schweiz«.

Stadterweiterungen folgender Jahrzehnte ihre stolze Länge von 3300 Metern. Niedrige Wohnhäuser säumten die Friedrichstraße, reichlich öde fand sie noch Heinrich Heine, als er 1822 in seinen »Briefen aus Berlin« das bunte Leben Unter den Linden schilderte: »Jetzt sehen Sie mal rechts und links. Das ist die große Friedrichstraße. Wenn man diese betrachtet, kann man sich die Idee der Unendlichkeit veranschaulichen. Lasst uns hier nicht zu lange stehen bleiben. Hier bekömmt man den Schnupfen. Es wehet ein fataler Zugwind zwischen dem Hallischen und dem Oranienburger Tore« – den beiden Endpunkten der schnurgeraden Friedrichstraße, nach denen heute noch zwei U-Bahnhöfe benannt sind.

Die Transformation in eine Geschäfts- und Vergnügungsstraße begann bereits vor der Reichsgründung. 1850 entstand etwa auf Höhe des späteren Bahnhofs Friedrichstraße ein hölzernes Zirkusgebäude, 1867 eröffnete nördlich der Weidendammer Brücke die erste Markthalle, die jedoch von den Hausfrauen nicht angenommen und bald in einen weiteren Zirkus umgebaut wurde. 1870 kaufte eine Aktiengesellschaft nahe der Kreuzung Unter den Linden Grundstücke auf, um dort die erste Passage nach Pariser Vorbild zu errichten. Der Gründerzeitboom nach dem deutsch-französischen Krieg und die Eröffnung des Bahnhofs 1882 beschleunigten die Metamorphose der Friedrichstraße. In der Kaiserzeit fiel ein altes Wohnhaus nach dem anderen der Spitzhacke zum Opfer, auch in den Seitenstraßen. Die Bauspekulation schuf eine kompakte City mit Geschäftshäusern, Hotels, Bierpalästen, Theatern und Bankhäusern, wo rund um die

^ *Postkarte der Friedrichstraße um 1900, Blick von der Französischen Straße nach Norden zum Bahnhof*

Uhr geschäftiges Leben herrschte. Hier wurde erstmals in Berlin die Nacht zum Tag gemacht. 1884 ging im Keller des Hauses Friedrichstraße 85 der erste große Stromgenerator in Betrieb, um das berühmte Café Bauer an der Ecke Unter den Linden zu illuminieren. Vier Jahre später erstrahlten an dieser Straßenkreuzung die ersten elektrischen Bogenlampen.

Von der Friedrichstraße der Kaiserzeit sind nach den verheerenden Zerstörungen des Zweiten Weltkrieges und der langjährigen Teilung durch die Berliner Mauer nur noch architektonische Fragmente zu besichtigen. Den aussagekräftigsten Torso findet man an der Ecke zur Behrenstraße, dort sind wie durch ein Wunder drei historische Geschäftshäuser Seite an Seite stehen geblieben. Auf der Postkarte links sind sie wiederzuerkennen. Das Haus in der Mitte ist das älteste, die Münchner Pschorr-Brauerei errichtete es als großen Bierpalast (1887-89, Kayser & Großheim, Friedrichstraße 165). Auch Castans Panoptikum aus der gegenüberliegenden »Kaisergalerie« (s. S. 21) zog dorthin um – der ehemalige Passageneingang ist auf der Postkarte rechts vom Pschorr-Haus zu sehen. Auf der schmalen Parzelle daneben entstand 1899 ein Geschäftshaus mit einer filigranen Sandsteinfassade (Max Welsch, Friedrichstraße 166). Ganz links sieht man am »Haus Automat« (1904-05, Bruno Schmitz, Friedrichstraße 167-168) den Übergang von der horizontalen zur vertikalen Gliederung moderner Geschäftshausfassaden um die Jahrhundertwende. Ein Automatenrestaurant im Erdgeschoss gab dem Haus seinen Namen.

Vital geblieben ist der Mythos Friedrichstraße, die Erinnerung daran, was sie in der Kaiserzeit einmal war. Schon in den letzten Jahren der DDR wurde begonnen, sie als Konsum- und Vergnügungsmeile wieder aufzubauen. Nach dem Fall der Mauer erlebte die Friedrichstraße eine zweite Gründerzeit: Immobiliengesellschaften kauften die verfügbaren Grundstücke auf und errichteten neue Passagen, Geschäfts- und Bürohäuser. Zumindest tagsüber herrscht wieder rege Betriebsamkeit auf der Friedrichstraße. Das Nachtleben, für das sie berühmt und berüchtigt war, lässt sich nicht so leicht wieder zurückholen; etwas davon ist in den späten Abendstunden wieder um den Bahnhof und den 2006 neu eröffneten Admiralspalast zu spüren, der die alte Tradition als Vergnügungstempel wiederbelebt.

Bierlokal im Bahnhof Friedrichstraße, ^
Postkarte um 1900

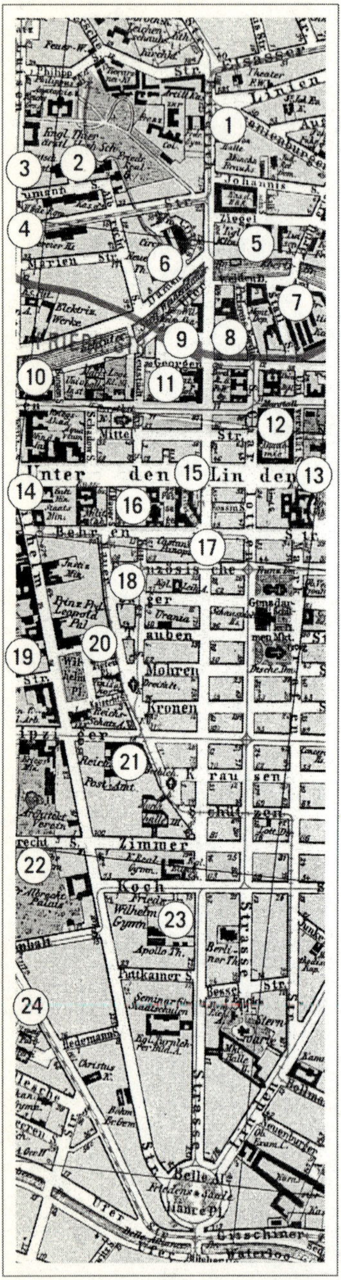

1 Passage-Kaufhaus/Tacheles (S. 21)
2 Deutsches Theater (S. 23)
3 Graefe-Denkmal/Charité (S. 222-225)
4 Virchow-Denkmal (S. 223)
5 Universitätskliniken (S. 68)/ Luisenschule (S. 71)
6 Neues Theater am Schiffbauerdamm/Berliner Ensemble (S. 23)
7 Alexanderkaserne (S. 263)
8 Admiralspalast (S. 24)
9 Bahnhof Friedrichstraße (S. 34)
10 Naturwissenschaftliche Institute der Humboldt-Universität (S. 225)
11 Central-Hotel/Wintergarten (S. 26)
12 Königliche Bibliothek/Staatsbibliothek (S. 219)
13 Palais Kaiser Wilhelms I. (S. 96)
14 Hotel Adlon/Akademie der Künste (S. 100/187)
15 Kaisergalerie/Lindenpassage (S. 21)
16 Metropol-Theater/Komische Oper (S. 22)
17 Pschorr-Haus/»Haus Automat« (S. 19)
18 Deutsche Bank (S. 28)
19 Reichskanzlei (S. 124)
20 Kleisthaus (S. 28)
21 Reichspostmuseum (S. 46)
22 Kunstgewerbemuseum/Martin-Gropius-Bau (S. 214)
23 Apollo-Theater (S. 22)
24 Anhalter Bahnhof (S. 34)

^ *Die Friedrichstraße und ihre Umgebung, Kartenausschnitt von 1896. Markiert sind in diesem Buch besprochene Adressen der Kaiserzeit.*

KAISERGALERIE

BERLINS ERSTE PASSAGE

Die glasgedeckte Passage war ein Bautyp, den in der zweiten Hälfte des 19. Jahrhunderts jede Stadt vorweisen musste, die als Metropole gelten wollte. Eigens zu diesem Zweck wurde 1870 in Berlin eine Aktiengesellschaft gegründet. Das Architekturbüro Kyllmann & Heyden entwarf eine dreigeschossige Ladenpassage, die von der Behren-, Ecke Friedrichstraße in den Häuserblock hineinführte, unter einer Rotunde abknickte und dann rechtwinklig auf die Straße Unter den Linden traf. Die abgeschrägte Ecke an der Behrenstraße (Foto S. 18) war ein Wahrzeichen des modernen Berlin, dieses Motiv findet sich auch am Nachfolgebau der kriegszerstörten Passage, einem zu DDR-Zeiten errichteten Hotel (heute Westin Grand, Friedrichstraße 158-164).

Zu den ersten Mietern gehörten Mode-, Schmuck- und Nippesgeschäfte, ein Café, Kunsthandlungen, Castans Wachsfigurenkabinett und ein kleines Theater. Am 19. März 1873 wurde die Passage vom Kaiser mit einem Ball eingeweiht, an seinem Geburtstag drei Tage später für das allgemeine Publikum geöffnet. »Kaisergalerie« durfte sich die Passage seither nennen. Im Gebäude eröffnete der Unternehmer August Fuhrmann 1880 sein erstes »Kaiserpanorama«, das kolorierte Stereofotografien aus aller Welt zeigte. Im Jahr 1909 versorgte die Firmenzentrale von hier aus 250 Abspielstätten in Mitteleuropa. Kaiserpanoramen sind heute noch im Deutschen Historischen Museum und im Stadtmuseum in Betrieb.

1907-09 entstand am nördlichen Ende der Friedrichstraße das viel größere »Passage-Kaufhaus« von Franz Ahrens; von dem Stahlbetonbau steht noch die Front mit dem Passageneingang an der Oranienburger Straße 54-56 (heute Kulturhaus »Tacheles«).

^ *Blick in die »Kaisergalerie«, die erste Berliner Passage. Postkarte um 1900*

THEATER-SPUREN

Ein dichtes Band von Lokalen, Varietés und Theatern säumte die Friedrichstraße in der Kaiserzeit. In ihrem südlichen Teil lag das Apollo-Theater, an dem seit 1893 Paul Lincke als Kapellmeister und Hauskomponist arbeitete. Sein Evergreen »Das ist die Berliner Luft« eroberte von hier aus die Stadt. Das Lied stammt aus der Lincke-Operette »Frau Luna«, die 1899 an der Friedrichstraße 218 (Gedenktafel) erstmals über die Bühne ging.

Ab 1908 war Lincke Kapellmeister des Metropol-Theaters,

das unter anderem Namen noch existiert: Im kantigen Nachkriegs-Kubus der heutigen Komischen Oper an der Behrenstraße 55-57 verbirgt sich ein neobarocker Theatersaal, den die Wiener Architekten Fellner & Helmer 1891-92 bauten. Das für Opern und Operettenaufführungen gedachte Haus hieß zunächst Theater Unter den Linden, ab 1898 dann Metropol-Theater. Neben Operetten und Balletten zeigte es sogenannte Jahresrevuen, in denen aktuelle Ereignisse aus dem Kaiserhaus, den Kolonien oder dem Stadtleben humorvoll aufbereitet wurden – aus dieser Form des Unterhaltungstheaters entwickelten sich später die legendären Großstadtrevuen der Zwanziger Jahre.

Ein Zeugnis des Theaterbaubooms der Kaiserzeit rund um die Friedrichstraße ist auch das heutige Berliner Ensemble. Der mit Stuck und Blattgold über-

^ *Im Apollo-Theater (Postkarte um 1900, oben) feierte der Komponist Paul Lincke (unten) Erfolge.*

reich dekorierte Zuschauerraum, das Foyer und die Kassenhalle sind original erhalten (1891-92, Heinrich Seeling, Bertolt-Brecht-Platz 1). Eröffnet wurde das Haus als »Neues Theater am Schiffbauerdamm« mit Goethes »Iphigenie«, es folgte leichtere Kost mit Stücken, die »Liebeshändlerin« oder »Salonschlange« hießen. Am 26. Februar 1893 brachte der Verein »Freie Bühne« in einer Matinee zur Mittagszeit Gerhart Hauptmanns »Die Weber« zur Uraufführung (s. S. 246). Theatergeschichte schrieb danach Max Reinhardt, der in seiner Zeit als Theaterleiter 1903-06 eine Drehbühne einbauen ließ und darauf einen legendären »Sommernachtstraum« inszenierte. Erfahrungen als Theaterleiter und Regisseur hatte Reinhardt zuvor im Kleinen Theater (seit 1901, Unter den Linden 44, zerstört) gesammelt.

Den schönsten historischen Theaterinnenraum besitzt das Deutsche Theater, das Reinhardt 1905 übernahm und dem er die Kammerspiele anfügte. Das Haus wurde bereits 1850 als Friedrich-Wilhelmstädtisches Theater eröffnet; 1883 in Deutsches Theater umbenannt. Hier etablierten die Leiter Adolf L´Arronge, Otto Brahm und Max Reinhardt bis heute gültige Maßstäbe für Dramaturgie, Regie und Schauspielkunst (Schumannstraße 13).

^ *Zuschauerräume aus der Kaiserzeit findet man noch in der Komischen Oper (oben) und im Berliner Ensemble (unten).*

ADMIRALSPALAST

Die Idee, möglichst viele Geschäfte und Vergnügungsangebote in einem Gebäude unterzubringen, um eine hohe Rendite zu erzielen, hatte schon dem Bau der ersten Passage zugrunde gelegen. Auch der 1911 eröffnete Admiralspalast bot eine Vielzahl von Attraktionen unter einem Dach. An der Vorderfront lag ursprünglich ein zweigeschossiges Wiener Café, darüber ein Kinosaal, im Keller befand sich eine Kegelbahn. Damals wie heute erreichte man den Hauptsaal durch eine Einfahrt über den Innenhof. Gebaut wurde der Saal aber nicht als Theater, sondern als Eisarena mit umlaufenden Galerien für 3000 Besucher. Über dem Saal lagen Luxusbäder für Damen und Herren, die rund um die Uhr geöffnet waren. Eine Dampfmaschine im Keller erzeugte den Strom für die Beleuchtung, die Kälte für die Eislaufbahn und die Wärme für die Beheizung der Bäder.

Der Architekt Heinrich Schweitzer, ein Schüler Alfred Messels und erfahren im Warenhausbau, betonte die relativ schmale Fassade an der Friedrichstraße 101-102 durch fünf kolossale dorische Halbsäulen. Den ganzen Gebäudekomplex schmückte er mit Reminiszenzen an die römische Antike aus. Wie eine antike Thermenanlage sollte der Admiralspalast ein geselliger Treffpunkt sein und den Großstädtern vielfältige Gelegenheiten zur Entspannung bieten. »Gerade der römische Cäsarenpomp hat für die Kaiserstadt die Sensation der Modernität und weltstädtischen Hochkultur, nirgends erscheint er gekünstelt und gezwungen, geschweige denn, dass er uns fremdartig anmutet, und das kommt daher, dass das alte Rom und das neue Berlin viele Berührungspunkte miteinander haben«, kommentierte 1911 die Zeitschrift »Der Roland von Berlin« die architektonische Prachtentfal-

^ *Die Eisarena im Admiralspalast, um 1911. Sie wurde erst nach dem Ersten Weltkrieg zum Theatersaal umgebaut.*

tung: »Es wäre schon möglich, dass sich im Admiralspalast neue Wege der Lebenskunst eröffnen, und die von Messel inaugurierte ästhetische Verfeinerung Berlins auf weitere Volkskreise übergreift.«

Der Admiralspalast ersetzte eine 1873 auf dem Grundstück eröffnete Luxusbadeanstalt, gebaut von dem Architektenbüro Kyllmann & Heyden, das auch die im selben Jahr eingeweihte erste Passage plante. Durch den Bau des Stadtbahnhofs gleich nebenan und den allgemeinen Aufschwung der Friedrichstraße hatte das Grundstück des Admiralsgartenbades jedoch zu sehr an Wert gewonnen, um allein als Badeplatz genutzt zu werden. Im Admiralspalast konnte man weiterhin plantschen, aber auch ab zehn Uhr morgens Schlittschuh laufen. Abends zeigte das Haus spektakuläre Eisballette mit Musik, die es weit über Berlin hinaus bekannt machten. Während des Ersten Weltkrieges gastierte das Ensemble aus der Friedrichstraße sogar in New York; die Berliner Eistänzerin Charlotte Oelschlägel wurde zum ersten internationalen Eislaufstar.

Im Lichtspieltheater mit 400 Plätzen – heute Kabarett »Die Distel« – wurden mehrere Filme der Stummfilmdiva Henny Porten glanzvoll uraufgeführt. Nach dem Ersten Weltkrieg sank die Anziehungskraft der Eisveranstaltungen. Umbauten verwandelten den großen Saal in ein Revuetheater und eine Operettenbühne, nach dem Zweiten Weltkrieg bot er ein Dach für das ausgebombte Staatsopernensemble und diente unter dem Namen »Metropol-Theater« bis 1997 als Operettenbühne.

Seit 2006 heißt das Haus wieder Admiralspalast. Eine programmatische Entscheidung der privaten Betreiber. Sie wollen an die Vorkriegstradition des Ortes anknüpfen – mit einem populären Programm aus Musik, Tanz, Theater, der Wiedereröffnung des Cafés und des Bades, dessen kostbare Innenausstattung aus der Kaiserzeit teilweise erhalten ist.

^ *Die Hauptfassade des Admiralspalastes (links) wurde 2006 restauriert, von den Bädern (rechts) sind Teile erhalten.*

GEBURT DES KINOS

Tanzende Kinder, ein Jongleur und ein boxendes Känguruh, das waren die Sensationen einer Varitévorstellung am 1. November 1895. Die Akteure traten nicht leibhaftig auf, sondern wurden von einem »Bioskop« projiziert, annonciert als »die interessanteste Erfindung der Neuzeit«. Es war die erste öffentliche Filmvorführung der Brüder Max und Emil Skladanowsky, die Geburtsstunde des deutschen Kinos. Schauplatz war das berühmte Varieté »Wintergarten« im Central-Hotel, Friedrichstraße 143-49, direkt gegenüber der Südseite des Bahnhofs Friedrichstraße. Nach dem Zweiten Weltkrieg war dort lange eine Grünanlage, inzwischen ist das Quartier komplett zugebaut – ohne die Spur einer Erinnerung, was dort einmal war.

Nicht nur die Brüder Skladanowsky suchten damals nach einem Verfahren, um fotografische Bilder ins Laufen zu bringen. Wenige Wochen nach ihnen traten die Brüder Lumière in Paris mit einer Filmvorführung an die Öffentlichkeit. Ihren Kinematographen, der dem umständlichen Doppelprojektor der Skladanowskys technisch überlegen war, hatten sie schon im Februar 1895 patentieren lassen. Ab Mai 1896 war die Erfindung aus Frankreich in der Friedrichstraße 65a, Ecke Mohrenstraße zu bestaunen. Für die rasche Ausbreitung der Kinematographie in Berlin sorgte dann der Fototechniker Oskar Messter, dessen Firma ihren Sitz in der Friedrichstraße 94/95 genau gegenüber vom Central-Hotel hatte.

Messter erfand das Malteserkreuz für den ruckweisen Filmtransport und verkaufte die ersten bedienungsfreundlichen Kameras und Projektoren an Schausteller. Eigene Filme zeigte er ab September 1896 in seinem »Biorama« Unter den Linden 21, seit Dezember 1896 regelmäßig als Schluss-

^ *Wandmalerei mit Filmstreifen der Brüder Skladanowsky an einer Häuserwand in Pankow. Foto 2006*

nummer im Apollo-Theater an der Friedrichstraße 218 (s. S. 22). Dokumentaraufnahmen, morgens in Berlin gedreht, waren bereits am Abend im Apollo-Theater zu sehen. Dort präsentierte Messter 1903 auch die ersten »Tonbilder«, indem er eine Grammophon- und Filmaufnahme koppelte.

Messter und seine Konkurrenten machten die Friedrichstraße vor dem Ersten Weltkrieg zum Zentrum der deutschen Filmproduktion; es gab hier zahlreiche Fotoateliers, die auch für Filmaufnahmen genutzt wurden. Messter selbst richtete 1904 ein Atelier in der Friedrichstraße 16 (zerstört) ein; hier begann er mit Henny Porten zu drehen, die er zum ersten deutschen Stummfilmstar aufbaute.

Um die Jahrhundertwende löste sich der Film vom Varieté. Als die Kurzfilme um 1910 durch lange Stummfilme abgelöst wurden, existierten in Berlin schon über 300 ortsfeste Kinos. Das »Moviemento« in Kreuzberg gilt als das älteste durchgängig bespielte Kino Berlins: Seit 1907 werden dort Filme gezeigt (Kottbusser Damm 22). 1910 eröffnete am U-Bahnhof Nollendorfplatz der erste Stummfilmpalast mit großem Orchester, der sich vornehm »Lichtspieltheater« nannte (»Mozartsaal« im 1905/06 gebauten »Neuen Theater am Nollendorfplatz«, zuletzt als Club »Goya« genutzt, Nollendorfplatz 5). Gleich gegenüber eröffnete 1913 die italienische Gesellschaft »Cines« das erste freistehende Kinogebäude nach Plänen des Theaterarchitekten Oskar Kaufmann (zerstört).

Zur selben Zeit entstandene Filmpaläste wie das »Marmorhaus« (1912-13, Kurfürstendamm 235) oder die »Filmbühne Wien« (1912-13, Kurfürstendamm 26) sind erst vor wenigen Jahren mangels Zulauf geschlossen worden.

^ *Das Varieté Wintergarten war Schauplatz der ersten öffentlichen Filmvorführung in Berlin. Postkarte um 1900*

BANKENVIERTEL

Für das Wohnhaus, in dem der Dichter Heinrich von Kleist die letzten Lebensjahre verbrachte, war im Finanzzentrum der Reichshauptstadt kein Platz mehr. 1910 wurde es abgerissen und durch das wuchtige »Kleisthaus« ersetzt. Zwei Reliefs des Bildhauers Georg Kolbe schmücken die Fassade: Sie stellen den Dichter und seine Dramenfigur Penthesilea dar. Heute gehört das Haus zum Sozialministerium, im Erdgeschoss ist eine Ausstellung über die Geschichte der Sozialversicherung während der Dienstzeiten öffentlich zugänglich. Ursprünglich diente das Gebäude dem Bankhaus van der Heydt als repräsentative Geschäftsadresse in der Berliner City (1912-13, Bodo Ebhardt, Mauerstraße 53).

Ein paar Schritte weiter, an der Französischen, Ecke Mauerstraße, eröffnete im Frühjahr 1870 die Deutsche Bank ihre ersten Geschäftsräume. Führende Privatbankiers gründeten das neue Institut. Es beteiligte sich an Auslandsgeschäften wie dem Bau der »Northern Pacific Railroad« in den USA (1883) oder der »Bagdadbahn« (1888). Nach der Reichsgründung wuchs die Deutsche Bank zur größten in Deutschland heran und galt um 1910 als kapitalstärkste Bank der Welt. Sie finanzierte den Aufbau von Industriegiganten wie der AEG, dem Stahlkonzern Krupp oder der Mannesmann-Werke und war 1917 auch an der Gründung des Ufa-Filmkonzerns beteiligt.

In unmittelbarer Nachbarschaft des politischen Machtzentrums an der Wilhelmstraße (s. S. 123) dehnte die Deutsche Bank zwischen 1872 und 1910 ihren Stammsitz über drei Häuserblöcke aus. Der Zusammenhang ist noch gut erkennbar, da eine der beiden 1910 gebauten Verbindungsbrücken erhalten ist. Die Brücke wird von Kolossen getragen, die

^ *Die einstige Firmenzentrale der Deutschen Bank. Nur der rechte Brückenbogen über der Französischen Straße ist erhalten.*

die vier Elemente verkörpern. Die weltumspannende Macht des Kapitals wird auch an den Reliefs über den Bankportalen an der Mauerstraße 27 augenfällig: Hermes, der Gott des Handels, betritt ein Land, in dem primitive Jäger und Sammler zwischen Elefanten und Affen leben. Er bringt ihnen den Fortschritt in Gestalt einer kleinen Lokomotive.

Nach dem Einmarsch der Roten Armee 1945 wurden die Banken im Viertel geschlossen. Die Deutsche Bank baute sich in Frankfurt am Main einen neuen Stammsitz mit zwei Hochhaustürmen auf. Nach der Wiedervereinigung kehrte sie mit einer Repräsentanz ins alte Bankenviertel zurück. Der Gebäudekomplex, in dem auch eine Filiale des Guggenheim Museums eröffnet wurde, war in der Kaiserzeit Sitz der Disconto Gesellschaft (1889-91, Ende & Böckmann, Unter den Linden 13; zahlreiche Erweiterungen bis zur Behrenstraße 42-45, 1899-1901 von Ludwig Heim).

Nichts erhalten ist von der kaiserzeitlichen Pracht der Reichsbank zwischen Jäger-, Kur- und Oberwallstraße. Die einstige Konzentration des Großkapitals in der Friedrichstadt ist aber noch an zahlreichen Bank- und Versicherungspalästen ablesbar:

- Ehemalige Berliner Bank (1900-01, Wilhelm Martens, Behrenstraße 46).

- Ehemalige Dresdner Bank (1887-89, Ludwig Heim, Behrenstraße 36-39, Französische Straße 35-39), seit 2006 Hotel de Rome.

- Ehemalige Berliner Handels-Gesellschaft (1899-1911, Alfred Messel und Heinrich Schweitzer, Behrenstraße 32-33, Französische Straße 42-44, Charlottenstraße 33), von 1949-1989 Staatsbank der DDR, jetzt Bank der Kreditanstalt für Wiederaufbau.

- Ehemalige Preußische Central-Boden-Kredit AG (1912-14, Gronau & Fraul, Friedrichstraße 154 und 13-14, Bielenberg & Moser, Unter den Linden 26).

- Ehemalige Preußische Staatsbank (1901-03, Paul Kieschke, Markgrafenstraße 38), jetzt Sitz der Akademie der Wissenschaften.

- Ehemaliges Bankhaus Mendelssohn & Co. (1891-93, Schmieden & Speer, Jägerstraße 49-50).

- Ehemaliges Geschäftshaus des Schaaffhausenschen Bankvereins (1911-12, Bielenberg & Moser, Behrenstraße 21-22), heute bayerische Landesvertretung.

- Ehemaliger »Club von Berlin«, »vornehme Vereinigung von Standesgenossen zur Ausübung geselliger Zwecke« (1892-93, Kayser & Großheim, Jägerstraße 2-3), jetzt Hamburgische Landesvertretung.

- Ehemalige Zürcher Allgemeine Unfall- und Haftpflicht-Versicherungsgesellschaft« (1913-15, Bielenberg & Moser, Taubenstraße 4-6).

- Ehemalige Allianz-Versicherung (1895-16, Mohrenstraße 63-64 und Taubenstraße 1-2).

MASSENVERKEHR

Staus in verstopften Straßen gehörten schon in der Kaiserzeit zum Alltag der Berliner Innenstadt. Je mehr sich Berlin ausdehnte, desto länger wurden die Wege, die eine wachsende Zahl von Menschen täglich zurücklegte, um zur Arbeit, zu Bekannten oder zum Einkaufen zu kommen. Der größte Teil wurde zu Fuß bewältigt, denn die teuren Droschken konnten sich nur wenige leisten.

Es begann das Zeitalter des Massenverkehrs, der schon bald als eigentliches Wahrzeichen der Metropole galt. Ingenieure und Stadtplaner entwickelten ein System des öffentlichen Personenverkehrs, das die Stadt bis heute in Schwung hält. Aus den seit 1846 verkehrenden Pferdeomnibussen entwickelte sich der Kraftomnibus mit Benzinmotor: Die beiden ersten Berliner Exemplare ratterten am 19. November 1905 vom Halleschen Tor durch die Friedrichstraße zur Chausseestraße, allerdings erreichte nur einer bei der Jungfernfahrt sein Ziel, der andere blieb unterwegs liegen. Die Doppeldeckerbusse mit 28 PS konnten 37 Fahrgäste mitnehmen. Es empfahl sich, einen Schirm parat zu haben, denn auf dem Oberdeck hatte man noch kein Dach über dem Kopf, dafür eine umso bessere Aussicht.

Die wichtigste Innovation war die Beschleunigung des Massenverkehrs durch die Einführung der Schiene. Sie hatte in Verbindung mit der Dampfkraft im 19. Jahrhundert bereits den Fernverkehr revolutioniert und das industrielle Wachstum Berlins ermöglicht. 1865 verkehrte die erste Pferdebahn auf Schienen vom Kupfergraben durch den Tiergarten bis nach Charlottenburg. Zur selben Zeit reiften Überlegungen, die nächste Umgebung Berlins durch den Bau einer Ringbahn mit Dampfbetrieb zu erschließen.

< Seit 1902 kreuzten sich am Bahnhof Zoo die Stadtbahn, die U-Bahn und mehrere Straßenbahnlinien.

Für den Einsatz in den Straßen der Stadt waren Dampfmaschinen zu schwerfällig und stellten eine zu starke Umweltbelastung dar. Die Lösung des Antriebsproblems fand 1866 der Berliner Unternehmer Werner von Siemens. Seine Entdeckung des dynamoelektrischen Prinzips ermöglichte die Konstruktion leistungsfähiger Maschinen zur Stromerzeugung und von Elektromotoren. Bereits auf der Berliner Gewerbeausstellung im Jahr 1879 präsentierte Siemens die erste elektrische Versuchsbahn mit Stromschiene. Am 16. Mai 1881 ging die erste dem öffentlichen Verkehr dienende elektrische Straßenbahn der Welt in Lichterfelde bei Berlin in Betrieb. Die Strecke zwischen dem Bahnhof und der Haupt-Kadetten-Anstalt war zweieinhalb Kilometer lang, die Höchstgeschwindigkeit betrug bereits 30 Kilometer pro Stunde.

1903 brachte es eine von Siemens konstruierte Elektrolokomotive auf einer Versuchsstrecke sogar auf 210 Kilometer pro Stunde. Wäre es nach dem Erfinder gegangen, hätte sich Berlin mit der ersten elektrisch betriebenen Hoch- und Untergrundbahn der Welt schmücken können. Seit 1880 bemühte sich Siemens um eine Konzession, doch der Widerstand von Hausbesitzern und Stadtverordneten blockierte dieses Projekt jahrelang. In London (1890), Budapest (1896) und Paris (1900) kam man mit dem U-Bahn-Bau schneller voran. Am 15. Feb-

^ *Über dem Landwehrkanal kreuzten sich Fernbahn und elektrische Hochbahn (o.), ein Lieblingsprojekt von Siemens (u.).*

ruar 1902 war es dann auch in Berlin soweit: Die ersten zehn Kilometer der Hoch- und Untergrundbahn wurden offiziell eingeweiht. Da das enorm schnelle innerstädtische Verkehrsmittel sehr gut angenommen wurde, wuchs das Netz bis zum Ersten Weltkrieg auf fast 38 Kilometer Streckenlänge mit 47 Stationen (s. Plan S. 43).

Für die Versorgung der Stadt mit Lebensmitteln, Brenn- und Baumaterial sowie Rohstoffen für die Industrie wurden nicht nur neue Bahnstrecken angelegt, sondern auch die Wasserwege ausgebaut. Um die Innenstadt zu entlasten und den Ost-West-Verkehr zu beschleunigen, entstand von 1901 bis 1906 der 38 Kilometer lange Teltowkanal im Süden von Berlin. Bis zu 10.000 Arbeiter waren auf der Baustelle beschäftigt. Auch bei diesem Projekt war die Firma Siemens mit von der Partie: Sie konstruierte eine elektrische Treidelbahn, mit der die Schleppkähne durch den Kanal gezogen wurden.

Nach der Einweihung des Teltowkanals begannen am Schnittpunkt von Ringbahn und Spree die Arbeiten an einem modernen Industriehafen, dem 1913 vollendeten Osthafen. Die historischen Hafengebäude sind in den letzten Jahren zu begehrten Firmensitzen für Medienunternehmen umgebaut worden. Hafenleben gibt es noch im Westhafen. Der größte Berliner Hafen mit seinen imposanten Speicherhäusern ging zwar erst in den Zwanziger Jahren in Betrieb, mit dem Bau wurde jedoch bereits vor dem Ersten Weltkrieg begonnen. Wie sehr der Schiffsverkehr das alte Berlin prägte, lässt sich heute kaum noch erfahren; eine Ahnung davon vermitteln der »Historische Hafen« an der Fischerinsel und die Schifffahrtsabteilung im Technikmuseum.

^ *Die nach Plänen des Architekten Otto Stahn gebaute Oberbaumbrücke wurde 1896 zur Gewerbeausstellung eingeweiht.*

STADT DER BAHNHÖFE

Wer in der Kaiserzeit nach Berlin reiste, der kam meist mit der Eisenbahn. Die Hallen der großen Bahnhöfe vermittelten dem Reisenden das Gefühl, in der Reichshauptstadt eingetroffen zu sein. Entsprechend weiträumig und repräsentativ waren sie ausgestattet. Eine Ahnung von dieser Ankunftssituation vermitteln noch die 1882 in Betrieb genommenen Stadtbahnhöfe Friedrichstraße und Alexanderplatz, vor allem aber der Ostbahnhof (damals Schlesischer Bahnhof) – trotz gravierender Umbauten in späteren Jahren.

Völlig vom Erdboden verschwunden sind nach dem Zweiten Weltkrieg bedeutende Stationen wie der Potsdamer Bahnhof, wo 1838 die erste Berliner Eisenbahnverbindung überhaupt in Betrieb ging, oder der beliebte Stettiner Bahnhof, später Nordbahnhof, von wo die Berliner in die Sommerfrische an der Ostsee abreisten. Auf dem Areal des ebenfalls abgerissenen Lehrter Bahnhofs ging 2006 der neue Hauptbahnhof in Betrieb. Mit seiner lichten Stahl-Glas-Konstruktion knüpft er an die Bahnhofstradition des 19. Jahrhunderts an. Bereits in der Kaiserzeit träumten Stadtplaner davon, die ringförmig um das Stadtzentrum gewachsenen Kopfbahnhöfe durch einen praktischeren Kreuzungsbahnhof zu ersetzen: Diese Vision ist ein Jahrhundert später Wirklichkeit geworden.

»Mutterhöhle der Eisenbahnen, wo die Lokomotiven zu Hause sein und die Züge anhalten mussten«, so nannte Walter Benjamin den Anhalter Bahnhof, von dem die Züge nach Südeuropa abfuhren. Der bereits 1841 vor der Stadtmauer in Betrieb genommene Bahnhof wurde 1876-80 zu einer gewaltigen Verkehrskathedrale ausgebaut. Sie machte den jungen Architekten Franz Schwechten bekannt, der später auch die

^ *Hinter dem Portikus des Anhalter Bahnhofs erhob sich seit 1880 die 34 Meter hohe Bahnhofshalle. Foto 2006*

Kaiser-Wilhelm-Gedächtnis-Kirche (S. 112) entwarf. Historische Ansichten im unterirdischen Zwischengeschoss der S-Bahn-Station Anhalter Bahnhof vergegenwärtigen die Dimensionen des Riesenbaus. Über der Erde stehen geblieben ist einzig die Ruine des gelben Backsteinportikus, den gesamten Sportplatz dahinter überspannte früher die Bahnhofshalle.

Von dort führt am Tempodrom vorbei ein Weg zwischen überwachsenen Gleisanlagen zu einer Brücke über den Landwehrkanal. Jenseits lagen die riesigen Rangierflächen, die für den Betrieb des Anhalter und Potsdamer Bahnhofs notwendig waren. Einen Teil dieses Geländes nutzt heute das Deutsche Technikmuseum. Im erhaltenen Gebäude des Anhalter Güterbahnhofs an der Möckernstraße 26 ist die Abteilung »Spectrum« eingezogen, dort können Besucher physikalische Experimente durchführen. Vom Haupteingang des Technikmuseums an der Trebbiner Straße 9 gelangt man in die erhaltenen Lokschuppen auf dem Rangiergelände. Durch das originale »Fürstenportal« des Anhalter Bahnhofs, das »höchsten Herrschaften« vorbehalten war, betritt man die grandios mit Lokomotiven, Waggons und Modellen bestückte Dauerausstellung zur Berliner Eisenbahngeschichte. Zu ihren Prunkstücken gehört der Hofwagen Kaiser Wilhelms II., ein Neorokoko-Schlösschen auf Rädern. Das Museum verbindet Technikgeschichte mit Sozialgeschichte, daher sieht man neben gigantischen Dampfrössern auch kleinere Lokomotiven für das Militär oder den Einsatz in Kolonien. Ähnlich gelungen sind die Abteilungen des Museums zum Berliner Schiffsverkehr und zur Luftfahrt, insbesondere den Flugpionieren der Kaiserzeit.

^ *Der Askanische Platz vor dem Anhalter Bahnhof war in der Kaiserzeit ein belebter Bahnhofsvorplatz. Foto um 1900*

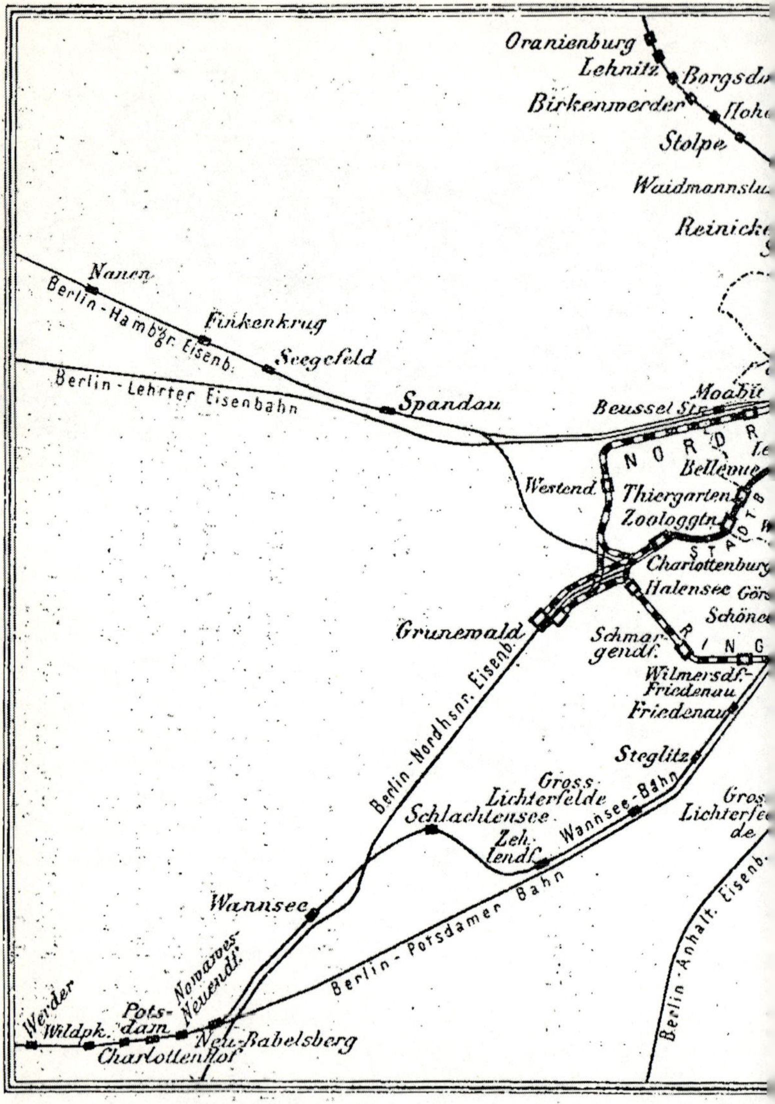

Uebersichtskarte für den Stadtbahn-, Rin

ahn- und Vorort-Verkehr von Berlin.

RING- UND STADTBAHN

Die ersten Eisenbahnstrecken, die private Bahngesellschaften in der Mitte des 19. Jahrhunderts bauten, endeten vor der Stadtmauer. Wollten Reisende in Berlin umsteigen, mussten sie zeitraubende Umwege in Kauf nehmen. Zwar wurde 1851 auf Staatskosten eine ebenerdige Verbindungsbahn am Stadtrand gebaut, doch sie blieb für Güter- und Truppentransporte reserviert. Wie die Stadtmauer, die nach 1866 abgebrochen wurde, erwies sich der »Verbinder« als lästiges Verkehrshindernis in der wachsenden Metropole. Um die Strecke überflüssig zu machen, begann man bereits vor der Reichsgründung mit dem Bau einer Ringbahn weit außerhalb der Stadt.

Das erste Teilstück im Süden ging während des deutsch-französischen Krieges im August 1870 vorzeitig in Betrieb, um Kriegsverletzte in die Lazarettbaracken auf dem Tempelhofer Feld (s. S. 260) zu transportieren. Sieben Jahre später war der 36 Kilometer lange Eisenbahnring um Berlin geschlossen. Er ermöglichte das enorme Flächenwachstum der Stadt in den folgenden Jahrzehnten und spielte eine bedeutende Rolle bei ihrer Versorgung.

Von mehreren Gaswerken ist nur noch der Gasometer am Bahnhof Schöneberg erhalten (Foto S. 179). Zwischen den Stationen Landsberger Allee und Storkower Straße entstand ab 1877 ein riesiger kommunaler Schlachthof, in dem der gesamte Berliner Schlachtbetrieb zentralisiert und strengen hygienischen Kontrollen unterworfen wurde. Der Viehbahnhof neben der Ringbahn besaß Gleisanlagen von 15 Kilometern Länge; über eine Million Schweine, Schafe und Rinder wurden dort im Jahr 1910 ausgeladen und geschlachtet.

^ *Der original erhaltene Ringbahnhof Papestraße (1898-1901 erbaut) wurde erst 2004 abgerissen.*

»Es sind die Eisenbahnen die großen Hauptzufuhrwege, die Hauptverkehrsadern geworden und haben die großen, auf die Tore einmündenden Chausseen und Hauptstraßen diese Bedeutung ganz verloren«, konstatierte der Architekt August Orth 1871 und forderte den Bau einer »Centralbahn« mitten durch Berlin. Sie sollte das durch die Ringbahn erschlossene Umland noch besser an die Stadtmitte anbinden. 1882 ging die 12 Kilometer lange Stadtbahn in Betrieb. Um den innerstädtischen Straßenverkehr nicht zu stören, wurde sie auf 63 Brücken und 731 gemauerten Viaduktbögen in Ost-West-Richtung durch das Zentrum geführt. Die Bögen boten Platz für Läden, Lokale und Lagerhallen. In den Augen der Zeitgenossen verlieh die Stadtbahn Berlin »eine neue Physiognomie« (Theodor Fontane) und den »Charakter einer Weltstadt« (Georg Brandes).

Ringbahnhöfe mit gut erhaltener Architektur aus der Kaiserzeit:

- S-Bhf. Westend (1884). Die 1877 eröffnete Station wurde nach der Inbetriebnahme der Ringbahn von den Architekten Kayser & Großheim, die auch das Gebäude der Hochschule der Künste (Foto S. 189) bauten, im Stil der deutschen Renaissance erweitert. Sie diente auch als Endbahnhof für Stadtbahnzüge, erkennbar an den stillgelegten Gleisen.
- S-Bhf. Prenzlauer Allee (1892). Das denkmalgerecht sanierte Backsteingebäude ist typisch für die ursprüngliche Architektur der Ringbahnhöfe. Ein ganz ähnliches, inzwischen umgenutztes Gebäude steht noch in Schmargendorf (jetzt Heidelberger Platz, 1892).

^ *Vom Stadtbahnhof Alexanderplatz (oben) fuhren in der Kaiserzeit Züge zum Ringbahnhof Westend (unten).*

- S-Bhf. Hohenzollerndamm (1910). Ungewöhnliches Empfangsgebäude, da in ein Wohnhaus integriert. Wegen des Stationsnamens von Baurat Heinrich Theising besonders aufwändig geschmückt. Ursprünglich thronte an der Fassade ein Preußenadler, ein Mosaik aus dem Eingangsbereich hängt heute an der Fassade eines Altenheims in der Villenkolonie Grunewald (Koenigsallee 15).
- S-Bhf. Sonnenallee (früher Kaiser-Friedrich-Straße, 1912), S-Bhf. Schöneberg (Gebäude an der Ebersstraße, 1896), S-Bhf. Messe Nord-ICC (früher Witzleben, 1916).

Stadtbahn:
- S-Bhf. Hackescher Markt (früher Börse, 1882). Stadtbahnhof mit besonders schönem Mauerwerk aus verschiedenfarbigen Steinen, denkmalgerecht restauriert. Ergebnis eines 1877 ausgeschriebenen Gestaltungswettbewerbs, den der Architekt Johannes Vollmer gewann. Unter dem Bahnhof und in der Nachbarschaft dienen zahlreiche Stadtbahnbögen als Lokale. Aus derselben Zeit stammt die Station Bellevue (1882, E. Jacobsthal).

Vorortstrecken:
Bahnhöfe an der S1: Steglitz (1891), Botanischer Garten (1908), Lichterfelde West (1891), Mexikoplatz (1905), Wollankstraße (1893) und Frohnau (1910); an der S7: Grunewald (1899),

Nikolassee (1902); an der S8: Schöneweide (1906), Baumschulenweg (1916); an der S3: Friedrichshagen (1901); an der S2: Pankow (1914), Pankow-Heinersdorf (1916), Blankenburg (1914), Karow (1914) Buch (1914); an der S9: Heerstraße (1909).

^ *Bahnhöfe Hackescher Markt (l.u.) und Wollankstraße (r.u.), oben der Jugendstilbahnhof am Mexikoplatz*

REISEN MIT DER U-BAHN

Das größte Unglück in der Geschichte der Berliner U-Bahn am 26. September 1908 kostete 18 Menschen das Leben. Nachdem ein Triebwagenführer ein Haltesignal übersehen hatte, verkeilten sich am Gleisdreieck zwei Waggons ineinander. Das Gleisdreieck war damals noch kein Kreuzungsbahnhof, sondern lediglich ein Abzweig, der es erlaubte, die Züge von der Stammstrecke zwischen Zoo und Warschauer Brücke in einen Tunnel zum Potsdamer Platz fahren zu lassen. Diese erste Berliner U-Bahn-Strecke gelangte schon sechs Jahre nach ihrer offiziellen Einweihung am 15. Februar 1902 an ihre Kapazitätsgrenze. Der Unfall am Gleisdreieck war tragisch, weil das Problem bereits erkannt war und erste Umbaupläne vorlagen. Noch vor dem Ersten Weltkrieg wurde via Kurfürstenstraße eine Entlastungsstrecke zum Nollendorfplatz projektiert und der Kreuzungsbahnhof am Gleisdreieck erhielt seine heutige Gestalt.

Die Hoch- und Untergrundbahn ermöglichte den Berlinern völlig neue Blicke auf ihre Stadt. Auf Höhe der dritten Etage der Mietshäuser sausten die Züge auf der heutigen U1 von der Oberbaumbrücke im Osten zum Gleisdreieck, überquerten kurz davor den Landwehrkanal und die Eisenbahngleise zum Anhalter Bahnhof (s. Bild S. 32), ehe sie durch einen Torbogen in ein Mietshaus hineinfuhren. Dahinter lagen die weiten Rangierfelder des Anhalter und Potsdamer Bahnhofs. Die Passagiere genossen einen Panoramablick über eine eiserne Landschaft mit qualmenden Lokomotiven, zahllosen Signalen und Lichtern.

Ging die Reise weiter in Richtung Westen, so fuhr man am Dennewitzplatz wieder mitten

^ *Verkehrsgewühl in der U-Bahn-Station Potsdamer Platz. Fotomontage um 1910*

durch eine Hausfassade. Die schmucken Jugendstilbahnhöfe Bülowstraße und Nollendorfplatz kündigten an, dass man nun in bessere Gegenden mit ästhetisch anspruchsvolleren Bewohnern kam. Genau an der Grenze zwischen den ehemaligen Berliner Nachbarstädten Schöneberg und Charlottenburg tauchen bis auf den heutigen Tag die Züge in den Untergrund ab. Denn das reiche Charlottenburg hatte sich erfolgreich gegen den Bau einer preiswerteren elektrischen Hochbahn in seinen Straßen gewehrt und darauf bestanden, die Züge unter die Erde zu verbannen.

Nach den heftigen Widerständen, die den U-Bahn-Bau in Berlin über viele Jahre verschleppt hatten, wurde das neue Verkehrsmittel von den Berlinern sehr gut angenommen. Im Jahr nach der Eröffnung zählte man bereits 32 Millionen Fahrgäste. Bis zum Ersten Weltkrieg ging der Ausbau des Streckennetzes zügig voran: Die Stummelstrecke zum Potsdamer Platz wurde durch die Stadtmitte bis zum heutigen U-Bahnhof Schönhauser Allee (damals Nordring) verlängert (heute U2). Dabei musste zwischen dem Märkischen Museum und der Station Klosterstraße zum ersten Mal die Spree durch einen Tunnel unterfahren werden. Vom Zoo ging es in Richtung Westen weiter bis zum heutigen Olympiastadion – wo Wilhelm II. im Jahr 1913 bereits dessen Vorläufer, das »Deutsche Stadion«, einweihte.

Die Stadt Schöneberg baute ab 1908 in Eigenregie eine Verbindungslinie zwischen ihrem Rathaus und dem Nollendorfplatz (heute U4). Sehenswert ist vor allem die 1910 eingeweihte

^ *Das Gleisdreieck wurde nach einem schweren Unfall im Jahr 1908 zum Kreuzungsbahnhof umgebaut.*

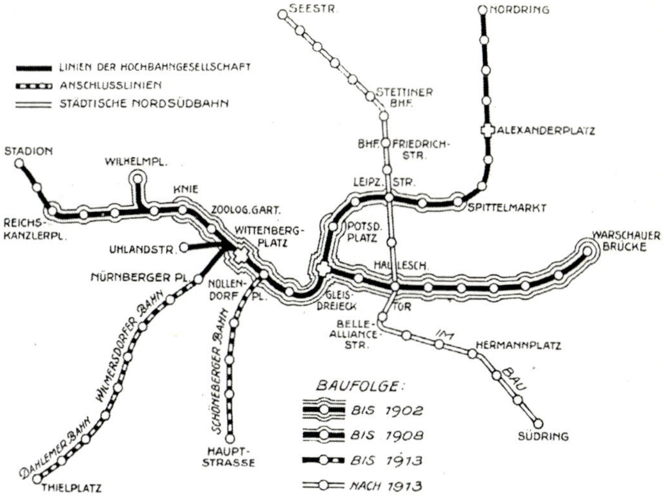

Endstation, die in einer Mulde des Schöneberger Stadtparks liegt und durch große Fenster einen für U-Bahn-Passagiere überraschenden Blick »ins Jrüne« erlaubt.

Auch die Stadt Wilmersdorf zeigte Interesse an der neuen Verkehrsanbindung, so kam eine lange Strecke nach Südwesten zustande, die 1913 schon bis zum Thielplatz in Dahlem reichte (heute U 3). In Dahlem wurde das Bauland gerade erst parzelliert, die U-Bahn konnte hier preiswert durch einen offenen Graben geführt werden und machte den Vorort überhaupt erst attraktiv für baulustige Berliner. Mit Fachwerk und Strohdach passt sich der Bahnhof Dahlem-Dorf dem ländlichen Charakter der Gegend an, während die Station Podbielskiallee mit ihren Zinnen an ein mittelalterliches Stadttor erinnert. Den prunkvollsten

^ *Schon vor dem Ersten Weltkrieg verkehrte die U-Bahn bis Dahlem-Dorf (links) und Heidelberger Platz (rechts).*

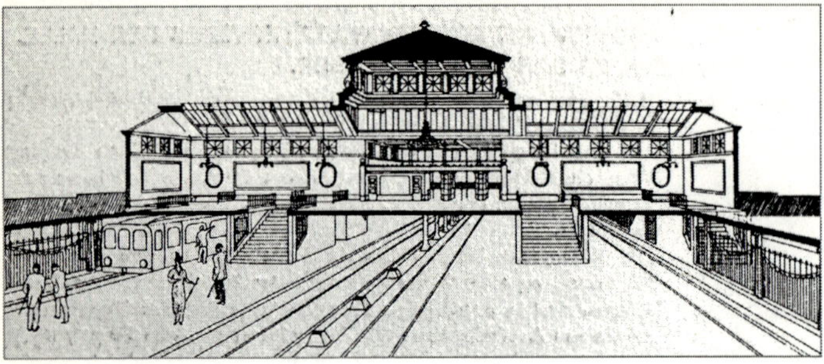

Bahnhof der Kaiserzeit leistete sich die Stadt Wilmersdorf am Heidelberger Platz: ein unterirdisches Schloss mit gewaltigen Gewölben, teuren Kunstschmiedearbeiten und Mosaiken. Eine Station weiter, am Rüdesheimer Platz, zieren Satyrn und Faune, Trauben, Weinlaub und Insekten aus Keramik die Wände und Decken, abgestimmt auf das darüber erhaltene Rheingau-Viertel, eine gehobene Wohngegend der Kaiserzeit.

Nüchterner fielen die U-Bahnhöfe aus, die der schwedische Architekt Alfred Grenander in Berlin und Charlottenburg gestaltete. Seit 1902 war er beim U-Bahn-Bau tätig und prägte das Erscheinungsbild des neuen Verkehrsmittels mit der Gestaltung von U-Bahn-Eingängen, Kassenhäuschen, Wartebänken und Waggons. Er bediente sich wie damals üblich verschiedener Architekturstile, wobei er das Dekor stets dem Streben nach Übersichtlichkeit und Zweckmäßigkeit unterordnete. Grenanders bekanntester Bahnhof aus der Kaiserzeit ist der klassizistische Verkehrstempel auf dem Wittenbergplatz, der als elegante Verteilerhalle für den darunter liegenden Knotenpunkt mehrerer U-Bahn-Linien dient. Nach dem Ersten Weltkrieg hat Grenander ebenso virtuos im Stil der Neuen Sachlichkeit weitergebaut, insgesamt rund 70 Bahnhöfe, zu denen auch das grün geflieste Verkehrslabyrinth unter dem Alexanderplatz zählt.

^ *Alfred Grenander entwarf den Verkehrstempel am Wittenbergplatz (o.), und die Ausstattung von U-Bahn-Waggons (u.).*

Weitere sehenswerte U-Bahnhöfe:
- Warschauer Straße (ursprünglich Warschauer Brücke). Von hier starteten ab August 1902 alle U-Bahn-Züge, hier stand auch die erste Betriebswerkstatt. Verschwunden ist die nahegelegene Station Stralauer Tor am nördlichen Ende der Oberbaumbrücke (Foto S. 33), auf der die U-Bahn die Spree überquert. Ähnlich pompös wie die Brücke fiel die folgende Station Schlesisches Tor aus (1902, von Grisebach und Dinklage im Neorenaissancestil).
- Görlitzer Bahnhof (früher Oranienstraße, 1902). Die von der Hochbahngesellschaft favorisierte nüchterne Ausführung provozierte Proteste der Anlieger und zwang die Bauherren zu aufwändigerer Gestaltung.
- Bülowstraße (1902, von Bruno Möhring). Die Konstruktion wurde hier durch Jugendstilornamente geschmückt, um den Bau den Anwohnern schmackhaft zu machen.
- Potsdamer Platz (1907, hieß bis 1923 Leipziger Platz), Deutsche Oper (früher Bismarckstraße, 1906) und Sophie-Charlotte-Platz (1908, mit großen Tafeln zur frühen U-Bahn-Geschichte), alle entworfen von Alfred Grenander.
- Klosterstraße (1913, s. S. 56). Aufwändig restaurierter Museumsbahnhof mit historischem U-Bahn-Zug, Stellwerk, Gedenktafel für die U-Bahn-Erbauer. Die Streckenverlängerung führte seinerzeit bis Eberswalder Straße und Schönhauser Allee (früher Danziger Straße und Nordring) mit eleganten Stahlkonstruktionen (alle Bahnhöfe von Grenander).

TIPP: In einem stillgelegten Stellwerk aus dem Jahr 1931 am U-Bahnhof Olympiastadion befindet sich das U-Bahn-Museum, betreut von der »Arbeitsgemeinschaft Berliner U-Bahn«, die auch historische Züge pflegt und Sonderfahrten anbietet. Das Museum ist allerdings nur an wenigen Tagen im Monat geöffnet.

^ *An der Oberbaumbrücke lag der Bahnhof Stralauer Tor (o.), unten Bülowstraße (l.) und Eberswalder Straße (r.).*

RUHMESHALLEN DER POST

Drei rollende Roboter, die wie lustige Geschöpfe aus der Werkstatt eines Garagenbastlers aussehen, begrüßen die Besucher im prächtigen Lichthof des Museums für Kommunikation. Hellblaue Neonschriften leuchten an den umlaufenden Galerien, dort können Kinder Ampelsignale betätigen, Rauchzeichen senden, sich durch Röhren und Schnurtelefone verständigen. Zum schönsten Indoor-Spielplatz Berlins wird das Museum durch seine repräsentative Architektur aus der Kaiserzeit. 1898 wurde es als Reichspostmuseum eröffnet. An der Leipziger, Ecke Mauerstraße bildete seine Neorenaissancefassade mit drei Atlanten und der Weltkugel als Krone den Blickfang des Reichspostamtes. Dessen nur teilweise erhaltene Verwaltungstrakte schlossen sich links und rechts an die Museumsecke an und reichten tief in den Straßenblock hinein.

Betritt man heute den zentralen Lichthof des Museums, zieht eine schwarz-gelbe Postkutsche aus der Kaiserzeit die Blicke auf sich, die in Einzelteile zerlegt an Fäden unter einem mächtigen Wappenfries mit Reichsadler hängt. Bis zur Teilzerstörung des Hauses im Zweiten Weltkrieg prangte an dieser Stelle eine große Büste Kaiser Wilhelms II., flankiert von Allegorien des Friedens und der Arbeit. Zu beiden Seiten erhalten sind die Personifikationen der Wissenschaft und des Verkehrs. Auf Höhe des 2. Galeriegeschosses stehen Vertreter wichtiger Postberufe aus Bronze: Landbriefträger, Postillion, Radschmied, Bootsmann, Telefonarbeiter und Telegrafist. In den Ecken der gewölbten Glasdecke über dem Lichthof erkennt man vier Stuckköpfe, einen Chinesen, einen Südseeinsulaner, einen Afrikaner und einen Europäer. Sie symbolisieren die Globalisierung

^ *Das Reichspostmuseum war der Blickfang des Kaiserlichen Reichspostamtes. Stich von 1896*

des Postverkehrs. Der bärtige Europäer mit Jägerhut trägt die Gesichtszüge des Generalpostdirektors Heinrich von Stephan, der sich 1875 um die Gründung des Weltpostvereins verdient machte.

Als »Bismarck der deutschen Post« galt Stephan zu Lebzeiten. Von der Reichsgründung bis zu seinem Tod am 8. April 1897 war er oberster Chef der Post im Deutschen Reich. Er überwand die territoriale Zersplitterung des Postwesens in Deutschland und baute die Reichspost zu einem modernen Staatskonzern aus. Stephan führte das Briefgeheimnis, die Postkarte, die Postanweisung und billige Einheitstarife für Briefe und Pakete ein. Alle wichtigen Städte Deutschlands wurden auf seine Initiative hin durch Telegrafenkabel miteinander verbunden. 1877 ordnete er mit Unterstützung Bismarcks den Aufbau eines Telefonnetzes in Deutschland an. Vier Jahre später erschien das erste Berliner Telefonbuch mit 185 Einträgen.

Auch die Gründung des weltweit ersten Postmuseums geht auf Stephan zurück. 1872 wies er die Berliner Oberpostdirektion an, eine Sammlung von Dokumenten zur Postgeschichte anzulegen und Modelle von Postkutschen, Transportschiffen und Eisenbahnwaggons anfertigen zu lassen. Diese Sammlung war seit 1875 im Reichspostamt

^ *Im repräsentativen Lichthof begrüßen heute Roboter die Besucher des Museums für Kommunikation. Foto 2004*

an der Leiziger Straße 15 ausgestellt, auf dem Grundstück neben dem erhaltenen Museumsbau.

Nach den ersten Erfolg versprechenden Experimenten mit Bells Telefonapparaten aus Amerika sicherte sich Stephan die Prototypen, mit denen Philipp Reis einige Jahre vorher experimentiert hatte. Sie gehören heute zu den kostbarsten Exponaten des Museums für Kommunikation. Stephans Kontakte über den Weltpostverein sorgten dafür, dass seine Sammlung bald auch über seltene Zeugnisse des Briefverkehrs in exotischen Ländern verfügte. Die Vision, das Postmuseum zu einem Universalmuseum der menschlichen Kommunikation zu erweitern, prägte bereits die Sammlungstätigkeit in den Gründerjahren.

In der Schausammlung kann man sich die rasante Entwicklung der Kommunikationstechnik im

Kaiserreich vergegenwärtigen, anhand von Telegrafenapparaten und Überseekabeln, von vorsintflutlichen Telefonen und Vermittlungsstellen, bei denen die Teilnehmer noch von Hand zusammengestöpselt werden mussten. Für Philatelisten liegen historische Briefmarkensammlungen in Glasschubladen bereit. Die Philatelie kam bereits vor dem Ersten Weltkrieg in Mode. 1904 gelang dem Museum der Ankauf der berühmtesten Briefmarke der Welt, einer Blauen Mauritius. Im Zweiten Weltkrieg verschollen, tauchte sie 1976 in den USA wieder auf. Da rivalisierende Ansprüche auf Rückgabe aus der Bundesrepublik und der DDR erhoben wurden, lagerte sie bis 1990 beim amerikanischen Zoll. Erst die Wiedervereinigung ermöglichte die Rückkehr der Blauen Mauritius in die unterirdische Schatzkammer des Museums.

Dieses Haus ist gewiss das spektakulärste Postgebäude aus der Kaiserzeit, doch den Aufschwung des Postwesens in jenen Jahren kann man überall in der Stadt nachvollziehen. Postbauten waren Staatsbauten, sie sollten die Macht und Herrlichkeit des geeinten Deutschen Reiches vor Augen führen. Der älteste erhaltene Post-Palazzo in Berlin ist das ehemalige Haupttelegrafenamt an der Jägerstraße 43/44 (1877-78, Carl Schwatlo, Nähe U-Bhf. Hausvogteiplatz). Vom selben Architekten stammt das Postfuhramt in der Oranienburger Straße 35-36, dessen aufwändiger Terrakottaschmuck nicht unbedingt einen Pferdestall dahinter vermuten ließ (1875-81). Schräg gegenüber an der Oranienburger Straße 73-76 entstand 1910-13 ein wuchtiger Neubau für das Haupttelegrafenamt, weil der Platz an der Jägerstraße nicht mehr ausreichte. Im

^ *Eine Berliner Fernsprechzentrale mit den »Fräuleins vom Amt« um 1900*

Neubau wurde auch die Zentrale der 1876 eingeweihten Stadtrohrpost untergebracht. Mit einem Streckennetz von rund 400 Kilometern war die »kleine U-Bahn von Berlin« die zweitgrößte Anlage ihrer Art auf der Welt. Bis 1976 waren die Maschinen im Keller des Haupttelegrafenamtes in Betrieb, jetzt können sie auf Führungen des Vereins »Berliner Unterwelten« besichtigt werden.

Auch auf das Erscheinungsbild der Filialen in den Stadtteilen und Vororten Berlins verwandte die Post in der Kaiserzeit große Sorgfalt. Es gab zentrale Richtlinien für die räumliche Gliederung der Postämter, aber – anders als heute – kein Einheitsdesign. Wie etwa an einer Postamtfassade das vorgeschriebene Hoheitszeichen aus Stein oder Metall, ein Reichsadler, ausgeführt wurde, blieb den Architekten überlassen. So zeigt das ehemalige Postamt SW 61 am Tempelhofer Ufer 1 (1900-02, Nähe U-Bhf. Hallesches Tor) eine neogotische Backsteinfassade, während das zeitgleich errichtete Postamt N 54 in der Torstraße (1901-02, Nähe U-Bhf. Rosenthaler Platz) durch neobarocke Formen aus einer Armeleutegegend abstach. In Rixdorf, dem heutigen Neukölln, entschied man sich für Anklänge an die Hochrenaissance (Karl-Marx-Straße 97/99, 1905-07, Nähe U-Bhf. Rathaus Neukölln).

Weitere charakteristische Postämter aus jener Epoche findet man in Tiergarten (1902-06, Körnerstraße 7-10, Nähe U-Bhf. Kurfürstenstraße), Schöneberg (1901-03, Hauptstraße 27, Nähe S-Bhf. Schöneberg), Steglitz (1907-09, Bergstraße 1, Nähe S-Bhf. Rathaus Steglitz), Weissensee (1914-16, Tassostraße 17) oder Friedenau (1915-20, Renée-Sintenis-Platz, Nähe U-Bhf. Friedrich-Wilhelm-Platz).

^ *Postgebäude waren Staatsbauten, entsprechend repräsentativ fiel das Postfuhramt an der Oranienburger Straße aus (o.).*

VERWALTUNG UND VERSORGUNG

Berlin, wie wir es heute kennen, ist als Verwaltungseinheit im Jahr 1920 durch den Zusammenschluss von acht Städten, 59 Landgemeinden und 27 Gutsbezirken entstanden. Überlegungen und Forderungen in dieser Richtung gab es jedoch schon vor dem Ersten Weltkrieg. Die Bebauung der Gemeinden auf dem Gebiet des späteren Groß-Berlin wuchs an den Rändern zusammen, sodass manche Straßen halb und halb zu verschiedenen Ortschaften zählten. Immer intensiver wurde die Verflechtung der Lebens-, Wirtschafts- und Verkehrsbeziehungen zwischen der Hauptstadt und ihrer nächsten Umgebung. Doch bei der Aufstellung von Bebauungsplänen, der Anlage von Versorgungsnetzen für Wasser, Gas und Elektrizität und sonstigen kommunalen Aufgaben hatten die einzelnen Gemeinden vor allem den eigenen Vorteil im Auge. Sie planten mehr gegen- als miteinander. Statt einer zweckmäßig strukturierten Millionenstadt wuchs im Großraum Berlin eine Agglomeration von Städten und Dörfern heran.

Die Dramatik dieser Entwicklung lässt sich an der Bevölkerungsstatistik ablesen. Von der Reichsgründung im Jahr 1871 bis zum Ausbruch des Ersten Weltkrieges verdoppelte sich die Zahl der Einwohner in den Grenzen der Stadtgemeinde Berlin von 820.000 auf gut 2 Millionen. Im selben Zeitraum aber wuchs das angrenzende Charlottenburg von 20.000 Seelen auf über 300.000 Einwohner. Ähnlich stürmisch verlief die Entwicklung in Rixdorf (ab 1912 Neukölln), Schöneberg, Lichtenberg, Wilmersdorf, Steglitz, Spandau. Die jungen Großstädte zeigten wie die Nachbarkreise wenig Neigung, sich von der Hauptstadt eingemeinden zu lassen, eine Haltung, die noch heute an ihren pompösen Rathausbauten erkennbar ist.

< Das Maschinenhaus im städtischen Wasserwerk Friedrichshagen dient heute als Museum der Berliner Wasserwirtschaft.

Auf Dauer jedoch schadeten sich die Gemeinden dadurch selber. Eine planlose Zersiedlung der Umgebung von Berlin war für alle Beteiligten keine verlockende Perspektive. Die Gemeinden unterstützten daher eine Initiative von Berliner Architekten und lobten 1908 einen städtebaulichen Wettbewerb aus, der viele wegweisende Ideen für ein künftiges Groß-Berlin erbrachte. So schlugen die Planer bereits eine unterirdische Nord-Süd-Verbindung für den Eisenbahnfernverkehr vor, wie sie hundert Jahre später realisiert wurde. Auch die Vision besonderer Straßensysteme für den schnellen Autoverkehr, die Konzepte für Grüngürtel und Gartenstädte formulierten die Architekten. Durch Monumentalbauten und große Straßenachsen sollte die repräsentative Mitte der Hauptstadt neu strukturiert werden. 1910 wurden diese Ideen auf einer großen Städtebauausstellung in der Hochschule der Bildenden Künste präsentiert. Auch wenn in der Kaiserzeit nichts davon realisiert wurde, blieb der Wettbewerb ein Ideenfundus für die spätere Stadtplanung.

Da die Widerstände gegen Eingemeindungen unüberwindlich waren, eine bessere Abstimmung bei der Bau- und Verkehrsplanung aber dringend geboten war, wurde 1912 der »Zweckverband Groß-Berlin« ins Leben gerufen. Diese Kompromisslösung erwies sich als wenig effektiv. Immerhin konnte der Zweckverband große Waldgebiete im Südwesten, in Tegel und Köpenick erwerben und der Grundstücksspekulation entziehen. Diese Naherholungsgebiete tragen bis heute erheblich zur Lebensqualität der Berliner bei.

^ *Straßenbauarbeiten vor dem Roten Rathaus, dem Amtssitz des Magistrats, um 1900*

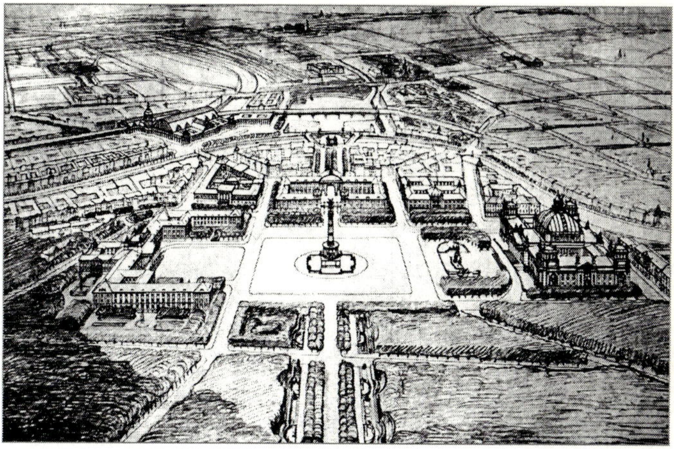

Die Mitsprache der Bürger bei kommunalen Angelegenheiten war in der Kaiserzeit eng begrenzt. Die Stadtverordnetenversammlung wurde nach dem preußischen Dreiklassenwahlrecht gewählt, bei dem die Stimmen der steuerpflichtigen Männer nach dem Einkommen gewichtet wurden. Oberbürgermeister und Magistrat mussten viele Kompetenzen mit preußischen Landesbehörden teilen. Außerdem war in der größten Garnisonsstadt Deutschlands auf die Interessen der Militärverwaltung Rücksicht zu nehmen. Polizei und Feuerwehr unterstanden einem Polizeipräsidenten mit weitreichenden Kompetenzen, der seine Weisungen aus dem Innenministerium erhielt. Kaiser Wilhelm II. höchstselbst wachte über viele Bau- und Denkmalprojekte, denn nach seinem Geschmack sollte Berlin zur »schönsten Stadt der Welt« werden. Der Stadtverwaltung blieb vor allem die Verantwortung für soziale Belange wie das Schul-, Gesundheits- und Armenwesen übrig. Sie reagierte auf die katastrophalen hygienischen Bedingungen, indem sie in der Kaiserzeit die Wasserversorgung unter kommunaler Obhut neu organisierte. Berlin bekam eine Kanalisation, einen zentralen Schlachthof, Markthallen, moderne Krankenhäuser, Stadtbäder und neue Schulen für eine Viertelmillion Kinder. Die damals geschaffene Infrastruktur trägt bis heute zum alltäglichen Funktionieren der Millionenstadt bei.

GROSS-BERLIN

EIN PROGRAMM
FÜR DIE PLANUNG
DER NEUZEITLICHEN GROSSSTADT

VON

RUD. EBERSTADT
PROF. DOZENT AN DER KÖNIGL. UNIVERSITÄT

BRUNO MÖHRING
PROFESSOR, ARCHITEKT

RICH. PETERSEN
OBERINGENIEUR

BERLIN, ERNST WASMUTH A.-G. 1910.

^ *Wettbewerbsentwurf für eine Neubebauung des Königsplatzes als Abschluss einer Nord-Süd-Achse von Martin Mächler (1910)*

Übersichtska

te von Berlin.
Ndr. Schönhsn.
Heinersdf.
Grenze für Neu-Berlin
Weissensee
Weissen See
Neu-Weissensee
Hohen-Schönhsn.
Orranke See
Neu-Hohen-Schönhsn.
Wilhelmsbg.
Königs-Viertel
Friedrich Hain
Landsberger All.
Irren Anst.
Lichtenberg
Stralauer Viertel
Frankfurter All.
Rummelsburg
Friedrichsfelde
Luisenstadt
Die Spree
Stralau
Treptow
Rixdorf
Hasen-Heide
Garnison
Hauptverbindungs-Strassen. Neu-Berlin.
gez. v. F. Gindler u. O. Stephan.

STADTHAUS UND RATHÄUSER

Die enge Verbindung von Stadtentwicklung und Verkehrsplanung vor hundert Jahren wird im U-Bahnhof Klosterstraße besonders augenfällig. Eine Ausstellung zur Entwicklung des Berliner Verkehrs ist hier allzeit geöffnet: Wo sonst Reklameplakate hängen, vergegenwärtigen bunte Emailleschilder die Wandlungen der Pferdeeisenbahn zur »Elektrischen« und der Dampfeisenbahn zur S-Bahn, die historische Entwicklung von Omnibussen und U-Bahn-Wagen. An den Bahnsteigenden sind ein originales Stellwerk und ein U-Bahn-Führerhaus aus dem Jahr 1910 zu besichtigen.

Die ganze Station ist 1985 mit ungewöhnlicher Sorgfalt restauriert worden und gibt einen ungetrübten Eindruck von der Gestaltungskunst des U-Bahn-Architekten Alfred Grenander. Sein Porträt findet sich an einer 1913 enthüllten Ehrentafel im südlichen Zwischengeschoss, auf der die führenden Pioniere des Berliner U-Bahn-Baus mit den wichtigsten Daten vermerkt sind. Die gelb und dunkelblau gefliesten Wände schmücken Pflanzenmotive, die man auf den ersten Blick dem Jugendstil zuschreiben würde, doch handelt es sich um exakte Repliken stilisierter Palmen vom Prozessionsgang des Thronsaals in Babylon: Das Original ist im Pergamonmuseum zu sehen. Vier große Gemälde zeigen städtebauliche Zukunftsbilder aus der Zeit vor dem Weltkrieg, neue Stadtteile aus der Vogelschau, die an geplanten U-Bahn-Strecken entstehen sollten.

Besonders schmuck gestaltet wurde diese unterirdische Passage, weil sie den Zugang zu dem oberirdischen Gebäude bildete, das zur selben Zeit als Rathauserweiterung für die expandierende Metropole emporwuchs. Das 1861-69 errichtete Rote Rathaus des Architekten Hermann Fried-

^ *Das Stadthaus zwischen Molkenmarkt und Klosterstraße im Bau, um 1912*

rich Waesemann hatte sich schon bald als zu klein für die wachsenden Verwaltungsaufgaben einer Zweimillionenstadt erwiesen; als Ergänzung entstand 1902-11 in fußläufiger Entfernung das wuchtige Stadthaus nach Plänen von Ludwig Hoffmann. Mit 80 Metern Höhe ist sein Turm sogar geringfügig höher als der Rathausturm. Das Stadthaus war kein reiner Zweckbau, das merkt man schon bei einem Blick in die tempelartige Eingangshalle mit plätscherndem Springbrunnen am U-Bahnhof Klosterstraße. Dahinter liegt als Herzstück der ganzen Anlage eine ebenso sakral anmutende Festhalle, die für große öffentliche Feiern vorgesehen war. In den Nachwendejahren ist sie von späteren Einbauten befreit worden und in ihrer Pracht wieder sichtbar, doch leider nur selten für die Öffentlichkeit zugänglich.

Der rasante Bevölkerungsboom im Großraum Berlin führte auch im Umland dazu, dass sich viele Gemeinden um die Jahrhundertwende mit neuen Rathäusern schmückten. Das wohlhabende Charlottenburg übertrumpfte Berlin mit einem figurenreichen Prunkbau im Jugendstil und einer Turmhöhe von 88 Metern. Anders als das Stadthaus an der Klosterstraße steht das Charlottenburger Rathaus täglich unangemeldeten Besuchern offen, man kann durch die Treppenhäuser und Flure flanieren und den reichen Figurenschmuck aus Steinmetzarbeiten bewundern. Eine nur der Schönheit wegen angelegte Brunnenhalle im Hauptgeschoss wurde im Ersten Weltkrieg zur Gedenkhalle für

^ *Innen und außen demonstrierte der Charlottenburger Rathausbau die Finanzkraft der Berliner Nachbarstadt.*

gefallene Soldaten umgewidmet. Das Architektenbüro Reinhardt & Süßenguth plante neben dem Charlottenburger Rathaus (1899-1905, Otto-Suhr-Allee 96-102, U-Bhf. Richard-Wagner-Platz) auch die Rathäuser in Steglitz (1896-97, Schloßstraße 37, U-Bhf. Rathaus Steglitz), Treptow (1909-10, Neue Krug-Allee 4-6) und Spandau (1910-13, Carl-Schurz-Straße 2-6, U-Bhf. Rathaus Spandau). Schon 1911-15 musste das Charlottenburger Rathaus erweitert werden, unmittelbar neben der Hauptfassade entstand der Bauteil mit dem Eingang zur Stadtbücherei nach Plänen von Heinrich Seeling.

Das letzte Rathaus der Kaiserzeit wurde 1914-16 in Friedenau errichtet (Hans Altmann, Niedstraße 1-2). Bereits vier Jahre nach der Fertigstellung verlor der Ort seine Selbständigkeit und ging in Groß-Berlin auf. Als Bauten für die Kommunalverwaltung der neuen Bezirke wurden die meisten Rathäuser der Kaiserzeit weiterhin gebraucht und erfüllen bis heute diese Funktion.

Besonders sehenswert:

- Rathaus Schöneberg (1911-14, Jürgensen & Bachmann, John F. Kennedy-Platz, am U-Bahnhof Rathaus Schöneberg)
- Rathaus Neukölln (1905-09, Reinhold Kiehl, Karl-Marx-Straße 93, am U-Bahnhof Neukölln)
- Rathaus Pankow (1901-03, Wilhelm Johow, Breite Straße 24A-26, Nähe S-/U-Bahnhof Pankow)
- Rathaus Friedrichshagen (1897-99, Jürgen Kröger, Bölschestr. 87, Nähe S-Bahnhof Friedrichshagen)
- Rathaus Köpenick (1901-04, Schütte u. Kinzer, Alt-Köpenick 21, mit Ausstellung, S. 266)

^ *Das Eingangsfoyer zum Rathaus Pankow. Hier haben die Autoren dieses Buches geheiratet. Foto 2007*

SAUBERES WASSER

In der Mitte des 19. Jahrhunderts wurde Berlin wiederholt von Choleraepidemien heimgesucht, denn die Bevölkerung schöpfte ihr Trinkwasser aus Brunnen, die oft nur wenige Meter von den Fäkaliengruben auf den Hinterhöfen entfernt waren. 1856 nahm das erste Wasserwerk vor dem Stralauer Tor seinen Betrieb auf. Es pumpte geklärtes Spreewasser in einen offenen Speicher zwischen der heutigen Belforter und Rykestraße. Später wurde diese Anlage weiter ausgebaut, ihr gemauertes Standrohr (1856) und der bewohnte ehemalige Wasserturm (1877) sind heute Wahrzeichen des Stadtteils Prenzlauer Berg.

Erst langsam wurden die Wohnungen an das Wassernetz angeschlossen, viele Brunnen blieben in Betrieb und Abwässer flossen weiterhin durch offene Rinnsteine in Richtung Spree oder in stinkende Sammelgruben. Hausbesitzer leisteten lange Widerstand gegen eine vom Magistrat geplante zentrale Abwasserentsorgung, weil sie die entstehenden Kosten fürchteten. Dabei wurden sie von den Fuhrunternehmern unterstützt, die am Weiterverkauf der Fäkalien als Dünger verdienten. Erst eine 1867 eingesetzte Kommission unter Leitung des Arztes Rudolf Virchow (s. S. 223) lieferte unabweisbare Argumente für den Bau einer Kanalisation. Der Ingenieur James Hobrecht entwarf ein System von zwölf so genannten Radialsystemen, voneinander unabhängigen Rohrnetzen, an deren tiefstem Punkt jeweils ein Pumpwerk gebaut wurde. Dort liefen Abwässer und Regenwasser zusammen und wurden auf Rieselfelder weit außerhalb der Stadt geleitet. Im Jahr 1873 war Baubeginn. Zahlreiche deutsche Städte kopierten das System, auch in Moskau, Tokio und Kairo orien-

^ *Tafel am ältesten Abwasserpumpwerk Berlins, dem heutigen Lapidarium am Halleschen Ufer 78. Foto 2006*

tierte man sich daran. Hobrechts Kanalisation wuchs mit der Stadt und funktioniert im Prinzip bis heute – nur werden die Abwässer nicht mehr auf Rieselfeldern entsorgt, sondern in Klärwerken gereinigt.

Für die Berliner Trinkwasserversorgung entstanden in der Kaiserzeit neue Wasserwerke in Tegel (1877) und am Müggelsee (1893). Letztere Anlage erstreckte sich über einen halben Quadratkilometer, sie galt seinerzeit als das größte und modernste Wasserwerk Europas. Seit 1987 ist dort im Schöpfmaschinenhaus B ein Museum zur Geschichte der Berliner Wasserversorgung zu besichtigen (Museum im Wasserwerk, Müggelseedamm 307, S-Bhf. Friedrichshagen). Sehenswert ist auch die interaktive Ausstellung zur Wasserwirtschaft im »Ökowerk« am Teufelssee. 1872 begann hier die Trinkwasserförderung aus Tiefbrunnen. Die bis 1895 ausgebaute Gesamtanlage zur Wasseraufbereitung ist erhalten (Teufelsseechaussee 22-28). Dieses Werk versorgte früher unter anderem die erhaltenen Wassertürme in Westend (1882 und 1909, Spandauer Damm 165-67) und Steglitz (1886, Schmitt-Ott-Straße 13).

Außerdem sehenswert:

- Lapidarium am Schöneberger Ufer. Ältestes Abwasserpumpwerk in Berlin (1873-76), heute als Skulpturendepot genutzt. Gedenktafel für James Hobrecht, den Erfinder des Entwässerungssystems (Hallesches Ufer 78, U-Bhf. Gleisdreieck). Die letzte von ihm geplante Pumpstation ging 1909 in Betrieb (Erich-Weinert-Straße 131, Nähe S-Bhf. Greifswalder Straße).
- Um das Wasser vom Werk am Müggelsee ins Berliner Rohrnetz zu pumpen, wurde das Zwischenpumpwerk Lichtenberg gebaut (1889-1893, Landsberger Allee 230, wurde 2006-07 denkmalgerecht restauriert).
- Radialsystem V. Das seit 1881 betriebene Abwasserpumpwerk dient seit 2006 als Probenhaus und Aufführungssaal für Tanz, Theater und Konzerte (Holzmarktstraße 31-33, Nähe Ostbahnhof).

^ *Das »Radialsystem« (rechts mit Schornstein) an der Spree, früher Pumpwerk, heute Haus für Tanz und Musik. Foto 2006*

TIPP: Der Kaufmann James Simon ist als Kunstmäzen in die Kulturgeschichte eingegangen (s. S. 206), aber Berlin verdankt ihm auch die erste öffentliche Badeanstalt. 1880 legte er den Grundstein an der Gartenstraße 5 in Mitte (Nähe S Nordbahnhof), wo man heute noch in einem neusachlichen Nachfolgebau schwimmen gehen kann. Eine Gedenktafel an der Fassade würdigt Simons Verdienste um die Sauberkeit der Berliner. Fließendes Wasser und später Badezimmer blieben in der Kaiserzeit für viele Berliner ein unerreichbarer Luxus. Daher entstanden unter kommunaler Regie zahlreiche Badeanstalten. Die älteste noch betriebene Schwimmhalle findet man in der Krummen Straße 9-10 unweit des Charlottenburger Rathauses (1899, Paul Bratring). Der nüchterne Zweckbau erinnert mit seiner filigranen Deckenkonstruktion aus Eisenträgern an Fabrik- oder Markthallen und ist lediglich mit Wandmalereien geschmückt. Prunkstück der Berliner Bäderbetriebe ist das 1914 eröffnete Stadtbad Neukölln. Nach römischen Vorbildern entwarf der Architekt Reinhold Kiehl eine Thermenanlage für 10.000 Besucher pro Tag. Mächtige Säulen tragen die Decke der großen Halle, Mosaiken schmücken ihre Apsis, unter der Kuppel des russisch-römischen Bades sprudelt das Wasser aus den Mäulern bronzener Seelöwen. Zur Anlage gehörte auch eine Volksbibliothek (seit 1961 Heimatmuseum Neukölln, Ganghoferstraße 3-5, U-Bhf. Rathaus Neukölln). Eine Bürgerinitiative kämpft seit Jahren um die Sanierung und Wiederinbetriebnahme des Stadtbades Prenzlauer Berg (Oderberger Straße 57-59, eröffnet 1904); einstweilen wird es für Konzerte und Theateraufführungen genutzt. Entworfen hat es Stadtbaurat Ludwig Hoffmann, dessen 1901 eröffnetes Stadtbad in der Kreuzberger Baerwaldstraße 64-67 teilweise erhalten und benutzbar ist (Nähe U-Bhf. Prinzenstraße).

^ *Im Baerwaldbad kann man dank einer Bürgerinitiative immer noch schwimmen gehen. Foto um 1900*

DER BAUCH VON BERLIN

MARKTHALLEN

Neben der Versorgung mit sauberem Trinkwasser stellte die Ernährung einer Millionenbevölkerung ein logistisches Problem dar, das nur durch den Einsatz modernster Technik gelöst werden konnte. Die hygienischen Zustände auf offenen Märkten ließen zu wünschen übrig, der Transport von Lebensmitteln auf Karren, Kutschen und »Äppelkähnen« in die Stadt war umständlich und deckte kaum den Bedarf. Eine erste Markthalle nach Pariser Vorbild öffnete 1868 am Schiffbauerdamm die Pforten, konnte sich aber nicht gegen die Konkurrenz der Wochenmarkte in der Umgebung behaupten. Schon 1874 wurde sie in einen Zirkus verwandelt. Dieser ersten Markthalle fehlte ein wichtiger Standortvorteil: der Bahnanschluss. Mit der Eröffnung der mitten durch das Zentrum führenden Stadtbahn im Jahr 1882 änderte sich die Lage. Nun beschloss der Magistrat den Bau einer städtischen Zentralmarkthalle mit Gleisanschluss, ferner die Abschaffung der Wochenmärkte zugunsten weiterer Markthallen in den einzelnen Stadtvierteln. Dort konnten hygienische Bedingungen für den Lebensmittelhandel vorgeschrieben und von städtischem Personal kontrolliert werden.

Am 3. Mai 1886 eröffnete die Zentralmarkthalle am Alexanderplatz, ein rund 100 Meter langes und tiefes Gebäude, das 1586 Verkaufsständen auf drei Etagen Platz bot. Die Halle lag an der Stadtbahn, verfügte über eigene Gleise und moderne Fahrstühle zum schnellen Entladen der Waren. Die Stadtbahnbögen waren für den Großhandel vorgesehen, der Warenverkehr wuchs jedoch so rapide an, dass bereits 1893 eine zweite, fast ebenso große Halle auf dem Nachbarkaree in Betrieb genommen wurde. Der Ei-

^ *Eingang zur 1888 eröffneten Markthalle an der Ackerstraße 23-26, heute Supermarkt. Foto 2006*

senbahnanschluss ermöglichte es, Lebensmittel nicht nur aus dem Umland, sondern von weither in Berlin abzusetzen – dadurch sanken die Verbraucherpreise. Neben Fisch von der Ostseeküste werde im Winter »australisches und dänisches Fleisch in großen Massen« verkauft, heißt es 1896 in »Berlin und seine Bauten«. Die Zentralmarkthalle am Alexanderplatz galt als der »Bauch von Berlin«. Sie verbrannte im Zweiten Weltkrieg.

Bis 1892 ließ der Magistrat außerdem 13 kleinere Markthallen in den Bezirken errichten. Die gesamte Bauplanung lag in den Händen von Stadtbaurat Hermann Blankenstein. Besonders gut erhalten und in Betrieb sind die Arminiusmarkthalle in Tiergarten (Arminiussstraße 2-4, Nähe U-Bhf. Turmstraße), sowie die Eisenbahnhalle in Kreuzberg (Eisenbahnstraße 42-43, Nähe U-Bhf. Görlitzer Bahnhof, beide 1891 eröffnet). An die im Kern zerstörte Markthalle VII erinnern die Vorderhäuser an der Dresdener Straße 27 und das erhaltene Lokal »Zur kleinen Markthalle« (Legiendamm 32 in Kreuzberg, Nähe U-Bhf. Moritzplatz). Der ehemalige Blumengroßmarkt (Markthalle II, Lindenstraße 91-98) und die beliebte Marheineke-Markthalle (ehemals Markthalle XI, Marheinekeplatz in Kreuzberg) gehen auf die Kaiserzeit zurück, weisen aber kaum originale Bausubstanz auf. In der 1888 eröffneten »Ackerhalle« (Markthalle VI, Ackerstraße 23-26 und Invalidenstraße 158, Nähe S-Bhf. Nordbahnhof) findet man nach denkmalgerechter Sanierung heute einen Supermarkt.

^ *Die gewaltige Zentralmarkthalle am Alexanderplatz wurde im Zweiten Weltkrieg zerstört. Foto um 1900*

KRANKENSTÄDTE IM GRÜNEN

Der Bedarf an Krankenhäusern nahm immens zu, »nachdem die stetig wachsende Bevölkerungszahl der Stadt, besonders aber das Krankenversicherungsgesetz eine unvorhergesehene Steigerung der Krankenzahl herbeigeführt hatten«, wie es in einem Bericht von 1896 heißt. Viele Anlagen lassen auch nach über 100 Jahren noch ihre ursprüngliche Konzeption erkennen. Etwa das Krankenhaus Herzberge in Lichtenberg: Auf einem weitläufigen parkartigen Gelände verteilen sich locker, aber klar angeordnet mehr als ein Dutzend Backsteinbauten. In ihren warmen Ocker- und Terrakottafarben wirken die meist zweigeschossigen Gebäude anheimelnd, in ihren Proportionen überschaubar und menschlichem Maß angemessen. Der Bauschmuck ist sparsam bemessen, aber alles wohl proportioniert. Ein repräsentatives, von einem Uhrtürmchen bekröntes Verwaltungsgebäude bildet den Auftakt zu der 400 Hektar großen Anlage. Sechs schlanke, symmetrisch angeordnete Bettenhäuser flankieren die breite Mittelachse des Geländes, auf der zentrale Funktionsgebäude ihren Platz fanden: Werkstatt- und Wirtschaftsgebäude sowie ein Badehaus. Es wird heute als Café genutzt. Etwas abseits liegen die Leichenhalle und – aus Sicherheitsgründen – das Kesselhaus für die zentrale Dampfheizung. Der große Schornstein musste wegen Einsturzgefahr gekappt werden, das Kesselhaus selbst konnte ein Förderverein vor dem Abriss retten und als Museum zugänglich machen. Neben den riesigen, mit Kohle beheizbaren Dampfkesseln, die zu DDR-Zeiten noch lange ihren Dienst taten, sind medizinhistorische Geräte zu besichtigen sowie eine kleine Ausstellung über den Stadtbaurat Hermann Blankenstein.

^ *Hauptgebäude der ehemaligen Irrenanstalt Herzberge, heute Königin-Elisabeth-Krankenhaus. Foto 2006*

Er hat die Anlage 1889 bis 1893 als ehemalige Psychiatrische Heil- und Pflegeanstalt am östlichen Stadtrand geplant. 5 Millionen Goldmark kostete die nach modernen medizinischen und hygienischen Gesichtspunkten erbaute Irrenanstalt den Stadtsäckel. In getrennten Häusern waren die Bettlägerigen, die ruhigen und die gewalttätigen Patienten untergebracht, selbstverständlich streng nach Geschlechtern getrennt. Direktorenhaus und Wohnhäuser für die Beamten lagen am Rande des Klinikgeländes, ebenso wie einige kleinere Wohnhäuser für Patienten, die in der Lage waren, in den klinikeigenen Gärten und Viehställen zu arbeiten. »Dem Geisteslicht zum Schutze, gemeinem Wohl zu Nutze« steht in Terrakotta-Buchstaben über dem Portal des Verwaltungsgebäudes.

Das bauliche Konzept teilt die Anstalt Herzberge mit vielen Klinikanlagen der Kaiserzeit: Bereits das erste große städtische Krankenhaus am Friedrichshain war von Gropius und Schmieden 1868-74 im Pavillonsystem angelegt worden (Landsberger Allee 49). Die einzeln stehenden Bettenhäuser verringerten die Ansteckungsgefahr und ermöglichten eine optimale Licht- und Luftzufuhr in den Krankensälen. Heutzutage gelten die weiträumigen Pavillon-Anlagen für den modernen Klinikbetrieb eher als unpraktisch. Erst seit einigen Jahren werden die historischen Gebäude in ihrer architektonischen Schönheit wiederentdeckt, denkmalgerecht saniert – und häufig neuen Nutzungen zugeführt. Aber die erholsame Parkatmosphäre einer Anlage wie Herzberge wirkt auch heute noch wohltuend auf die dort behandelten Patienten

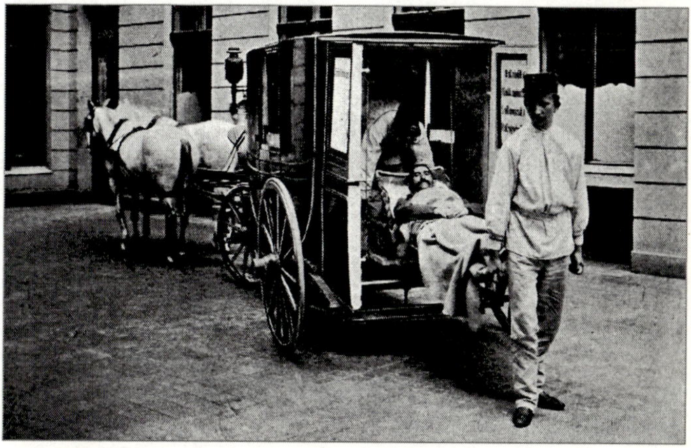

^ *Krankentransport mit Pferdekutsche in der Kaiserzeit. Foto um 1904*

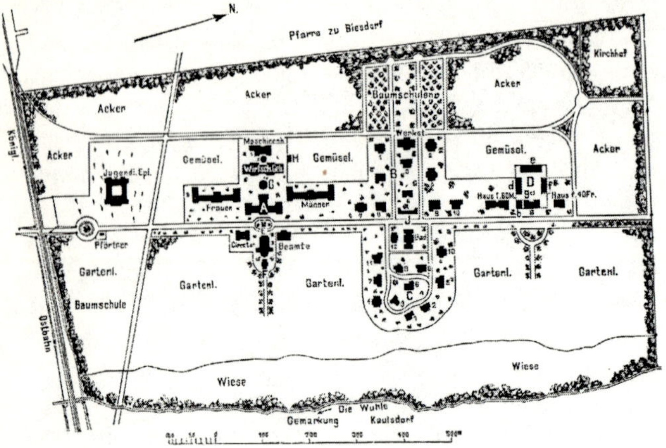

(heute Evangelisches Krankenhaus Königin Elisabeth, Herzbergstraße 79, Nähe S-Bhf. Friedrichsfelde Ost).

Weitere Irrenanstalten:

- Städtische Irrenanstalt Dalldorf (heute Karl-Bonhoeffer-Nervenklinik/Humboldt-Krankenhaus), Oranienburger Str. 285 (S-Bhf. Karl-Bonhoeffer-Nervenklinik). 1877-79 errichtet nach Plänen von Hermann Blankenstein. Die erste der großen städtischen Einrichtungen, damals 9 Kilometer nördlich von Berlin, für 1130 Patienten. Nahezu komplett erhaltene Anlage aus Backsteinpavillons samt Wasserturm, Kesselhaus und Schornstein. Dient noch heute ihrer ursprünglichen Funktion, mit modernen Sicherheitsvorkehrungen für den Maßregelvollzug und als geschlossene Anstalt aufgerüstet. Erweiterungstrakte aus den 1980er Jahren nehmen die Backsteinästhetik und Maßstäblichkeit der Blankensteinbauten auf.
- II. Städtische Irrenanstalt – »Heil- und Pflegeanstalt für Epileptische im Wuhlgarten« (heute Wilhelm-Griesinger-Krankenhaus, Brebacher Weg 15, Nähe S-Bhf. Biesdorf). 1890-93 von Hermann Blankenstein. Gleichzeitig mit der Anstalt Herzberge konzipiert, nur wenige Kilometer weiter östlich gelegen, nahezu vollständig erhalten mit neogotischer Kirche und sehenswertem Baumbestand. Das Besondere ist die dazugehörige idyllische Landhaussiedlung mit rund zwanzig individuell gestalteten Wohnhäusern. Umgeben von Wiesen, Gärten und Ackerland sollten hier die selbständigeren Patienten, die ja ihr ganzes Leben in der Anstalt wohnten, in kleinen Gruppen leben und arbeiten. Ein Konzept, das sich modernen Vorstellungen von Rehabilitation und weitgehender Selbstständigkeit der Patienten bereits nähert.

^ *Grundriss der Irrenanstalt in Wuhlheide, heute Griesinger-Krankenhaus*

- III. Städtische Irrenanstalt Buch (heute Helios Kliniken), Karower Straße 11 (Nähe S-Bhf. Buch, 1900-1907 erbaut für 1800 Patienten) und VI. Städtische Irrenanstalt Buch (heute Helios Kliniken, Wiltbergstraße 50, 1909-14, beide von Ludwig Hoffmann).

Blankensteins Nachfolger im Amt des Stadtbaudirektors baute nördlich von Berlin an der Bahnstrecke nach Bernau ausgedehnte Versorgungsstätten, vor allem die zwei Irrenanstalten, da Wuhlgarten und Herzberge bald überfüllt waren. 1890 waren in Berlin 6004 Geisteskranke in Irrenanstalten untergebracht. Am bewährten Pavillonsystem mit Park hielt er fest, ebenso am symmetrischen Gesamtplan, wobei er Eintönigkeit zu vermeiden versuchte. Hoffmanns Entwürfe orientieren sich – anders als die schlichten Ziegelbauten Blankensteins – an noblen kunsthistorischen Vorbildern. Die roten Backsteinbauten mit den hell abgesetzten Werksteinelementen der zuerst gebauten Anlage zitieren Schlossbauten der dänischen Renaissance, des holländischen Barock und die englische Landhausarchitektur.

Die zweite Anlage an der Wiltbergstraße besteht aus Putzbauten mit sparsam eingesetzten klassizistischen Elementen wie Säulenfassaden und Dreiecksgiebeln. Hölzerne Gartenpavillons und Brunnen beleben die Parkanlage. Prompt zog Hoffmann die Kritik der Berliner Stadtverordneten auf sich, die solchen ästhetischen Aufwand für Verschwendung hielten. Der Architekt jedoch wollte wenigstens ein Minimum an architektonischer Gestaltung durchsetzen. Er erzählte einmal, dass er sich beim Entwerfen seiner Bauten immer vorstelle, er müsse sich selbst in ihnen aufhalten. Dass insbesondere die zweite Anlage heute den trostlosen Eindruck einer Kaserne macht, liegt an ihrem heruntergekommenen Erhaltungszustand. Sie wurde nie als Irrenanstalt genutzt, sondern als Lazarett im Ersten Weltkrieg, später als Kinderkrankenhaus. Außerdem von Hoffmann in Buch erhalten: Heimstätte für Brustkranke (1901-03, Alt-Buch 74).

^ *Maschinenhaus in der heutigen Bonhoeffer-Nervenklinik (oben), »Unterhaltungshaus« in Buch (unten). Fotos 2006*

Weitere Krankenhäuser:

- Ehem. II. Garnisonlazarett (heute Wenckebach-Krankenhaus, Wenckebachstraße 23, U-Bhf. Kaiserin-Augusta-Straße), 1875-78, entworfen von Martin Gropius & Heino Schmieden, später erweitert; offene Pavillonanlage für 500 Betten nach dem Vorbild des Krankenhauses am Friedrichshain, bautechnisch sparsam ausgeführt, wurde für weitere Lazarette in Preußen vorbildlich.
- Städtisches Krankenhaus am Urban, Dieffenbachstraße 1 (Nähe U-Bahnhof Südstern), 1887-90, Hermann Blankenstein. Nahezu vollständig erhaltener, von Mauern umschlossener Komplex aus Einzelpavillons, durch überdachte Gänge verbunden. Die aufwändig gestaltete einstige Leichenhalle mit ihrem Rundbogenportikus dient als Psychiatrische Tagesklinik. Da die Altbauten als nicht modernisierbar galten, wurde 1966-70 daneben ein Krankenhausneubau errichtet.
- Charité, Schumannstraße 20-21 (S- und U-Bhf. Friedrichstraße). 1710 als Pest- und Pockenhaus gegründet, nach verschiedenen Erweiterungen 1897-1917 schrittweise von Georg Diestel völlig neu konzipiert und bebaut. Heute Universitätsklinikum (s. S. 223).
- Ehemaliges Universitäts-Klinikum und Chirurgische Poliklinik, Ziegelstraße 5-11 (1878-83 von Gropius und Schmieden, erweitert 1893). Im Bereich der benachbarten Frauenklinik das Gebäude der Ida-Simon-Stiftung für »Frauen mit verfeinerten Lebensgewohnheiten« (Monbijoustraße 2, 1909-11, Architekt Georg Thür).
- Städtisches Krankenhaus Westend, Spandauer Damm 130 (S-Bhf. Westend) 1000 Betten, 1900-04 von Heino Schmieden und Julius Boethke, erweitert 1912-15 von Heinrich Seeling; sehr gut erhaltene Anlage mit umfangreichem Informationstafelprogramm zur Geschichte.
- Jüdisches Krankenhaus, Heinz-Galinski-Straße 1 (U-Bhf. Osloer Straße), 1914 eingeweiht, von Reimer und Körte, repräsentativer großer Gebäudekomplex der jüdischen Gemeinde mit Synagoge.
- Kaiserin-Auguste-Victoria-Haus zur Verminderung der Säuglingssterblichkeit im Deutschen Reich; Säuglingsklinik mit Versuchstierstall, Heubnerweg 8-10 (Nähe S-Bhf. Westend). 1907-09 von Alfred Messel; Erweiterung 1911-13 von Edmund May. Vorbildliche Kinderklinik, auch zur Erforschung von Säuglingsernährung, -versorgung und Grundlagenforschung zu Frühgeborenen. Noble, klare Gliederung der Baugruppen. Heute Sitz der Europäischen Wirtschaftshochschule. Gegenüber entstand 1899-1913 das Städtische Bürgerhaus-Hospital (Hans Bratring und Paul Seeling, Sophie-Charlotten-Straße 115, jetzt Altersheim).

^ *Relief am ehemaligen »Kaiserin-Auguste-Victoria-Haus zur Verminderung der Säuglingssterblichkeit«. Foto 2005*

SCHULKASERNEN UND LERNSCHLÖSSER

Die Kosten für Schulbauten und Lehrergehälter bildeten seit 1876 den größten Posten im städtischen Etat. »Der höchste Stolz Berlins war aber immer mit Recht sein Schulwesen. Hier kann man vielleicht am deutlichsten erkennen, welchen Aufschwung Berlin genommen hat« heißt es in einer Stadtbeschreibung von 1904. »Heute zählt man 241 Gemeindeschulen, die über 213.000 Kinder auf öffentliche Kosten unterrichten, in 4292 Klassen. Der Unterricht wird erteilt durch 241 Rektoren, 2545 Lehrer, 1456 Lehrerinnen, zu denen 447 Fachlehrerinnen treten.« In sechs bis acht Jahren lernten die Kinder auf den Gemeindeschulen Schreiben und Rechnen, später auch Elementarkenntnisse in Geschichte, Erd- und Naturkunde. Breiten Raum nahm der Religionsunterricht mit 3 bis 4 Wochenstunden ein. Gelernt wurde in Klassen mit bis zu 70 Schülern. Die Kinder saßen dicht gedrängt in Schulbänken, die Lehrer dirigierten ihren Frontalunterricht mit dem Rohrstock, Prügelstrafen waren an der Tagesordnung.

Schon durch ihre Architektur erinnerten die Gemeindeschulen an Kasernen. Um den riesigen Bedarf an Schulplätzen zu decken, entwickelte der zwischen 1872 und 1896 amtierende Stadtbaurat Hermann Blankenstein einen Bautyp, der vielfach kopiert und variiert wurde. Die typische Gemeindeschule war auf rund 1000 Schüler berechnet. Wo immer möglich wurde sie gleich als Doppelschule für 2000 Jungen und Mädchen angelegt, dann musste man für beide Geschlechter nur eine einzige Turnhalle bauen. Die Klassenräume, Amts- und Lehrerzimmer waren in mehrgeschossigen Backsteinbauten untergebracht, die meist im Inneren großer Straßenblöcke lagen. »Mit Rücksicht auf den

^ *Entwurf von Ludwig Hoffmann für eine Doppelgemeindeschule an der heutigen Osloer Straße (zerstört).*

Verkehr in den Berliner Straßen ist ein Aufenthalt der Schulkinder daselbst während der Schulpausen ausgeschlossen. Daher wird besonderer Wert darauf gelegt, auf den dicht mit hohen Nachbargebäuden umbauten Grundstücken geräumige Schulhöfe zu schaffen, auf welchen sich die Schüler und Schülerinnen getrennt ergehen können«, so 1896 »Berlin und seine Bauten«. Zur Straße hin war von den großen Schulkomplexen oft nur ein kleines Rektorenwohnhaus zu sehen, das ebenfalls in Backstein mit bescheidenem Terrakottaschmuck ausgeführt war.

Eine typische Schule jener Zeit ist an der Prenzlauer Allee 227-228 werktäglich zu besichtigen. Das Ensemble im typischen Blankensteinstil wurde 1884-86 als 105. und 121. Gemeindeschule für die kinderreiche Bevölkerung der Mietskasernen auf dem Prenzlauer Berg errichtet. Heute zeigt in der ehemaligen Turnhalle das Stadtteilmuseum seine Wechselausstellungen, im Hauptgebäude befindet sich eine Bibliothek. Eine Dauerausstellung im Flur widmet sich der Hausgeschichte, eine weitere erinnert an die ehemalige jüdische Schule in der nahen Rykestraße 53, auf dem Grundstück der erhaltenen Synagoge (s. S. 115).

Neben den einfachen Gemeindeschulen zählte man 1896 in Berlin 46 höhere Lehranstalten, die meist Kindern von gut verdienenden Familien vorbehalten blieben. Diese Institute wurden besser ausgestattet als die einfachen Volksschulen und hoben sich durch eine vergleichsweise prächtige Architektur von ihrer Umgebung ab. Ein prominentes Beispiel ist der 1875-79 nach Plä-

^ *Die Gemeindeschule an der Pankstraße 47 ist seit 1989 Weddinger Heimatmuseum.*

nen von Heinrich Strack errichtete Neorenaissancepalast für das traditionsreiche Joachimsthalsche Gymnasium; es wird heute von der Universität der Künste genutzt (Bundesallee 1-12, U-Bhf. Spichernstraße). Neben den Gymnasien gab es seit 1887 auch Realschulen, anfangs »höhere Bürgerschulen« genannt.

Mädchen standen nach der Gemeindeschule nur die »höheren Töchterschulen« offen. Eine Schulreform ermöglichte es ab 1908 auch Frauen, einen Abschluss zu erwerben, der ihnen den Zugang zu Universitäten öffnete (s. S. 139). Die älteste höhere Mädchenschule der Stadtgemeinde war das 1838 als Luisenschule gegründete Luisen-Lyzeum; an einige berühmte Schülerinnen, darunter die Schriftstellerinnen Paula Dehmel und Else Ury, erinnert eine Gedenktafel am ehemaligen Schulgebäude in der Ziegelstraße 12 (Nähe S-Bhf. Oranienburger Straße), wo die Anstalt seit 1874 in einem typischen roten Backsteinbau untergebracht war.

Reformpädagogen forderten schon in der Kaiserzeit eine Abkehr vom Frontalunterricht, eine Förderung der spielerischen Lernbegierde und des selbständigen Denkens von Kindern. Vor allem an den höheren Schulen wurden sehr verschiedene pädagogische Konzepte erprobt. Im Sommer 1904 begann im Westend mit 120 gesundheitlich schwachen Kindern ein Experiment der besonderen Art: In der ersten deutschen Waldschule lernten die Kinder in Pavillons unter Bäumen. Wenige Jahre später wurde sie zur »höheren Schule« erweitert und zog um an die heutige Waldschulallee.

^ *Die Universität der Künste nutzt heute das ehemalige Joachimsthalsche Gymnasium. Foto um 1900*

Ausgewählte Schulbauten:
- Gemeindeschulen an der Gotenburger Straße im Wedding. Hier stehen sich zwei Schulen genau gegenüber, an denen man den Sinneswandel im Schulbau um 1900 studieren kann (s. Fotos oben). Auf der Nordseite (Nr. 6-12) wurde 1895-96 eine große Gemeinde- und Hilfsschule noch von Hermann Blankenstein geplant, eine backsteinrote Schulkaserne plus Lehrerwohnhaus, sparsam verziert mit grün glasierten Ziegeln und einem gotisierenden Doppelportal. Auf der Südseite (Nr. 7-9) errichtete Blankensteins Nachfolger, der Stadtbaurat Ludwig Hoffmann, 1912-13 eine weitere Gemeinde- und Hilfsschule mit heller Putzfassade. Ihr strenger Klassizismus wirkte seinerzeit moderner als heute und hob sich demonstrativ vom älteren Kasernenstil ab. In seiner Amtszeit hat Hoffmann 69 Schulen entworfen und sich dabei verschiedener Stilanleihen bedient; stets erkennbar ist aber sein Streben, den Schulen ein individuelles Gesicht zu geben und sie durch eine gewisse Vornehmheit als wichtige öffentliche Gebäude im Stadtraum hervorzuheben.
- Ehemalige Doppelgemeindeschule in der Christburger Straße 7, unweit vom Prenzlauer-Berg-Museum. Das 1907-08 errichtete Gebäude von Ludwig Hoffmann besitzt wie die Blankensteinschule an der Prenzlauer Allee 227 eine Backsteinfassade, wirkt aber durch die straffe Gliederung ungleich monumentaler und moderner. Bei der ebenfalls in der Nähe gelegenen Hoffmann-Schule von 1904 in der Greifenhagener Straße 58-59 wird dieser strenge Eindruck durch barocke Schmuckelemente abgemildert; die heutige Thomas-Mann-Grundschule ist erst 2006 aufwändig saniert worden.
- Ehemalige Jüdische Freischule (1905-06 von Johann Hoeniger, jetzt

^ *Ludwig Hoffmanns Schulbau an der Gotenburger Straße (l.) wendet sich vom Backsteinstil Blankensteins (r.) ab.*

Jüdische Grundschule, Realschule und Gymnasium an der Großen Hamburger Straße 27, Mitte). Nicht weit davon steht ein typischer Ludwig-Hoffmann-Bau für eine Gemeindeschule (1907), jetzt Theaterprobenhaus am Koppenplatz 12.

- Oberrealschule am Kreuzpfuhl (1908-10 von Carl James Bühring, Woelckpromenade 38 in Weissensee). Als Teil eines kommunalen Forums für einen neuen Stadtteil gebaut.

- Schulkomplex in der Pankower Görschstraße 43-44, galt mit 119 Klassen als das »größte Schulhaus Deutschlands« (s. Foto oben). 1909-10 unter Federführung des Gemeindebaurats Carl Fenten gebaut, umfasste Gemeindeschule, Mittelschule, Oberlyzeum und bezog vorhandene Schulbauten ein. Imposante Anlage mit Ziergiebeln und Turmaufbauten im Stil der deutschen Spätrenaissance, innen in verschiedenen Baustilen gestaltet, mit erhaltenem Heizhaus und Elektrizitätswerk (heute Turnhalle).

- Ehemaliges Kaiser-Friedrich-Gymnasium und Gemeindedoppelschule (1899-1901 von Paul Bratring, jetzt Joan-Miró-Grundschule, Knesebeckstraße 24-25 und Bleibtreustraße 43, am S-Bhf. Savignyplatz, s. Foto unten). Seine Kindheit in dieser Schule hat Walter Benjamin in den Erzählungen seiner »Berliner Chronik« und in »Berliner Kindheit um Neunzehnhundert« verarbeitet. Benjamins Schulweg lässt sich nachwandern: Er führte ab 1902 von der Wohnung der Familie in der Carmerstraße 3 (zerstört) über den Savignyplatz. »Der ganze Bau, der da hart am Stadtbahngelände aufsteigt, ist von altjüngferlicher, trauriger Sprödigkeit. Mehr noch als den Erlebnissen, die ich in seinem Innern hatte, ist es wahrscheinlich diesem Äußern zuzuschreiben, daß ich keine heitere Erinnerung an ihn bewahre.«

^ *Neorenaissancepalast für Schüler in Pankow (oben) und Walter Benjamins Gymnasium in Charlottenburg (unten)*

PALME, WIESENBURG UND ARBEITSHAUS

Eine Massenvergiftung im städtischen Obdachlosenasyl, bei der siebzig Insassen an eingeschmuggeltem Methylalkohol starben, erregte 1912 die Berliner Öffentlichkeit. Sogar der Kaiser nahm Notiz von dem Vorfall und die Kaiserin übermittelte Oberbürgermeister Martin Kirschner ihr Beileid. Für die Sozialdemokratin Rosa Luxemburg eine gute Gelegenheit, in einem Zeitungsartikel die Ursachen von Armut und Obdachlosigkeit zu geißeln: »Wer sind die Bewohner des Asyls, die dem faulen Bückling oder dem giftigen Fusel zum Opfer fielen? Ein Handlungsgehilfe, ein Bautechniker, ein Dreher, ein Schlosser... Und kein Arbeiter ist vor dem Asyl, vor dem vergifteten Fusel und Bückling gesichert. Heute noch rüstig, ehrbar, fleißig – was wird aus ihm, wenn er morgen entlassen wird, weil er die fatale Grenze der vierzig Jahre erreicht hat, bei der ihn der Unternehmer für ›unbrauchbar‹ erklärt? Was, wenn er morgen einen Unfall erleidet, der ihn zum Krüppel, zum Rentenbettler macht?«

Um 1900 gab es etwa 10.000 Obdachlose in der Stadt, eine Zahl, die besonders nach den »Ziehtagen« anschwoll, wenn Wohnungen gekündigt und neu vermietet wurden. Viele Familien irrten dann auf der Suche nach einer Bleibe mit ihren Habseligkeiten durch die Straßen. Das städtische Obdachlosenasyl in der Fröbelstraße 16 (Nähe S-Bhf. Prenzlauer Allee) war darauf ausgelegt, solche Familien vorübergehend aufzufangen. Sie waren zusammen mit der Verwaltung und den Beamtenwohnungen in den Gebäudetrakten untergebracht, die heute als Krankenhaus dienen. Dahinter lagen niedrige, nicht mehr existierende Baracken mit Schlafsälen für allein stehende Männer

^ *Das städtische Asyl, die »Palme«, war bei den Obdachlosen wegen der Polizeikontrollen unbeliebt. Foto um 1900*

und Frauen. Erhalten sind das ehemalige Waschhaus an der Winsstraße und die Desinfektionsanstalt, in der die Kleider der Obdachlosen durch heißen Dampf sterilisiert wurden. Nach Plänen von Hermann Blankenstein ab 1886 erbaut, wurde die Anlage binnen eines Jahrzehnts auf ein Fassungsvermögen von 4000 Personen erweitert. Das Asyl war berüchtigt und gefürchtet, weil die Polizei die Namen sämtlicher Insassen erfasste und häufig Razzien durchführte. »Die Palme« oder einfach »Polizeiasyl« nannten es seine Kunden. Man suchte es nur auf, wenn alle anderen Möglichkeiten, die Nacht im Trockenen oder Warmen zu verbringen, versperrt waren.

Einen besseren Ruf genoss die »Wiesenburg« im Wedding. Zu den Prinzipien des 1868 von sozial engagierten Bürgern gegründeten Berliner Asylvereins für Obdachlose gehörte, dass nicht nach Name und Herkunft der Kundschaft gefragt wurde. Polizei hatte keinen Zutritt. Anders als christliche Hilfsorganisationen versuchte der Verein die Hilfebedürftigen nicht zu missionieren. An der Wiesenstraße 55 (Nähe S-Bhf. Wedding) errichtete er 1895/96 eine Musteranstalt, die heute teilweise bewohnt, teilweise eine malerische Ruine ist. Von der Wiesenstraße führt eine Privatstraße zum ehemaligen Eingang des Männerasyls, seinerzeit eine Maßnahme, um Warteschlangen auf öffentlichem Straßenland zu vermeiden. Laut Hausordnung waren Kartenspielen, Rauchen und Alkoholkonsum verboten. Abends bekamen die Gäste umsonst eine Suppe mit Brot, morgens einen Kaffee mit Schrippe. Innerhalb von vier

^ *Essenausgabe in der »Wiesenburg«, dem Obdachlosenasyl im Wedding. Foto um 1895*

Wochen durften sie höchstens viermal im Asyl übernachten. 1905-07 wurde die Anlage um ein Frauenasyl für 400 Personen erweitert, das einen separaten Zugang an der Kolberger Straße erhielt.

Wurden Obdachlose, Bettler und Prostituierte von der Polizei aufgegriffen und als dauerhafte Problemfälle eingestuft, so landeten sie in einer Besserungsanstalt, dem berüchtigten städtischen Arbeitshaus. Diese Einrichtung befand sich seit Mitte des 18. Jahrhunderts am Alexanderplatz. In der Kaiserzeit vermochte sie die eingewiesenen Personen nicht mehr zu fassen. Nach Plänen von Stadtbaurat Blankenstein entstand bis 1888 neben dem städtischen Waisenhaus an der Rummelsburger Bucht eine neue Anstalt für 1000 Insassen. Das Arbeitshaus diente nach dem Zweiten Weltkrieg als Gefängnis, dort war auch der entmachtete DDR-Staatschef Erich Honecker 1990 einen Tag inhaftiert. Inzwischen plant ein Investor in den roten Backsteingebäuden unter dem Namen »Berlin Campus« ein

nobles Wohnviertel am Wasser. Eine Musterwohnung ist bereits zu besichtigen (Hauptstraße 8, Nähe S-Bhf. Rummelsburg).

^ *Die »Wiesenburg« ist heute teilweise Ruine, die ursprüngliche Anlage aber noch erkennbar. Foto um 1895*

JUSTIZPALÄSTE

Um 1900 entstanden überall in der Stadt mächtige Justizpaläste nach einem einheitlichen Baukonzept. Ihre Mitte bildete jeweils eine repräsentative, den Armesünder einschüchternde Eingangshalle. Der üppige Bauschmuck erinnerte an Kirchenbauten und vermittelte das Gefühl, in diesen Räumlichkeiten werde nicht nur irdisches Recht angewandt, sondern der Wille Gottes vollzogen.

Bis heute mahlen die Mühlen der Berliner Justiz in diesen Häusern. Spektakuläre Prozesse finden meist im Kriminalgericht Moabit (Turmstraße 91) statt, wo im Eröffnungsjahr 1906 bereits der legendäre Hauptmann von Köpenick abgeurteilt wurde (s. S. 265). Großes Aufsehen erregte seinerzeit auch das juristische Tauziehen um den Publizisten Maximilian Harden, der Intrigen am Hofe Wilhelms II. anprangerte. Wegen des Vorwurfs der Homosexualität strengte der Stadtkommandant Graf Kuno Moltke gegen Harden eine Beleidigungsklage an. Obwohl der Hof auf eine schnelle Aburteilung drängte, ging der Fall durch mehrere Instanzen. Die Affäre endete mit einem Vergleich und einem erheblichen Autoritätsverlust des Kaisers.

Im Kriminalgericht gelten besondere Sicherheitsvorkehrun-

^ *Das Amtsgericht im Wedding ist in einem neugotischen Phantasiestil erbaut, der noch immer imponiert. Fotos 2006*

gen, deshalb ist das Haus für Schaulustige nicht ohne weiteres zugänglich. Das ebenfalls 1906 vollendete Amtsgericht Wedding am Brunnenplatz 1 hingegen steht jedermann offen. Die Reliefs und Spruchbänder am figurenreichen Eingangsportal verweisen auf mittelalterliche Rechtsprechung, dazu passend ist die lichte Empfangshalle mit den Treppengeländern und Gewölben aus Sandstein in einem der Spätgotik entlehnten Phantasiestil ausgeführt.

Vergleichsweise beschwingt in seiner Mischung aus Neobarock und Jugendstil wirkt das Innere des Land- und Amtsgerichts an der Littenstraße 12-17 (Nähe Alexanderplatz). Als der Komplex an der Stadtbahn nach Plänen von Otto Schmalz und Rudolf Mönnich 1904 fertiggestellt wurde, war er nach dem Stadtschloss das zweitgrößte Gebäude Berlins. Ein Teil wurde nach dem Krieg abgerissen, ebenso das 1886-90 erbaute Polizeipräsidium, ein nüchterner roter Backsteinbau von Hermann Blankenstein auf der anderen Seite der Stadtbahn. Dort ist 1890 ein Kriminalmuseum eröffnet worden. Daraus hervorgegangen ist die Polizeihistorische Sammlung, die im heutigen Polizeipräsidium am Flughafen Tempelhof besichtigt werden kann (Platz der Luftbrücke 6).

Weitere Justizbauten:

- Preußisches Oberverwaltungsgericht, jetzt Oberverwaltungsgericht (1905-07, Hardenbergstraße 31, am Bahnhof Zoo).
- Kammergericht und Verfassungsgerichtshof (1909-13, Elßholzstraße 30-33, U-Bhf. Kleistpark), bekannt als Sitz des Alliierten Kontrollrates nach 1945.
- Reichsmilitärgericht, heute Kammergericht (1908-10, Witzlebenplatz 1-2).

^ *Ein zerstörter Flügel des Gerichtsgebäudes an der heutigen Littenstraße, nahe dem Alexanderplatz, um 1900*

- Haftanstalt Tegel (1886-98, Seidelstraße 37-44).
- Amtsgerichte, z. T. mit Haftanstalten in Köpenick (1901, Mandrellaplatz 6), Lichtenberg (1903, Roedeliusplatz 1-2), Lichterfelde (1905, Ringstraße 9), Neukölln (1901, Karl-Marx-Straße 77-79), Pankow (1903, Kissingenstraße 5-6), Schöneberg (1906, Grunewaldstraße 66-67), Tempelhof/Kreuzberg (1915-21, Möckernstraße 128-130), Weissensee (1903, Parkstraße 71), Charlottenburg (1906, Tegeler Weg 17-20).

^ *Oberverwaltungsgericht am Bahnhof Zoo (oben) und Polizeipräsidium am Alexanderplatz (unten). Fotos um 1910*

WOHIN MIT DEN TOTEN?

»Es waren 9 Grad Kälte; ein schneidender Ostwind fegte über den offenen Platz; die eingefrorenen Spreekähne trugen an ihren Masten riesengroße schwarze Segel; die Linden entlang waren hohe Opfersäulen von antiker Form errichtet, aus deren Becken ein dunkler Rauch quoll, den der Wind herunterdrückte und wie einen Trauerflor um Menschen und Dinge legte. Das Brandenburger Tor war bis obenhin schwarz ausgeschlagen und trug unterhalb der Quadriga die Inschrift: Vale senex Imperator. Hinter dem Sarge kam zu Fuß (der Enkel an der Spitze allein) alles, was sich an Monarchen und sonstigen Fürstlichkeiten aus Europa zur Totenfeier des Seniors zusammengefunden hatte.« So berichtet ein Augenzeuge, der Arzt Alfred Hoche, von den Trauerfeierlichkeiten für den verstorbenen Kaiser Wilhelm I. Mehrere Tage hatte man den Leichnam im alten Dom am Lustgarten aufgebahrt, um der Bevölkerung Gelegenheit zum Abschied zu geben. Am 16. März 1888 wurde der Sarg in einem Trauerzug zum Mausoleum im Schlosspark von Charlottenburg überführt. Bereits drei Monate später herrschte in Berlin erneut Staatstrauer: Friedrich III., der Nachfolger auf dem Kaiserthron, starb schon nach 99 Tagen im Amt an Kehlkopfkrebs. Er wurde in der Potsdamer Friedenskirche beigesetzt.

Mit beiden Beerdigungen beauftragte der Hof eine Firma, von der man sich heute noch unter die Erde bringen lassen kann. 1830 vom Sargfabrikanten Julius Grieneisen in Berlin gegründet, beschäftigt die Aktiengesellschaft Ahorn-Grieneisen derzeit mehr als tausend Mitarbeiter und ist Marktführer der deutschen Bestattungsbranche. Zu einer Marke und einem florierenden Großunternehmen wurde Grieneisen in der Kaiserzeit. 1907 unterhielt es in Berlin 12 Filialen.

< Trauerzug für den Firmengründer Emil Rathenau auf dem AEG-Gelände in Oberschöneweide, Juni 1915

An der Belziger Straße 35 in Schöneberg eröffnete Grieneisen 1911 die modernste Sargfabrik in Europa. 1914 wurden die ersten Automobile für den Sargtransport angeschafft, die alsbald die schwarzen Pferdekutschen aus dem Stadtbild verdrängten.

Die Entwicklung Berlins zur Millionenstadt führte zu einer drastischen Platznot auf den vorhandenen Friedhöfen. Im Jahr 1894 gab es auf dem Gebiet des späteren Groß-Berlin 79 Friedhöfe, von denen bereits 13 geschlossen waren. Sie wurden überwiegend von Kirchengemeinden unterhalten. Die Nutzungsgebühren waren so hoch, dass die Stadtverwaltung nach einer preiswerteren Alternative für die Bestattung der Armen und Konfessionslosen Ausschau hielt. Der seit 1828 existierende kommunale Friedhof an der Gerichtstraße im Wedding war hoffnungslos überbelegt. Ausreichend große und preiswerte Grundstücke für neue Begräbnisplätze gab es nur weit außerhalb der Stadt. So entstand – nach dem Vorbild des 1877 im Norden Hamburgs eröffneten Parkfriedhofs Ohlsdorf – ein neuer Friedhofstyp: der Zentralfriedhof. Am 21. Mai 1881 wurde auf dem neuen Bestattungsplatz der Kommune in Friedrichsfelde der erste Tote beigesetzt, ein 40jähriger Zimmermann, der an Schwindsucht verstorben war. Noch im ersten Jahr fanden dort 879 Erwachsene und 759 Kinder ihre letzte Ruhe. Ähnlich weitläufig war der bereits im Vorjahr eröffnete Friedhof der Jüdischen Gemeinde in Weissensee. Und auch der Berliner Stadtsynodalverband, der Zusammenschluss der protestantischen Gemeinden, sah keine andere Lösung des Bestattungsproblems als die Einrichtung eines Zentralfriedhofs. Er schrieb 1907 einen Wettbewerb für einen Friedhof im Südwesten Berlins aus, der für 600.000 Mitglieder von 21 Gemeinden ausreichend sein sollte. An Baulichkeiten waren zu entwerfen: ein Bewässerungssystem mit Wasserturm, drei Eingänge mit Pförtnerhäusern, Kirche, Leichenhalle, sieben Kapellen, Bahnhof, Verwaltungsgebäude, Wohnungen für etwa sechzig Beschäftigte, Gärtnerei und Steinmetzwerkstätten. Außerhalb der Millionenstadt plante man Satellitenstädte für die Toten.

Als hygienische und platzsparende Alternative zur Erdbestattung fand die Feuerbestattung im Kaiserreich immer mehr Anhänger. 1874 gründete sich in Berlin der erste Verein für Feuerbestattung, vier Jahre später ging in Gotha das erste deutsche Krematorium in Betrieb. Doch die Widerstände der Kirchen in Preußen gegen die Leichenverbrennung waren so groß, dass erst 1912 ein Berliner Krematorium auf dem Gelände des mittlerweile eingeebneten Armenfriedhofs im Wedding eingeweiht werden konnte.

SOZIALISTENFRIEDHOF

Über dem Grab des sozialdemokratischen Politikers Wilhelm Liebknecht reichen sich Pallas Athene und ein Industriearbeiter die Hand. Mit der Linken streckt ihm die Göttin der Weisheit einen Lorbeerkranz entgegen. Dem aufgeklärten, gebildeten Proletariat gehört die Zukunft, so die Botschaft des Grabmals. Vor dem symbolträchtigen Bronzerelief des Bildhauers Heinrich May schaut der nachgebildete Charakterkopf des Toten den Besuchern seines Grabes prüfend in die Augen.

Eigentlich wollte der Mitbegründer der Sozialistischen Internationale am 12. August 1900, dem Tag seiner Beisetzung, in der Schweiz vor Genossen aus verschiedenen Ländern sprechen. Wilhelm Liebknecht wurde 74 Jahre alt, er war einer der dienstältesten Reichstagsabgeordneten und populärsten Politiker Deutschlands. Doch fünf Tage vor dem Termin in der Schweiz verstarb er in seiner Wohnung im bürgerlichen Charlottenburg, Kantstraße 160. Der Trauerzug zum städtischen Armenfriedhof Friedrichsfelde im Osten Berlins war ein Triumph der politischen Opposition. Mindestens 100.000, vielleicht 200.000 Berliner gaben dem Sarg des Arbeiterführers das letzte Geleit. Ein sieben Kilometer langer Trauerzug mit hunderten von Kränzen mit roten Schleifen wand sich durch die Stadt.

Seit der Beisetzung Wilhelm Liebknechts entwickelte sich der Friedhof in Friedrichsfelde zur wichtigsten Kult- und Erinnerungsstätte der politischen Linken in Berlin. Prominente Sozialdemokraten und Gewerkschafter wie Paul Singer (1844-1911), Ignaz Auer (1846-1907), Hugo Haase (1863-1919) und Franz Mehring (1846-1919) ließen sich dort beisetzen, ebenso Frauen, die sich in der Arbeiterbewegung

^ *Das Grab des SPD-Führers Wilhelm Liebknecht war schon in der Kaiserzeit Wallfahrtsstätte von Sozialisten.*

zu Führungspositionen durchkämpften, wie Emma Ihrer (s. S. 143) oder Louise Zietz (s. S. 145). Ihre Grabmale wurden 1951 in die kreisförmige Ringmauer der »Gedenkstätte der Sozialisten« an der Gudrunstraße eingebaut. Mit dieser monumentalen Anlage bekräftigte die DDR-Führung ihren Anspruch, im sozialistischen Staat das Erbe der deutschen Arbeiterbewegung anzutreten und ihre Utopien zu verwirklichen. Bis zum Untergang der DDR wurden in der Gedenkstätte hohe Parteifunktionäre der SED beigesetzt.

Bereits in den Zwanziger Jahren hatte die Kommunistische Partei auf dem »Sozialistenfriedhof« in Friedrichsfelde ein Revolutionsdenkmal errichten lassen, eine mächtige Ziegelmauer mit asymmetrischen Vor- und Rücksprüngen, entworfen vom späteren Bauhausdirektor Mies van der Rohe. Es diente als Grabmal für Karl Liebknecht, den Sohn Wilhelm Liebknechts, und Rosa Luxemburg (s. S. 144), die aus Protest gegen den Ersten Weltkrieg die SPD verließen und zum Jahreswechsel 1918/19 die KPD gründeten. Wenig später wurden beide während des Spartakusaufstandes ermordet. Die Nazis zerstörten das Mahnmal und ebneten die Gräber ein. Eine Gedenktafel auf einem Backsteinsockel im hinteren Teil des Friedhofs markiert den Ort. Mit der »Gedenkstätte der Sozialisten« schuf die DDR-Führung einen Ersatz für diese Pilgerstätte der politischen Linken. Ein Wallfahrtsort ist der Friedhof über das Ende des Staatssozialismus hinaus geblieben. Jedes Jahr im Januar zieht eine große Demonstration mit roten Nelken vom Alexanderplatz nach Friedrichsfelde, um Luxemburg und Liebknecht zu ehren.

Der Charakter einer Friedhofsanlage aus der Kaiserzeit ist durch die Neubelegung von Grabstätten und die Umgestaltungen in der DDR-Zeit stark in den Hintergrund getreten. Der

^ *Grabmale linker Politiker wie Ignaz Auer und Emma Ihrer wurden in die DDR-Gedenkstätte der Sozialisten integriert.*

pompösen Sozialistengedenkstätte fielen das ländliche Torgebäude des Stadtbaurats Ludwig Hoffmann (von 1910) ebenso zum Opfer wie das Mausoleum der deutsch-jüdischen Bankiersfamilie Bleichröder (von 1913). Dass sich in der hässlichen Feierhalle die Überreste eines neoromanischen Backsteinbaus von Hermann Blankenstein (1893 eingeweiht) verstecken, sieht man ihr nicht an. Im Wegenetz des Friedhofs kann man die ursprüngliche Anlage des Stadtgartendirektors Hermann Mächtig (1837- 1909) und des Königlichen Gartenbaudirektors Axel Fintelmann (1848-1907) noch erahnen; beide sind unweit der Feierhalle begraben. Während sie die westliche Hälfte des langgestreckten Geländestreifens für Armenbegräbnisse vorsahen, war die östliche Hälfte mit symmetrisch um eine lange Achse angelegten Grabfeldern und Rondellen für Kaufgräber vorgesehen. Dort findet man auf einer Anhöhe noch ein mächtiges Kolumbarium (1912) aus Sandstein, errichtet für die Familien des Verlegers Ernst Vohsen (1853-1919) und des Ethnologen Karl von Steinen (1855-1929). Von der verlorenen Prächtigkeit der Bürgergräber zeugt auch das von Ludwig Hoffmann und dem Bildhauer August Vogel geschaffene Grabmal mit der Relieffigur des Kaufmanns Simon Blad (1812-1896). Völlig unscheinbar ist dagegen der Ruheplatz des Berliner Oberbürgermeisters Martin Kirschner (1842-1912), der 1898 gewählt, aber vom Kaiser eineinhalb Jahre lang nicht in diesem Amt bestätigt wurde, weil Seine Majestät sich über einen Beschluss der Stadtverordneten ärgerte, den Friedhof mit den Gefallenen der Märzrevolution von 1848 würdig herzurichten. Kirschner lenkte bis kurz vor seinem Tod die Geschicke der Stadt. Prominente Künstler der Kaiserzeit in Friedrichsfelde sind der Schriftsteller Julius Rodenberg (1831-1914, Gedenktafel), der Tiermaler Paul Meyerheim (1842-1915) und Käthe Kollwitz (1867-1945). Das Relief auf der Bronzeplatte hatte sie ursprünglich für die Familiengrabstätte ihres Bruders entworfen, ein für die Künstlerin typisches Motiv: Der Kopf eines schlafenden Kindes, geborgen in den Händen und Tuchfalten einer Mutter (Foto S. 144).

TIPP: Von allen Berliner Friedhöfen ist Friedrichsfelde am besten erschlossen. Es gibt eine Dauerausstellung an der Gudrunstraße und Informationstafeln an wichtigen Grabstätten, außerdem eine informative Friedhofshomepage unter www.sozialistenfriedhof.de – Nördlich des Friedhofs ist das Krankenhaus Herzberge (S. 64) zu besichtigen.

JÜDISCHE NEKROPOLE

DER FRIEDHOF IN WEISSENSEE

Der Jüdische Friedhof in Weissensee zählt zu den größten Europas. 1880 eröffnet, spiegelt er den Aufstieg Berlins zum Zentrum des deutschen Judentums und einer jüdischen Weltmetropole seit der Reichsgründung. Lebten 1871 in Berlin und seinen Vororten 36.000 Juden, so waren es 1910 schon 142.000. Der Anteil Berlins an der jüdischen Gesamtbevölkerung in Deutschland vergrößerte sich in diesem Zeitraum von knapp zehn auf 26,9 Prozent. Vielen Juden fiel es in der Großstadt leichter als andernorts, sich eine Existenz aufzubauen. Die Glaubenszugehörigkeit und Herkunft spielten eine geringere Rolle als in der Provinz. Das schon länger in Berlin ansässige jüdische Bürgertum unterstützte mildtätige Organisationen, die Neuankömmlingen unter die Arme griffen. Darunter waren zahlreiche Juden orthodoxen Glaubens aus Osteuropa, die in Berlin auf der Flucht vor Pogromen strandeten.

Die Anlage eines Friedhofs ist für eine jüdische Gemeinde wichtiger als der Bau einer Synagoge. Gottesdienste können überall abgehalten werden, sofern die notwendige Zahl an Männern zusammenkommt. Die Toten aber müssen einen sicheren Ort finden, an dem sie zur ewigen Ruhe gebettet werden. Anders als christliche Grabstellen dürfen jüdische Gräber nicht aufgehoben und neu belegt werden. Das starke Wachstum der Gemeinde in der Kaiserzeit forderte daher einen entsprechend groß angelegten neuen Begräbnisplatz. Der älteste jüdische Friedhof an der Großen Hamburger Straße, heute eine Grünanlage, war bereits seit 1827 wegen Überbelegung geschlossen. Seither bestattete die Gemeinde ihre Toten auf dem Friedhof an der Schönhauser Allee 23-25, der

^ *Eingang zur Trauerhalle auf dem Jüdischen Friedhof in Weissensee. Foto 2006*

damals noch vor den Stadttoren lag. Bis 1880 wurden dort 22.500 Einzelgräber und 750 Erbbegräbnisse angelegt. Vereinzelt gab es auch später noch Bestattungen in Familiengräbern, daher liegen dort einige wichtige Persönlichkeiten der Kaiserzeit wie der Verlagsgründer Leopold Ullstein (1826-1899), der Maler Max Liebermann (1847-1935, s. S. 194) und der Museumsmäzen James Simon (1851-1932, s. S. 60) begraben.

Den ganzen Reichtum des deutsch-jüdischen Lebens vor dem Ersten Weltkrieg jedoch kann man sich in Weissensee mit seinen 115.000 Grabstellen erwandern. Allerdings sind viele Inschriftenfelder auf den damals angelegten Familiengräbern leer geblieben. Die Vertreibung und Verschleppung der jüdischen Bevölkerung durch die Nazis traf viele Berliner, die schon vor 1914 in der Stadt gelebt und oft schon eine bedeutende Rolle in der Wirtschaft, Wissenschaft oder Kultur hatten. Daher steht der Gedenkstein für die Opfer des Holocaust, der gleich am Haupteingang an der Herbert-Baum-Straße errichtet wurde, auch für ein ausgelöschtes Berlin der Kaiserzeit.

Die gelbe Backsteinarchitektur des Eingangsbereichs ist charakteristisch für das öffentliche Bauen um 1880, man findet sie weniger prächtig auch an Berliner Schul- und Verwaltungsbauten. Eine Leichenhalle und ein zweigeschossiges Verwaltungsgebäude, durch eine offene Arkade verbunden, bilden einen Vorhof. Von dort führt ein Arkadengang geradewegs in die Trauerhalle. Ihr quadratischer Grundriss mit halbrunder Apsis und die Kuppel erinnern an einen Zentralkirchenbau der Re-

^ *Moderne Grabmalanlage des Theaterarchitekten Martin Dülfer für Moritz Becker. Foto 2006*

naissance. Die Laterne auf dem achteckigen Zeltdach indes trägt einen Davidstern. Entworfen hat die Anlage 1878 der Architekt Hugo Licht, der unter anderem an der Berliner Bauakademie in der Tradition der Schinkelschule ausgebildet wurde und später als langjähriger Leipziger Stadtbaurat viele prägende Bauten wie das Neue Rathaus entwarf.

»Es kehrt der Staub zur Erde zurück wie er gewesen / und der Geist zu Gott, der ihn gegeben« steht in Hebräisch und Deutsch über der Eingangspforte. Zweisprachig sind auch viele der schlichten hohen Grabtafeln beschriftet, die sich dicht an dicht auf den von Bäumen beschatteten, mit Efeu überwachsenen Grabfeldern drängen. An den Rändern der Grabreihen, den Kreuzungspunkten und Rondellen des geometrischen Wegenetzes durften wohlhabende jüdische Familien ihrem Drang nachgeben, sich über den Tod hinaus aus der Menge hervorzuheben. Das protzigste Grabmal ließ sich der Bankier Sigmund Aschrott (1826-1915, Grabfeld C2) aus polierten roten Granitblöcken auftürmen. Dafür engagierte er den gefragten Architekten Bruno Schmitz, der auch das Leipziger Völkerschlachtdenkmal, die monumentalen Kaiserdenkmäler am Deutschen Eck in Koblenz und an der Porta Westfalica entwarf. Die Familie des Verlegers Rudolf Mosse (1843-1920) baute sich ein antikisierendes Tempelchen (M1, an der Friedhofsmauer), der Architekt Louis Lachmann (1860-1910) für seine Angehörigen eine Grotte mit Anklängen an die Neoromanik (Grabstätte Katz-Lachmann, Feld WT, an der Mauer). Ungemein dekorativ fiel das Ziborium für Rosalie Ernst aus, dessen Rosenornamente und -mosaiken sich auf den Namen der Toten beziehen (Feld F2). Auch weniger spektakuläre Gräber zeigen in der Schriftgestaltung oft den Einfluss des Jugendstils (wie das Grabmal der Henriette Kalischer, Feld I2). Besonders modern wirkt das von dem Theaterarchitekten Martin Dülfer entworfene Grabmal für Moritz Becker (1830-1901, Feld E2, an der Friedhofsmauer), eine streng kubische Treppenanlage.

Jüdische Symbole, hebräische Schriften oder sonstige Hinweise auf die Religionszugehörigkeit der Bestatteten findet man auf den großen Erbbegräbnissen nur mehr selten. Die Angleichung an die Grabmalkultur auf christlichen Friedhöfen ging sogar soweit, dass das generelle Verbot der bildlichen Darstellung von Menschen in Synagogen oder auf jüdischen Grabstätten gelegentlich durchbrochen wurde. So trug die von einer ausladenden Steinkolonnade gerahmte Steinurne über dem Grab des Gastronomen Berthold Kempinski (1845-1910, T2) ursprünglich ein Bronzemedaillon mit einem Porträt des Verstorbenen. Erst bei der Sanierung des Denkmals in den letzten Jahren wurde das Bild durch einen bloßen Namenszug ersetzt. Ebenso dokumentiert der abgesonderte Ehrenhof mit den Gräbern von im Ersten Weltkrieg gefallenen Soldaten, deren schlichte Steine mit Dienstgrad versehen in Reih und Glied strammstehen, die Assimilation an die Grabkultur der christlichen Mehrheitsgesellschaft.

Zu den angesehenen jüdischen Bürgern der Kaiserzeit gehörten die Warenhausunternehmer Alfred Jandorf (»KaDeWe«, 1870-1932, Feld T2 an der Mauer) und Hermann Tietz (1837-1907, Feld O2), der Zigarettenfabrikant Josef Garbáty-Rosenthal (1859-1939, Feld D4), die Industriellen Benno Orenstein (1851-1926, Feld WT) und Arthur Koppel (1851-1908, Feld F2, Firma »Orenstein und Koppel«), der Philosoph Hermann Cohen (1842-1918, G1, Ehrenreihe), der Chef des »Berliner Tageblatts« Theodor Wolff (1868-1943, Feld A1, Reihe 10), der Verleger Samuel Fischer (1859-1934, Feld I4) und sein Lektor Moritz Heimann (1868-1925, Feld 4, Reihe 20). Der Musikpädagoge Julius Stern (1820-1883, Feld A1, Reihe 22) war der Gründer des berühmten Sternschen Konservatoriums und der Komponist Louis Lewandowski (1823-1894, Feld A1, Ehrenreihe) hat sich vor allem um die Erneuerung der Synagogalmusik verdient gemacht. Der Grabstein des Großstadtmalers Lesser Ury (1861-1931, Feld G1, Ehrenreihe) ist in seiner streng blockhaften Schriftgestaltung bereits ein Werk der Neuen Sachlichkeit, so wie das einzigartige Grabmal des Bauhausdirektors Walter Gropius für den Kaufmann Albert Mendel (1866-1922, Feld P4).

Unter all den Männern findet sich kaum eine jüdische Frau, die aus eigener Kraft in der autoritär-patriarchalischen Gesellschaft der Kaiserzeit zu Ansehen gelangte. Eine Ausnahme ist Lina Morgenstern (1830-1909, Feld U1, Reihe 11). Auf ihrem einfachen Grabstein rangiert die »große Menschenfreundin« noch über ihrem »treuen Gefährten«. Die »Suppenlina« gründete 1866 die erste Volksküche in Berlin, war Mitbegründerin des ersten Arbeiterinnenbildungsvereins und der ersten Krankenkasse für Arbeiterinnen. Seit 1874 leitete sie die »Deutsche Hausfrauenzeitung« und schrieb zahlreiche Bücher: eine Wegbereiterin der Frauenemanzipation.

TOTENWALD MIT GLEISANSCHLUSS

SÜDWESTFRIEDHOF STAHNSDORF

Wegen des enormen Bevölkerungswachstums in Berlin wurden im späten 19. Jahrhundert die Begräbnisplätze auf den innerstädtischen Kirchhöfen knapp. Daher erwarb der Zusammenschluss der evangelischen Kirchengemeinden, der 1895 gebildete »Stadtsynodalverband der Haupt- und Residenzstadt Berlin«, in Stahnsdorf, Ahrensfelde und Mühlenbeck weitläufige Gelände, um dort weit außerhalb der Stadt parkartige Zentralfriedhöfe anzulegen. Zum beliebtesten dieser Friedhöfe entwickelte sich rasch der 1908 im Südwesten von Berlin eröffnete Stahnsdorfer Begräbnisplatz, weil er die beste Verkehrsanbindung besaß: Gleich gegenüber dem Haupteingang befand sich die Endstation der 1913 in Betrieb genommenen »Friedhofs-Eisenbahn«. Die Toten aus Berlin wurden am Ringbahnhof Halensee gesammelt auf Züge verladen und nach Stahnsdorf gebracht. Besucher konnten in Wannsee bequem auf die Züge der Friedhofsbahn umsteigen.

Seit 1928 gehörte die Station sogar zum elektrisch betriebenen S-Bahn-Netz. Diese komfortable Verbindung wurde im August 1961 durch den Mauerbau unterbrochen. Damit waren viele Gemeinden in West-Berlin plötzlich von ihrem angestammten Begräbnisplatz abgeschnitten und weite Teile des Kirchhofs versanken in einen langen Dornröschenschlaf. Seit dem Mauerfall rückte dieses kulturhistorisch bedeutende Stück Berlin außerhalb der Stadtgrenzen allmählich wieder ins Bewusstsein der Berliner. Der Wildwuchs wurde teilweise zurückgeschnitten, viele Grabmale sind inzwischen restauriert, sodass die ursprüngliche Anlage aus der Kaiserzeit wieder deutlich hervortritt.

Geplant und über viele Jahre gärtnerisch gestaltet hat das

^ *Relief des Bildhauers Ludwig Manzel, der auch in Stahnsdorf begraben liegt. Detail, 2006*

rund zwei Quadratkilometer große Friedhofsgelände Louis Meyer, der Garteningenieur des Berliner Synodalverbandes. Wie das Stadtgebiet ist der Friedhof nach Gemeinden untergliedert, denen bestimmte Bestattungsflächen zugewiesen wurden. Einzelne Partien sind geometrisch parzelliert und aufeinander bezogen, die Gesamtanlage jedoch lebt von der unregelmäßigen Wegeführung und dem Abwechslungsreichtum der Wald- und Parklandschaft. Verstreute Fachwerkhäuser unter hohen Bäumen dienen als Wirtschaftsgebäude, immer wieder überraschend öffnen sich Blickschneisen auf plätschernde Brunnen, zu Grabsteinen umgestaltete Findlinge und die Begräbnistempelchen wohlhabender Familien. Über die hohen Baumwipfel hinweg ragt einzig der Kirchturm der großen Friedhofskapelle, die in Holzblockbauweise ausgeführt wurde und an norwegische Stabkirchen erinnert (von Gustav Werner, 1908-11, Foto S. 92).

Die Grabgestaltung spiegelt den Stilpluralismus im beginnenden 20. Jahrhundert, das Nebeneinander von Neobarock, Klassizismus und Jugendstil. Die expressionistische Vision einer kristallinen Architektur, von Bruno Taut 1914 durch seinen Ausstellungspavillon auf der Kölner Werkbund-Ausstellung popularisiert, hat sein Bruder Max Taut 1922/23 beim Erbbegräbnis der Familie Wissinger aufgenommen: Über einem spitzzackigen Steinunterbau erhebt sich filigran ein spitzbogiges Gewölbe aus hellen Eisenbetonpfeilern.

Die größte Bildhauerarbeit auf dem Friedhof ist das Monumentalrelief »Kommet her zu mir

^ *Grabmal des schwedischen Botschafters Hans Henrik von Essen, entworfen von Alfred Grenander. Foto 2006*

alle, die ihr mühselig und beladen seid« von Ludwig Manzel (1858-1936) unweit des Haupteingangs. Auf eine Christusfigur in der Mitte bewegen sich zwei sehr lebendig gestaltete Gruppen von Alten, Kranken und Trauernden zu. Wenige Schritte entfernt findet man die Grabstelle des Bildhauers (und Präsidenten der Berliner Akademie der Künste) mit einem Frauenkopf und einem von Schülern gestifteten Porträtrelief. Vom Hauptweg führen unübersehbare Wegweiser zum Grab des populären Berliner »Milljöh«-Zeichners Heinrich Zille (1858-1929). Zu den vielen bildenden Künstlern der Kaiserzeit, die in Stahnsdorf begraben sind, zählen der impressionistische Großstadtmaler Lovis Corinth (1858-1925) und Wilhelm Bienert (1865-1926), der Illustrator von »Brehms Tierleben«.

Weitere prominente Tote sind der Funkpionier Georg Graf von Arco (1869-1940), der Architekt Walter Gropius (1848-1911, Vater

des gleichnamigen Bauhausarchitekten), der kaiserliche Hoffriseur Francois Haby (1861-1938), der Theaterkritiker und »Weltbühne«-Gründer Siegfried Jacobsohn (1881-1926), die Kunsthistoriker Max Jordan (1837-1906) und Otto von Falke (1862-1942), der Flugpionier Edmund Rumpler (1872-1940), sowie der Erfinder und Firmengründer Werner von Siemens (1816-1892).

Auch ein Theodor Fontane ist in Stahnsdorf begraben – nicht der märkische Wanderer, sondern sein Sohn (1856-1933), der sich als Verleger für das Werk des Vaters einsetzte (s. S. 255). Frische Blumen von Fontaneliebhabern findet man häufig bei der schlichten Grabtafel der Elisabeth Baronin von Ardenne (1853-1952). Sie war das Vorbild für Effi Briest in Fontanes berühmtem Roman.

TIPP: Den übersichtlichsten Gräberplan findet man im Internet unter www.suedwestkirchhof.de.

^ *Friedhofskapelle in Stahnsdorf*

^ *Erbbegräbnis Wissinger von Max Taut*

ASCHE ZU ASCHE

DAS ERSTE KREMATORIUM

Als sich die Zulassung der Feuerbestattung in Preußen abzeichnete, wurde 1909 auf dem Friedhof an der Gerichtstraße 37/38 im Wedding mit dem Bau einer Feierhalle begonnen, die zugleich als Columbarium diente. Bis 1915 entstand die Gesamtanlage mit Leichenaufbewahrungsräumen, Verbrennungsöfen und zwei Flügeln für die Aufbewahrung von Urnen. Vor dem Eingang zur Feierhalle liegt ein ruhiger Vorhof mit Brunnen und Wandelgang. Dort findet man den Grabstein des Architekten William Müller (1871-1913), der die Anlage entworfen hat.

Das erste Berliner Krematorium im Wedding wurde am 24. November 1912 eingeweiht, einem Totensonntag. Während des Ersten Weltkriegs wurden dort jedes Jahr über 1000 Tote eingeäschert. Da die Kapazität des Columbariums schnell erschöpft war, ging man 1922 dazu über, Urnen auf dem angrenzenden Friedhof beizusetzen, der früher als Armenfriedhof gedient hatte.

1912-13 entstand ein weiteres Krematorium weit außerhalb der Stadt auf einem neu angelegten Friedhof an der Kiefholzstraße 221 in Treptow. An seiner Stelle errichtete die Stadt 1995-99 einen modernen Neubau mit einer Kapazität von 13.000 Verbrennungen pro Jahr. Da die neue Anlage nicht ausgelastet ist, wurde der Betrieb im konkurrierenden Krematorium im Wedding Ende 2002 stillgelegt.

^ *Noch bevor die Leichenverbrennung in Preußen 1911 zugelassen wurde, begann der Bau des ersten Krematoriums.*

REICHS-
HAUPTSTADT

»Die Stadt entspricht ihrem Ruf der Langweiligkeit«, schrieb 1868 der dänische Schriftsteller Georg Brandes. Berlin besitze nur wenige schöne Ecken: »Und überhaupt – wie kurz und leblos ist doch Unter den Linden gegenüber den Pariser Boulevards.« Ganz anders stellte sich ihm Berlin nur vierzehn Jahre später dar: »Hier liegt zur Zeit der Schwerpunkt der Weltpolitik«. In einer einzigen Generation habe sich Berlin verändert wie zuvor in 200 Jahren.

Bei der Reichsgründung war Berlin zwar die größte deutsche Stadt, konnte sich aber mit älteren Metropolen wie Paris oder London nicht messen. Einen Vorgeschmack auf die kommende Prachtentfaltung gab den Berlinern der festliche Truppeneinzug nach dem deutsch-französischen Krieg am 16. Juni 1871. Die Stadt war mit Fähnchen und Girlanden, mit Triumphbögen und Denkmalgruppen aus Holz und Gips dekoriert. Eine halbe Million Schaulustige reisten an, um Zeuge des Spektakels zu sein. Dergleichen wiederholte sich nun alljährlich an Schlachtengedenktagen, Kaisergeburtstagen, Staatsbegräbnissen oder bei wichtigen Hochzeiten der Herrscherdynastie.

Neue Reichsbehörden, Ministerien und der Reichstag nahmen ihren Sitz in der Hauptstadt. Für sie mussten repräsentative Gebäude gebaut werden. Auf allzu großen Pomp legte Wilhelm I. dabei keinen Wert. Mit der preußischen Bescheidenheit war es vorbei, als 1888 sein Enkel Wilhelm II. die Regierungsgeschäfte übernahm. Er überzog die Stadt mit einem gewaltigen Verschönerungsprogramm. Neue Denkmäler, Kirchen und Kulturbauten verherrlichten die Hohenzollernmonarchie – ideologische Bollwerke gegen die politische Opposition, die sich in der Reichshauptstadt ebenfalls immer stärker bemerkbar machte.

< Einweihung des Nationaldenkmals für Wilhelm I. am 22. März 1897. Der Unterbau am Schlossplatz steht noch.

WO DIE KAISER WOHNTEN

Das Arbeitszimmer Wilhelms I. im Palais Unter den Linden war schon zu seinen Lebzeiten eine Touristenattraktion. Von der Straße aus konnte man hier dem Kaiser zuwinken, wenn er sich vormittags um elf Uhr am Eckfenster seinen Untertanen zeigte. Das 1834-37 errichtete Palais hatte Wilhelm bereits als Prinz bezogen und behielt es auch nach seiner Königs- und Kaiserkrönung bei. Die efeuberankte Pergola des Palais unter dem berühmten Eckfenster am Bebelplatz wurde 2007 rekonstruiert, im übrigen ist nur die Fassade des kriegszerstörten Gebäudes (heute Unter den Linden 9) erhalten.

Lieblingswohnsitz Wilhelms I. war sein Leben lang das neogotische Schloss Babelsberg bei Potsdam, das er sich als Prinz 1834-49 im englischen Tudorstil von Karl Friedrich Schinkel und Heinrich Strack hatte errichten lassen. Nach seinem Tod blieb die neogotische Inneneinrichtung erhalten. Doch nur wenige Möbel haben die DDR-Zeit überdauert. Jetzt versucht man, die Wohnräume anhand originaler Reste wiederherzustellen. Der hohe achteckige Festsaal erstrahlt bereits in der Pracht seines farbig ausgemalten Rippengewölbes, der Schreibtisch der Kaiserin ist an seinen Fensterplatz zurückgekehrt. Von hier hatte Augusta einen herrlichen Blick über die von Peter Joseph Lenné und Fürst Pückler gestalteten Parkanlagen. Heute sind sie zu weiten Teilen rekonstruiert, und auch die kleineren Parkbauten, wie der Flatowturm und das »Kleine Schloss«, in dem Kaiser Friedrich III. als Kronprinz anfangs wohnte, haben ihre alte Schönheit zurückgewonnen.

Nach seiner Thronbesteigung 1888 trat Friedrich III. bewusst in die Fußstapfen seines berühmten Namensvetters Friedrichs des Großen. Er wählte während sei-

^ *Touristen vor dem Palais Wilhelms I. Unter den Linden zu dessen Lebzeiten*

ner kurzen Regierungszeit das Neue Palais im Park von Sanssouci zur Kaiserresidenz. Begraben liegt der Kaiser ebenfalls in Sanssouci: direkt neben der Friedenskirche in einem von Julius Raschdorff, dem Baumeister des Berliner Doms, errichteten Mausoleum (1888-92). Wilhelm II. behielt das Neue Palais als sommerliches Residenzschloss bei. Er ließ den 1763-69 errichteten Bau mit modernstem Wohnkomfort ausstatten, ohne den friderizianischen Charakter des Schlosses zu verändern: In die ehemaligen Puderkammern wurden Bäder eingebaut. Schmiedeeiserne Gitter im Fussboden zeugen von der damals installierten Zentralheizung. Ab 1906 wurde das Neue Palais elektrifiziert und der Kaiser erhielt eine der ersten Telefonanlagen in Deutschland. Die Wohnräume Friedrichs des Großen blieben pietätvoll im Originalzustand. Der historische Grottensaal, wo die Kaiserfamilie gerne den Weihnachtsabend verbrachte, wurde mit kostbaren Mineralien und Steinen aus aller Welt ausstaffiert, darunter die 1890 eingefügte »Spitze des Kilimandscharo«. Für die Gartenterrasse schufen Reinhold Begas und andere Bildhauer 60 Skulpturengruppen, die auch als Halter für Gaslaternen dienten (1889-1894). Die Firma Krupp spendierte den kaiserlichen Prinzen eine Miniaturfestung in der Nähe des Neuen

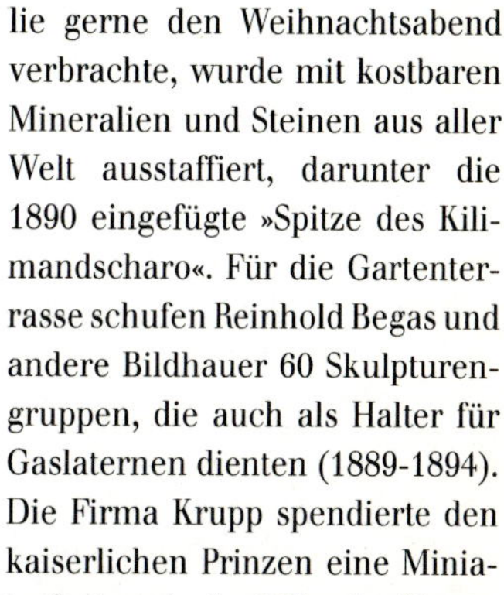

^ *Wilhelm I. in seinem Arbeitszimmer im Palais Unter den Linden (o.). Das neogotische Schloss Babelsberg. Foto 2006 (u.)*

Palais, nördlich des Antikentempels, die mit Spielzeugkanonen ausgestattet war.

Mit großem Pomp inszenierte das Kaiserhaus jedes Jahr den Umzug vom Berliner Stadtschloss in die Potsdamer Sommerresidenz. Meist reiste man bequem mit der Bahn, in luxuriösen kaiserlichen Salonwagen (im Deutschen Technikmuseum, s. S. 35) und erreichte das Schloss über den Kaiserbahnhof Wildpark (1904-09, Ernst von Ihne). Manchmal fuhr der autobegeisterte Wilhelm II. aber auch mit einem seiner zwölf um 1900 angeschafften Mercedeswagen vor.

Seit den Zwanziger Jahren sind die kaiserlichen Wohnstätten Museumsschlösser und Ausflugsziele für Touristen. Die Musealisierung des Kaiserhauses begann lange zuvor: Am 22. März 1877, dem Geburtstag Kaiser Wilhelms I., eröffnete im Schloss Monbijou in Berlin das Hohenzollernmuseum. Hier konnte das Volk seine Monarchen »lebensnah« anhand von vielfältigen Kunstgegenständen, Möbeln und persönlichen Gegenständen erleben. So gab es ein Zimmer der Kaiserinmutter Königin Luise, mit einer unvollendeten Stickerei im Stickrahmen und einem Kamm mit ihrer letzten Haarlocke. Gleich im ersten Saal trat dem Besucher Kaiser Wilhelm I. in Lebensgröße gegenüber, in Öl gemalt, in seinem Arbeitszimmer Unter den Linden. Schloss Monbijou wurde im Zweiten Weltkrieg zerstört, die erhaltenen Objekte des Museums befinden sich zum Teil bis heute im Besitz des Hauses Hohenzollern.

Ebenfalls nicht erhalten ist das barocke Berliner Stadtschloss von Andreas Schlüter und Johann

^ *Blick in das Zimmer Friedrich Wilhelms II. im 1877 eröffneten Hohenzollernmuseum im Schloss Monbijou.*

Eosander von Göthe, das nach schweren Bombenschäden von der DDR-Führung 1950 gesprengt wurde. Ein Wiederaufbau ist geplant. Kaiser Wilhelm I. nutzte das Schloss nur für staatspolitische Repräsentationsanlässe wie die Einberufung des Reichstags im Weißen Saal oder für große Hofbälle. Erst der prunkliebende Wilhelm II. entfaltete wieder eine intensive Bautätigkeit am Schloss und ließ sich dort eine neue Wohnung an der Schlossplatzseite einbauen. Hofbaumeister Ernst von Ihne, der auch das Bode-Museum entwarf, erneuerte außerdem den Weißen Saal: im neobarocken Stil, aber mit elektrischer Beleuchtung.

Wie es bei Festlichkeiten bei Hofe zuging, kann man auf Gemälden von Adolph Menzel oder Anton von Werner in der Alten Nationalgalerie unweit vom Schlossplatz sehen. Eduard Gaertner malte das Stadtschloss als architektonische Dominante im Stadtbild. Die alten Wohnhäuser auf der Schlossfreiheit hielt er noch fest, ehe sie dem monumentalen Reiterstandbild Wilhelms I. (s. S. 94) weichen mussten.

^ *Der Weiße Saal (o.) im Stadtschloss (u.), davor das Nationaldenkmal Wilhelms I. (Fotos um 1900)*

HOTEL ADLON

Bei Lorenz Adlon schmeckte es dem Kaiser am besten. Seinen Geburtstag feierte Wilhelm II. am 27. Januar 1906 im Nobelrestaurant Hiller, das von Adlon geführt wurde (damals Unter den Linden 62/63, zerstört). Aufgetischt wurden unter anderem »Suppe auf Kaiserliche Art«, Forelle blau, Lammrücken, »Langouste auf Hohenzollernart«, böhmischer Fasan und als Nachspeise wahlweise Nussgefrorenes und süßer »Kaiserin Reis«. Dazu servierte der gebürtige Rheinländer Lorenz Adlon feinste Tropfen aus seinem bestens sortierten Weinkeller.

Dieser Mann war in den Augen des Kaisers genau der Richtige, um Staatsgäste in der Reichshauptstadt zu verwöhnen. Deshalb unterstützte Wilhelm II. Adlons Pläne, das luxuriöseste Hotel Europas zu bauen. Der Kaiser übte sanften Druck auf die Banken aus, damit der Gastronom die notwendigen Kredite erhielt. Und er hob den Denkmalschutz auf, der einer Neubebauung des Grundstücks mit der Topadresse Unter den Linden 1 (heute Nr. 77) entgegen stand. Ein Schinkelbau, das 1830 errichtete Palais Redern, musste gegen den Protest vieler Berliner fallen.

Nur allerfeinste Materialien kamen für den Hotelneubau in Frage: Cararra-Marmor für die Treppen, Teppiche aus Konstantinopel, edelste Hölzer für das Mobiliar, Wand- und Deckengemälde der angesehensten Künstler. 15 bis 20 Millionen Mark soll der Bau verschlungen haben, mehr als der prächtige neue Dom am Lustgarten. Das Hotel hatte 325 Hotelzimmer, alle waren mit Telefon und einer Lichtsignalanlage ausgestattet, um lautlos nach den dienstbaren Geistern des Hauses zu rufen. 150 Badezimmer mit fliessend warmem und kaltem Wasser standen den Gästen zur Verfügung. Eine Ho-

^ *Das alte Hotel Adlon hatte eine Etage weniger als der Neubau am Pariser Platz. Foto um 1910*

telkapelle sorgte allezeit für gute Stimmung, gekocht wurde nach Rezepten des französischen Starkochs Auguste Escoffier. 250.000 Flaschen Wein lagerten im Keller – alles auf Pump finanziert.

Doch die Rechnung ging auf: Der Kaiser als Werbezugpferd und der verschwenderische Luxus machten das Adlon sofort zur Nummer 1 im deutschen Hotelgewerbe. Wilhelm II. persönlich eröffnete es am 23. Oktober 1907. Auch den Geldadel und die Geistesfürsten zog das Luxushotel an: So feierte der Literaturnobelpreisträger Gerhart Hauptmann 1912 im Adlon seinen 50. Geburtstag.

Bei der Eroberung Berlins durch sowjetische Truppen im Mai 1945 brannte das Haus bis auf einen Nebenflügel aus; die letzten Reste wurden 1984 abgerissen. Nach der Wiedervereinigung enstand an alter Stelle ein neues Adlon mit der Anmutung eines historischen Grandhotels. Am 23. August 1997 wurde es wieder vom deutschen Staatsoberhaupt, dem Bundespräsidenten Roman Herzog, eröffnet. Seither haben hier die britische Queen Elisabeth II. und der Popstar Prince, der Dalai Lama sowie viele Staats- und Regierungschefs logiert. Mit ihnen sind Glanz und Glamour an der Pariser Platz zurückgekehrt.

TIPP: Von der Architektur des alten Adlon ist nichts erhalten, wohl aber zwei andere Hotelbauten seiner beiden Architekten Carl Gause und Robert Leibnitz. Das 1902 eröffnete »Hotel Carlton« von Gause liegt fußläufig zum Adlon Unter den Linden 17 und dient jetzt als Geschäftshaus. Leibnitz baute 1912 am Kurfürstendamm 193-94 den »Boarding-Palast« mit 700 Betten, damals das größte Hotel der Stadt. Nach der raschen Pleite hieß es »Cumberland« und wurde seit dem Ersten Weltkrieg nicht mehr als Hotel genutzt.

^ *Hinter der zurückhaltenden Hotelfassade verbargen sich palastartige Räume wie der Spiegelsaal. Postkarte um 1910*

SCHLOSSMODERNE IN CECILIENHOF

Der einzige Schlossneubau der Kaiserzeit steht im Neuen Garten in Potsdam. Kaum war er fertiggestellt, wurde die Monarchie abgeschafft. Kronprinzessin Cecilie, deren Namen das Schloss trägt, zog im August 1917 mit ihren Kindern ein (Foto S. 134), doch Kronprinz Wilhelm war zu diesem Zeitpunkt längst im Krieg. Nach der Revolution 1918 ging er wie sein Vater ins Exil. Die Weimarer Republik gestand der Familie 1926 ein Wohnrecht für drei Generationen zu, doch seit 1945 hat kein Hohenzoller mehr in Cecilienhof gewohnt. Stattdessen verhandelten nach Kriegsende Stalin, Churchill und Truman in der großen Halle über das Schicksal Deutschlands. Heute wird ein Teil des Schlosses als Hotel genutzt, seit 1995 sind die restaurierten Wohn- und Repräsentationsräume des Kronprinzenpaares zu besichtigen.

Schon von außen überrascht das »Schloss« mit ländlichem Charme. Handgeschnitzte Portale, sorgfältig gemauerte Ziegelornamentik, traditionelle Bleiverglasung und aufwändige Fachwerkgiebel: Alles strahlt die Gediegenheit traditioneller Handwerkskunst aus. Von wilhelminisch-neobarockem Pomp ist hier nichts zu spüren. Im Gegenteil: Cecilienhof entsprach dem damals modernen Stil der englischen Landhausarchitektur (vgl. S. 159). Der Architekt Paul Schultze-Naumburg war einer der bekanntesten Vertreter des Werkbundes. Das Ziel des Werkbundes, handwerkliche Tradition und moderne Funktionalität zu verschmelzen, lässt sich auch in Cecilienhof erkennen.

Geschickt verbirgt das malerisch um fünf Höfe gruppierte Schloss Cecilienhof seine fürstlichen Ausmaße: Es umfasst 176 Räume. Die Bauarbeiten verschlangen 8 Millionen Goldmark und wurden auch während des

^ *Schloss Cecilienhof wurde 1913-17 für Kronprinz Wilhelm und seine Frau Cecilie errichtet. Foto 2006*

Krieges fortgeführt, als der zivile Wohnungsbau im Reich weitgehend zum Erliegen kam. Der Bau bot modernsten Komfort: elektrische Beleuchtung, großzügige Bäder mit fließend Warmwasser und eine ausgeklügelte Klimaanlage. Durch die Zentralheizung war das Schloss Cecilienhof ganzjährig bewohnbar und nicht nur im Sommer wie das nahe Marmorpalais, das das Kronprinzenpaar nach seiner Hochzeit 1905 zunächst bewohnt hatte.

Für die Inneneinrichtung zog man Paul Ludwig Troost, einen Schüler des Berliner Stadtbaudirektors Ludwig Hoffmann, heran. Die von ihm entworfene Einrichtung des Luxusliners »Columbus« hatte die Kronprinzessin begeistert. In das neue Schloss ließ sie sich eine elegante weiße Schiffskabine samt Mastbaum einbauen. Die kuriose Kajüte ist der besterhaltene Raum des Schlosses, denn fast alle Möbel vom Sofa bis zum winzigen Waschbecken im Wandschrank sind fest mit der Wand verankert – wie auf einem Schiff. Auch in den übrigen Räumen, vor allem den Privatzimmern des Kronprinzenpaares im Obergeschoss, bestimmen Wandvertäfelungen mit Einbauschränken den Raumeindruck. Alles wirkt überraschend schlicht und funktional, durch die Wahl exotischer Hölzer zugleich erlesen und elegant. Auch das entsprach den Bestrebungen des Werkbundes.

Im Erdgeschoss liegen die großen Repräsentationsräume mit ihren wuchtigen Kaminen und Eichenvertäfelungen. Im lichten Frühstückszimmer verschwinden die Heizrohre hinter geschnitzten Heizkörperverkleidungen des Bildhauers Josef Wackerle, die stilistisch zwischen Klassizismus und Art Deco die Waage halten. Dazu passt das elegante »Ceres«-Service auf dem Tisch. Es entstand 1913 zum 150jährigen Bestehen der Königlichen Porzellanmanufaktur (KPM). Die Porzellanfiguren des im Obergeschoss ausgestellten »Hochzeitszuges« von Adolph Amberg sollten eigentlich die Hochzeitstafel des Kronprinzenpaares zieren – doch die antikisch nackten Busen der Frauenfiguren missfielen der Kaiserin. So kaufte die KPM die Entwürfe an und ließ sie produzieren; auch im Bröhan-Museum und im Kunstgewerbemuseum sind sie zu besichtigen. Das »Kronprinzensilber«, gedacht als Hochzeitsgeschenk preußischer Städte an das künftige Kaiserpaar, wurde erst Jahre nach der Hochzeit fertig. Es umfasst über 2600 Teile: kostbares Besteck und Teller für 50 Personen sowie silberne Kleinplastiken von Secessionskünstlern. Gründlich restauriert ist das Kronprinzensilber ab Herbst 2010 wieder im Schloss Charlottenburg ausgestellt.

KAISERLICHER DENKMALSBOOM

»Den Gefallenen zum Gedächtnis, den Lebenden zur Erinnerung, den künftigen Geschlechtern zur Nacheiferung!« rief Kaiser Wilhelm II. am 18. August 1895 und klopfte dreimal auf den Grundstein für sein größtes Denkmalsprojekt, das pompöse Nationaldenkmal Wilhelms I. vor der Westfassade des Stadtschlosses (Foto S. 94). Heute ist nur noch die Sockelplattform mit ihren unterirdischen Gewölben am Ufer des Kupfergrabens zurückgeblieben. Zwei monumentale Löwen, die einst am Fuße des Reiterstandbildes monarchische Stärke symbolisierten, dösen nun friedlich im Tierpark Friedrichsfelde. Der Rest fiel wie das Stadtschloss der Abrisswut der DDR-Führung zum Opfer. Wer ein großes Kaiserdenkmal sehen will, muss in den Grunewald fahren: Auf dem Karlsberg hoch über der Havel entstand 1897-99 nach Plänen Franz Schwechtens, des Architekten der Kaiser-Wilhelm-Gedächtniskirche, zum 100. Geburtstag des Monarchen ein 55 Meter hoher Backsteinturm. Im Inneren findet man unter einem prunkvollen Kuppelmosaik ein überlebensgroßes Kaiserstandbild (von Ludwig Manzel). Der ehemalige »Kaiser-Wilhelm-Turm« heißt heute Grunewaldturm und ist ein beliebtes Ausflugsziel mit Aussichtsplattform und Restaurant.

Nicht viel besser als dem großen Nationaldenkmal in der Mitte der Stadt erging es den Monumenten der Siegesallee im Tiergarten. 1947 von den alliierten Siegermächten als militaristisch eingestuft, überdauerten sie die Nachkriegszeit vergraben im Schlosspark Bellevue und lagern seit 1979 im Lapidarium, einem ehemaligen Pumpwerk am Landwehrkanal (s. S. 60). In der Zitadelle Spandau stehen die Statuen Albrechts des Bären und Friedrich Wilhelms IV. von der Siegesallee. Die Freiluft-

^ *Die Siegessäule am ursprünglichen Platz vor dem Reichstag und vor ihrer Aufstockung. Um 1895*

Ahnengalerie des Kaiserhauses zeigte 32 Fürsten Brandenburgs und Preußens vom Mittelalter bis zu Wilhelm I. in Marmor und war ein Geschenk Kaiser Wilhelms II. an seine Hauptstadt. 27 Bildhauer arbeiteten ab 1895 mehrere Jahre lang an der von den Berlinern verspotteten »Puppenallee«.

In der Ära Wilhelms II. ergoss sich eine wahre Flut von Herrscherstandbildern, meist hoch zu Ross, über das Reich und seine Hauptstadt. Meist wurden sie von konservativ-patriotischen Bürgern und Verehrern der Monarchie initiiert, vom Kaiser persönlich genehmigt und mit viel Säbelrasseln und Hurra enthüllt. Die künstlerische Qualität lag Wilhelm II. dabei weniger am Herzen als Pomp und Ehrfurcht gebietende Größe. Der Denkmalsboom war Teil einer bisher so nicht dagewesenen Selbstdarstellungsstrategie des Kaiserhauses. Auch die neuen Medien Fotografie und Film nutzte Wilhelm II. Tausende von Postkarten mit seinem Konterfei kamen unters Volk und niemand war in den ersten Stummfilmjahren so häufig vor der Kamera zu sehen wie Seine Majestät. Dem denkmalsliebenden Wilhelm II. selbst setzte die Nachwelt keine Denkmäler.

Das erste monumentale Nationaldenkmal des neugeschaffenen Kaiserreiches wurde bereits 1873 eingeweiht: die Siegessäule. Ursprünglich stand sie am Königsplatz vor dem Reichstag und war ein schrittweise erweitertes Monument für die siegreichen Kriege von 1864, 1866 und 1870-71. Als Zeichen des Triumphs brachte man vergoldete erbeutete Kanonen in den Kanneluren der antikisierenden Riesensäule an. Große Relieftafeln und ein umlaufender Goldmosaikfries von Anton von Werner verherrlichen Kriege und

^ *Im Lapidarium am Landwehrkanal warten die Skulpturen der Siegesallee auf bessere Zeiten. Foto 2006*

Reichseinigung. Eine Aussichtsplattform prädestiniert die Säule zum Ausflugsziel. In der NS-Zeit wurde die Siegessäule um ein Drittel aufgestockt und an ihren heutigen Standort versetzt, ebenso wie die flankierenden Denkmäler für Bismarck, Roon und Moltke. Sie waren Albert Speers Umbauplanungen für die Reichshauptstadt Germania im Weg.

Auf einem Spaziergang durch den Tiergarten lässt sich die kaiserzeitliche Denkmalskunst in ihrer ganzen Breite erwandern – auch wenn viele der Originalskulpturen zu ihrem Schutz durch Kunststeinabgüsse ersetzt wurden.

Alles, was den staatstragenden und bildungsbürgerlichen Schichten lieb und teuer war, fand hier in Sandstein und Marmor gehauen, in Bronze gegossen seinen Ort für die Ewigkeit: Goethe und Fontane, Wagner und Lortzing, Tiere und Nuditäten. Die Denkmäler beeindrucken durch schiere Größe, durch Detailnaturalismus oder theatralische Wucht. Klassische Posen überwiegen. Um die Sockel versammelt sich allerlei Personal, das die Spaziergänger oft unmittelbarer anspricht als die hoch über den Köpfen posierenden Helden. Da sieht man Wagners Siegfried sterbend in die Arme der trauernden Kriemhild sinken und zu Füßen Goethes eine weibliche »Poesie« mit zärtlicher Geste einen nackten Jüngling umfassen. Unbeirrbar gelassen reitet die »Amazone« von Louis Tuaillon seit 1905 auf ihrem Pferd über das Blütenmeer eines dicht bepflanzten Rondells. Sie ist das einzige Standbild im Tiergarten, das den Weg in Richtung Moderne einschlägt.

Im Tiergarten haben manche Denkmäler aus der Kaiserzeit inzwischen ihren Platz gewechselt. Die Karte von 1932 auf der folgenden Doppelseite zeigt die ursprünglichen Standorte, die heutigen sind durch die Nummern in Kreisen markiert.

1 Charlottenburger Tor mit pomphaften Statuen der Königin Sophie Charlotte und Friedrichs I. (Heinrich Bauck, 1905-08).

2 »Altgermanische Büffeljagd« (Fritz Schaper), »Eberjagd um 1500« (Carl Begas), »Hasenhatz zur Rokokozeit« (Max Baumbach), »Die Fuchsjagd zur Kaiserzeit« (Wilhelm Haverkamp). Die 1904 geschaffenen Jagdgruppen standen am Großen Stern (ebenso wie der eingeschmolzene Hubertusbrunnen), bis die Nazis 1938 die Siegessäule dorthin versetzten.

Ein schlichtes, klassisches Ideal verkörpert die »Amazone« des Secessions-Bildhauers Louis Tuaillon. Foto 2006 ^

3 »Theodor Fontane« von Max Klein als Wanderer (1909, Foto S. 254).
4 »Das Volkslied« von Ludwig Sussmann-Hellborn (1875, aufgestellt 1910) zeigt zwei Mädchen an einer Harfe, die Muse Polyhymnia und die Allegorie der naiven Sangeskunst.

5 Das Bismarck-Nationaldenkmal von Reinhold Begas (1895-1901) stand bis 1938 am Reichstag, mit Blick zur Siegessäule (Foto S. 119). Am Sockel allegorische Figuren: vorn Atlas mit der Weltkugel, hinten Siegfried das Reichsschwert schmiedend, links die Staatsweisheit auf Sphinx, rechts die Staatsgewalt, die ein Raubtier niederstreckt (August Gaul). Eines von über 300 Bismarck-Denkmälern im Reich. Heute rechts daneben Generalfeldmarschall Helmuth von Moltke in Marmor (Joseph Uphues, 1904), links Kriegsminister Albrecht von Roon in Bronze (Harro Magnussen, 1904).
6 Bison von Rudolf Siemering (1902). Das Pendant dazu steht am Neuen See, ursprünglich zusammen mit **7** am Floraplatz. Unweit davon »Pony mit Knappe«, von Erdmann Encke (1896), westlich des Parkzauns von Schloss Bellevue.

7 Zwei Wapiti-Hirsche von Rudolf Siemering (1902, Zweitguss), im Rosengarten seit 1977. Die naturalistischen Tierskulpturen von Siemering gibt es im amerikanischen Philadelphia noch einmal: am Sockel eines Washington-Denkmals, dessen internationalen Wettbewerb der Berliner Bildhauer 1882 gewann (1897 eingeweiht). Die Neugestaltung des Rosengartens bestimmte Kaiser Wilhelm II. 1909 persönlich mit (2005 wiederhergestellt).
8 Der Opernkomponist Albert Lortzing von Gustav Eberlein mit Notenblättern in der Hand (1906), Puttenfries mit Anspielungen auf die Hauptfiguren seiner komischen Opern.
9 Tritonenbrunnen von 1888, am Platz stehen seit 1882 vier Flusspersonifikationen (Rhein, Elbe, Oder und Weichsel) von Calandrelli von der Königsbrücke (s. dazu **10**)
10 Die vier Kriegergruppen (um 1860-70 entstanden) stammen von der 1882 für den Stadtbahnbau abgerissenen Königsbrücke am Alexanderplatz.

^ *Sockelfigur des Bismarck-Denkmals (links). Wapitihirsch im Rosengarten (rechts). Fotos 2006*

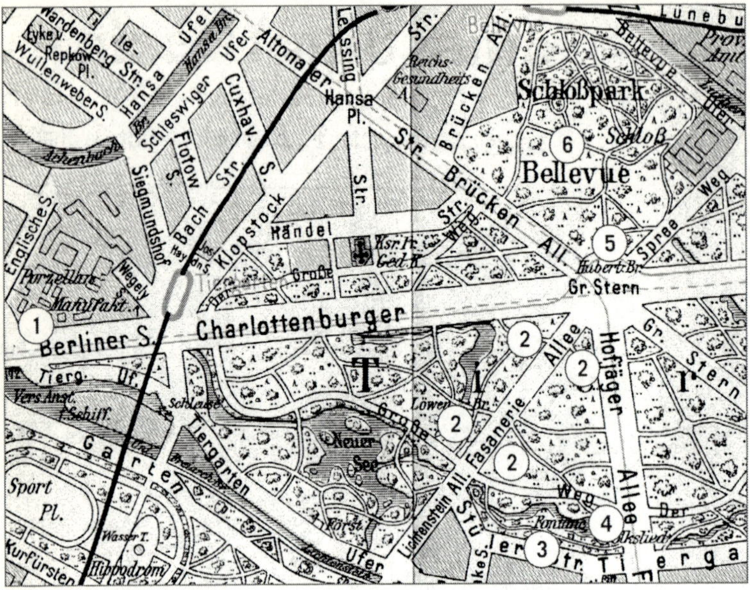

11 Richard-Wagner-Denkmal von Gustav Eberlein (1903), seit 1988 zum Schutz unter einer Glashaube. Ein großformatiges Gemälde Anton von Werners in der Berlinischen Galerie zeigt die Einweihungsfeier. Am Sockel links Siegfried und Kriemhild, hinten Alberich mit dem Nibelungenhort und einer Rheintochter, rechts Tannhäuser, vorn ein Sänger mit Laute (soll Wolfram v. Eschenbach sein); gestiftet vom Berliner Schminke-Fabrikanten Johann Ludwig Leichner.

12 »Königin Luise« von Erdmann Encke (1880), inmitten rekonstruierter Blumenrabatten, ergänzt das 1849 in der Nähe der Luiseninsel aufgestellte Denkmal ihres Gatten, König Friedrich Wilhelms III. Der bedeutendste Sohn des Paares steht in der Nähe:

13 Jung-Wilhelm-Denkmal von Adolf Brütt (1904)

14 »Amazone« von Louis Tuaillon auf dem ehemaligen Floraplatz (1904/05), eine vergrößerte Replik der 1895 an der Nationalgalerie aufgestellten Plastik. Ersetzt eine jetzt im Rosengarten stehende Flora-Statue. Rund um den Platz standen früher die Tierfiguren

^ *Alberich mit dem Nibelungenhort am Sockel des Richard-Wagner-Denkmals von Gustav Eberlein. Foto 2006*

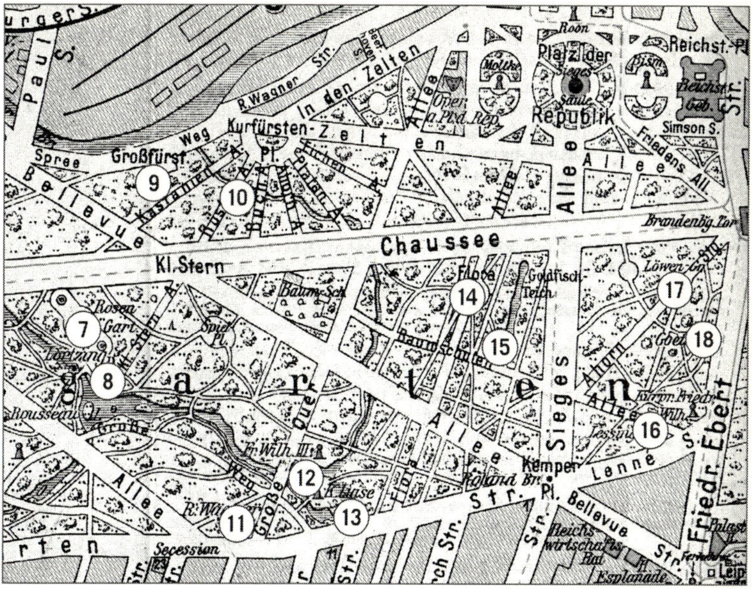

von Rudolf Siemerings Washington-Denkmal (**6/7**).

15 »Musikerofen« (Volksmund) von Rudolf Siemering mit Halbfiguren von Wolfgang Amadeus Mozart, Joseph Haydn und Ludwig van Beethoven (1898-1904).

16 Lessing-Denkmal, vom Urgroßneffen des Schriftstellers, dem Bildhauer Otto Lessing (1887-90), am Sockel Porträtreliefs der Freunde Nicolai, Moses Mendelssohn und Ewald von Kleist, vorn der Genius der Humanität mit Opferschale, Tafel mit den Worten aus der Ringparabel, hinten der Genius der Kritik mit der Geißel des Spotts und der Satire.

17 Löwengruppe mit sterbender Löwin und Jungen, von Wilhelm Wolff (1872-78).

18 Goethe in Hoftracht, von Fritz Schaper, 1880 enthüllt. Am Sockel links die lyrische und rechts die dramatische Dichtung, hinten die Wissenschaft. Goethe und Lessing (**16**) sollten ursprünglich das 1871 eingeweihte Schillerdenkmal am Gendarmenmarkt flankieren, wurden aber dann am Tiergartenrand aufgestellt.

Das neobarocke Lessing-Denkmal im Tiergarten hat ein Nachfahre des Dichters entworfen. Foto 2006 ^

ROTKÄPPCHEN UND NEPTUN

BRUNNEN ALS STADTSCHMUCK

Den kaiserlichen Denkmalsetzungen am Schloss und im Tiergarten stellte der Berliner Magistrat ein Pendant im Osten der Stadt entgegen: den Märchenbrunnen am Volkspark Friedrichshain. Bei dem Entwurf dachte Stadtbaurat Ludwig Hoffmann an die Kinder des dicht bevölkerten Arbeiterbezirks: Statt allegorischer Figuren und patriotischer Helden schmücken über hundert Märchenfiguren, spielende Kinder und Tiere den Brunnen (geschaffen von Georg Wrba, Ignatius Taschner und Josef Rauch). Die strenge Schauarchitektur orientiert er sich an der italienischen Renaissance. Umso witziger wirken die wasserspeienden Frösche mit den flankierenden Figuren von Rotkäppchen, Schneewittchen und dem Gestiefelten Kater. Die Fertigstellung der aufwändigen, seit 1901 geplanten Anlage verschlang fast den gesamten Etat des städtischen Kunstfonds und zog sich bis 1913 hin.

Den heute berühmtesten Berliner Brunnen erhielt Kaiser Wilhelm II. von der Stadt zum Geschenk: den Neptunbrunnen von Reinhold Begas. 1891 wurde er vor dem Stadtschloss aufgestellt, 1969 nach Kriegsschäden vor dem Roten Rathaus rekonstruiert. Mit seinen naturalistisch gestalteten Meerestieren, lebhaft agierenden Putten und Phantasiewesen entzückt der riesige neobarocke Brunnen Passanten und Touristen. Hoch über den aufspritzenden Wasserstrahlen thront ein überlebensgroßer Neptun, während am Rande des Beckens vier nackte Personifikationen deutscher Flüsse ihre weiblichen Reize ausspielen (Foto S. 13). Thematischer Vorläufer dafür war der 1877 fertiggestellte spätklassizistische Wrangelbrunnen, der seit 1902 unweit des Kreuzberger Urbankrankenhauses steht (Grimmstraße, von Hugo Hagen, ursprünglich auf dem Kemperplatz am Tiergarten).

^ *Der von Stadtbaurat Ludwig Hoffmann entworfene Märchenbrunnen in Friedrichshain, um 1914*

ZUR EHRE VON KAISER UND GOTT

KIRCHENBAUTEN

Eine mannshohe bauchige Vase mit asymmetrischem Mosaikdekor steht am Kurfürstendamm, Ecke Uhlandstraße auf dem Gehweg. Was kaum ein Passant ahnt: Die glitzernden Glassteinchen stammen aus der Kaiser-Wilhelm-Gedächtniskirche. Nur Turmstumpf und Vorhalle hatten die Bombenangriffe des Zweiten Weltkrieges überstanden. 1956 schrieb der Westberliner Magistrat einen Architekturwettbewerb aus, um zu entscheiden, was mit dem ungeliebten Erbe der Kaiserzeit geschehen solle. Der Architekt Egon Eiermann schlug in seinem siegreichen Wettbewerbsbeitrag einen Totalabriss vor. Nach massivem Protest aus der Bevölkerung blieb die Ruine erhalten, ergänzt durch eine oktogonale Kapelle mit blauen Glaswänden und einen modernen Glockenturm.

Die weithin sichtbare Ruine hält seither die Erinnerung an Krieg und Zerstörung wach. In ihrem Inneren jedoch ist die Kaiserzeit präsent. Auf farbenprächtigen Gewölbemosaiken sieht man die Reihe der Hohenzollernfürsten auf Christus zuschreiten, von Kurfürst Friedrich I. über Kaiser Wilhelm I., dem der Kirchenbau gewidmet war, bis hin zu seinen Nachfolgern, dem regierenden Wilhelm II. und seiner Gattin Auguste Victoria sowie dem Kronprinzenpaar. Diese im wahrsten Sinne byzantinische Bildinszenierung der Hohenzollernmonarchie knüpft an frühchristliche Mosaikporträts des Kaiserpaares Justinian und Theodora in der Kirche San Vitale zu Ravenna an.

Die Vermischung religiöser, dynastischer und nationaler Ideen war für die Kirchenbaukunst der Kaiserzeit charakteristisch. Das Kaiserhaus verstand sich als gottgewollte Regierung und nahm die Kirche zunehmend als staatserhaltene Kraft in Dienst,

^ *Die Kaiser-Wilhelm-Gedächtniskirche vor ihrer Zerstörung im Zweiten Weltkrieg. Foto um 1900* als Bollwerk gegen die Sozialdemokratie. Der spätere Wilhelm II. erklärte 1887, dass »gegenüber den grundstürzenden Tendenzen einer anarchistischen und glaubenslosen Partei« – gemeint war die SPD – »der wirksamste Schutz von Thron und Altar in der Zurückführung der glaubenslosen Menschen zum Christentum und zur Kirche« liege.

Dass während der Kaiserzeit eine Vielzahl neuer Kirchen gerade auch in ärmeren Stadtteilen errichtet wurde, lag also nicht nur am rasanten Bevölkerungswachstum. Zwischen 1890 und 1905 entstanden 53 Kirchen in und um Berlin, gefördert von der frommen Kaiserin Auguste Victoria, die von den Berlinern den Spitznamen »Kirchenjuste« bekam. Viele der wilhelminischen Großkirchen fassten 1500 Plätze oder mehr.

Die Kaiser-Wilhelm-Gedächtniskirche war der bis dahin teuerste aller evangelischen Kirchenbauten und verschlang über 6 Millionen Mark. Dabei besaß die Kirche bei ihrer Eröffnung am Sedantag 1895 noch nicht einmal eine eigene Gemeinde. Sie war ein politisches Monument im boomenden Neuen Westen. Die Gelder für den patriotischen Kirchenbau brachte ein kurz vor Baubeginn gegründeter Verein durch Spenden zusammen. Auch liberale, kirchlich nicht gebundene und wohlhabende jüdische Bürger beteiligten sich.

Der Architekt Franz Schwechten orientierte sich an der rheinischen Spätromanik, was nicht nur eine Reminiszenz an große christliche Bautraditionen vergangener Jahrhunderte war. Dieser Stil verwies zugleich auf das mittelalterliche Kaisertum, in dessen Nachfolge sich das deutsche Kaiserreich sah. Schwechten entwarf dazu passend ein ganzes neoromanisches Viertel, von dem weder das in den Zwanziger Jahren legendäre »Romanische Café«, noch die später zum Kino umfunktionierten »Ausstellungshallen am Zoo« erhalten sind. Verschwunden ist auch die »Gnadenkirche« in der Invalidenstraße, eine Art Pendant zur Gedächtniskirche. Sie war 1891-95 in ebenfalls neoromanischen Formen zur Erinnerung an Kaiserin Augusta, die Gemahlin Kaiser Wilhelms I., erbaut worden. Fundamentreste sind im Invalidenpark freigelegt.

Zu den eindrucksvollen neoromanischen Kirchen Berlins gehören katholische Gotteshäuser, wie die in die Straßenfront eingefügte Herz-Jesu-Kirche in Prenzlauer Berg mit ihrer originalen Innenausstattung (1897-98 von Christoph Hehl, Professor für mittelalterliche Baukunst an der TH, Fehrbelliner Straße 98/99). Vom selben Architekten stammt die Rosenkranz-Basilika in Steglitz, deren prachtvolle Gewölbemalereien sich bewusst von den meist schlichten Innenräumen der bilderfeindlichen protestantischen Kirche abheben (1899-1900, Kieler Straße 11).

Als dominierender Kirchenstil der Kaiserzeit setzte sich die Neogotik durch. Sie galt schon in der ersten Hälfte des 19. Jahrhunderts als altdeutscher Baustil schlechthin – ungeachtet der Tatsache, dass die Gotik in Frankreich entstand. Mit der Wiederentdeckung der märkischen Backsteingotik gab es auch ein regionales Vorbild. So stößt man heute fast in jedem Stadtbezirk auf Backsteinkirchen mit den typischen Spitzbogenformen. Obwohl Originalität nur bedingt gefragt war, gingen die Architekten mit dem überlieferten Formenvokabular bemerkenswert frei um. Das zeigt die Gethsemanekirche, ein weiter, lichter Zentralbau mit filigranem Netz- und Sterngewölbe, bei dem die Kanzel ursprünglich in der Mitte stand (1891-93, August Orth, Stargarder Straße 77). Den größten neogotischen Zentralbau der Kaiserzeit, die Kirche zum Heiligen Kreuz, errichtete Johannes Otzen auf dem Grundriss eines gleicharmigen Kreuzes (Blücherplatz, 1885-88, heute multifunktionales Gemeindezentrum). Nur wenige Kirchenarchitekten erteilten dem Historismus eine Absage, wie Erich Blunck bei der kleinen Evangelischen Kirche Nikolassee (Kirchweg 19, 1909-10, s. S. 161).

Der größte Kirchenbau der Kaiserzeit fällt nicht nur stilistisch aus dem Rahmen: der Dom am Lustgarten, zugleich Schlosskirche der Hohenzollern. Hier standen weder romanische Kaiserdome noch gotische Backsteinkirchen Pate, sondern der Petersdom in Rom, Hauptkirche der katholischen Christenheit. Vielen Zeitgenossen schien dieser Bezug anmaßend und für eine evangelische Kirche unpassend.

Dass überhaupt ein Neubau an dieser Stelle notwendig wurde, lag am wachsenden Repräsentationsbedürfnis der Monarchie. Der Vorgängerbau war

ein relativ schlichter Kuppelbau des 18. Jahrhunderts, den Karl Friedrich Schinkel im frühen 19. Jahrhundert klassizistisch umgestaltet hatte. Der schon wenig

Der 1905 eingeweihte Dom am Lustgarten ^ mit seiner ursprünglichen Kuppellandschaft

später einsetzende Planungsprozess für einen Neubau lässt sich im Dommuseum anhand von Architekturmodellen und Zeichnungen verfolgen: Friedrich Wilhelm IV. favorisierte eine altchristliche Basilika, doch die Revolution von 1848 brachte das Bauvorhaben zum Erliegen. Nach den militärischen Erfolgen von 1864 und 1866 schrieb Wilhelm I. einen Wettbewerb aus, der aber keinen eindeutigen Sieger hervorbrachte. Schließlich erhielt Julius Raschdorff 1888 von Friedrich III. den Auftrag. 1893 wurde der alte Dom abgerissen und 1905 konnte der neue nach elfjähriger Bauzeit von Wilhelm II. eingeweiht werden.

Heute dominiert er sein städtebauliches Umfeld noch stärker als einst, da das Stadtschloss als Gegengewicht nicht mehr existiert. Ein mächtiger Triumphbogen an der Schauseite zum Lustgarten hin macht den imperialen Anspruch des Bauwerks deutlich. Es umfasste ursprünglich drei eigenständige Gebäudeteile: die große Predigtkirche unter der 98 Meter hohen Kuppel, südlich davon eine kleinere Tauf- und Traukirche, sowie nach Norden eine Denkmalskirche für die Prunksarkophage der Hohenzollernfürsten. Sie wurde 1975 gesprengt, der übrige Bau jedoch weitgehend wiederhergestellt. Das Innere überwältigt mit einer für einen protestantischen Kirchenraum ungewöhnlichen Pracht, üppigem Stuck, monumentalen Steinskulpturen, Mosaiken und farbigen Glasfenstern nach Entwürfen von Anton von Werner.

Soviel Prunk wirkte schon bei der Einweihung unzeitgemäß und angesichts der immer drängenderen sozialen Probleme der Stadt fragwürdig. Die Bevölkerung verspottete den pompösen Bau als »Seelengasometer«, die Fachwelt äußerte heftige Kritik.

In jüngerer Zeit weicht die Ablehnung einer neuen Wertschätzung. Man würdigt den Dom als typisches Baudenkmal seiner Zeit – und genießt staunend seine historistische Pracht. Bisweilen finden hier wieder Staatsakte statt,

Die russisch-orthodoxe Friedhofskapelle ^ in Tegel um 1900

wie die Trauerfeier für den Bundespräsidenten Johannes Rau. Die berühmte Sauer-Orgel aus der Entstehungszeit zieht ein zahlreiches Konzertpublikum an.

Seit 1994 ist die Hohenzollerngruft wieder zugänglich. Ihrer Bestimmung als kaiserliche Grablege konnte sie nur ein einziges Mal dienen, als 1915 eine Enkeltochter des Kaisers verstarb.

Weitere Gotteshäuser der Kaiserzeit:

- Kapelle auf dem russisch-orthodoxen Friedhof in Tegel, der 1893-94 angelegt wurde. Damit die Gemeindemitglieder in russischem Boden ruhen konnten, wurden 4000 Tonnen Erde aus Russland nach Berlin gebracht (Albert Bohm, Wittestraße 37).
- Synagoge »Friedenstempel« in Prenzlauer Berg, 1903-04 errichtet von dem Gemeindearchitekten Johann Hoeniger. Neoromanischer Backsteinbau auf dem Hinterhof, in dem zugehörigen Gebäude an der Straßenfront befanden sich Wohnungen und eine Schule (s. S. 70). Mit 2000 Plätzen heute die größte Synagoge in Berlin (Rykestraße 53). Aus der Kaiserzeit erhalten sind ferner eine ehemals private Vereinssynagoge auf einem Hinterhof in Charlottenburg (Ernst Dorn, 1911-13, Pestalozzistraße 14) und der Seitenflügel einer großen Synagoge in Kreuzberg (1913-14, Fraenkelufer 10, Gedenktafel). Für die wachsende jüdische Gemeinde (s. S. 86) entstanden zahlreiche Gotteshäuser, an deren Zerstörung in der Nazizeit vielerorts Gedenktafeln erinnern: Axel-Springer-Straße 48-50 (Kreuzberg), Lützowstraße 16 (Tiergarten), Münchener Straße 37 (Schöneberg), Levetzowstraße 7/8 (Tiergarten), Markgraf-Albrecht-Straße 11/12 (Wilmersdorf), Prinzregentenstraße 69/70 (Wilmersdorf).

Nach dem Zweiten Weltkrieg entstand in West-Berlin das neue jüdische Gemeindezentrum auf dem Grundstück einer 1912 geweihten, 1938 niedergebrannten Synagoge in einer Seitenstraße des Kurfürstendamms (Fasanenstraße 79/80). Das Eingangsportal des Neubaus (1959) stammt aus geborgenen Teilen des alten Gotteshauses. In Mitte konnte die orthodoxe Gemeinde Adass-Jisroel nach der Wiedervereinigung ihr altes Gemeindehaus wieder beziehen (1904, Tucholskystraße 40), nicht weit von dem Gebäude, in dem seit 1907 die »Hochschule für die Wissenschaft des Judentums« untergebracht war, heute Sitz des Zentralrats der Juden in Deutschland (J. Hoeniger, Tucholskystraße 9, S-Bhf. Oranienburger Straße).

Thoraschrein der 1890-91 erbauten Synagoge in der Lindenstraße, heute Axel-Springer-Straße 48-50 (zerstört, Gedenkstätte) ^

KAISERS ROCK IM ZEUGHAUS

Am 2. Juni 1878 unternahm Kaiser Wilhelm I. einen Sonntagsausflug in offener Kutsche, als Unter den Linden plötzlich Schüsse knallten. Aus dem Haus Nummer 18, auf der Südseite der Allee nahe der Friedrichstraße, zielte der Landwirt Karl Eduard Nobiling mit einer Schrotflinte auf den Monarchen. Von 30 Schrotkugeln getroffen, sackte der Kaiser blutüberströmt zusammen. Allein sein dicker Mantel und die Pickelhaube retteten ihm das Leben. Der Attentäter versuchte sich noch am Tatort umzubringen. Wenig später erlag er seinen Verletzungen.

Dieses Ereignis und ein drei Wochen zuvor fehlgeschlagenes Revolverattenat auf den Kaiser nutzte Reichkanzler Otto von Bismarck zu einem Schlag gegen die politische Opposition. Im Oktober 1878 verabschiedete der Reichstag das sogenannte Sozialistengesetz. Es verbot alle sozialdemokratischen, sozialistischen und kommunistischen Vereine, Versammlungen und Druckschriften. Doch obwohl das Gesetz bis 1890 immer wieder verlängert wurde, verfehlte es seinen Zweck: In diesen zwölf Jahren vervierfachte sich die Zahl der Stimmen, die bei Reichtstagwahlen für die Sozialdemokratie abgegeben wurden.

Unweit der Attentatsstelle ist seit Juni 2006 der dunkelblaue Uniformrock des Kaisers mit den Blutflecken zu besichtigen. Die neue Dauerausstellung des Deutschen Historischen Museums präsentiert ihn neben einem hölzernen Nussknacker in Gestalt eines Bismarckkopfes, Bierhumpen mit Porträts von Arbeiterführern und Wandstickereien mit revolutionären Parolen. Die Kaiserzeit nimmt im Zeughaus einen prominenten Platz ein: Der Parcours durch die Epoche verläuft im zweiten Obergeschoss parallel zur kaiserlichen Repräsentationsmeile Unter den Linden. Von Wilhelms blutigem

^ *Fahnen vor der Weihe, im Vordergrund aufgebahrt, in der Ruhmeshalle des Zeughauses. Foto um 1900*

Uniformrock schweift der Blick hinaus auf den Vorplatz der Neuen Wache und das Alte Palais. Man erkennt das Eckfenster, wo sich der Kaiser täglich seinen Untertanen zeigte, wenn die Wachablösung vorbeimarschierte (Bild S. 97).

Imposante Exponate geben einen Eindruck von der Selbstdarstellung der Monarchie: Anton von Werners riesige Kartons mit den die Reichsgründung mythologisch verklärenden Entwürfen für die Wandelhalle der Siegessäule (s. S. 104) haben hier ebenso Platz wie sein gewaltiges Ölbild von der Eröffnung des Reichstages im Weißen Saal des Berliner Schlosses durch Wilhelm II. am 25. Juni 1888. Mehr als 120 Persönlichkeiten des öffentlichen Lebens sind darauf porträtiert (Bild S. 121).

Der Ort der Ausstellung, das Zeughaus, war schon in der Kaiserzeit ein Geschichtsmuseum. Kaiser Wilhelm I. unterzeichnete am 22. März 1875, seinem Geburtstag, eine Order, die vorsah, die barocke Waffenkammer in eine »Ruhmeshalle der brandenburgisch-preußischen Armee« umzuwandeln. 1883 wurde das Militärmuseum eröffnet, die Ausgestaltung mit riesigen historischen Wandgemälden war erst 1891 abgeschlossen. Im überdachten Lichthof stellte man die im deutsch-französischen Krieg von 1870/71 erbeuteten Geschütze und Fahnen aus. Dort weihte Kaiser Wilhelm II. mehrmals jährlich die Fahnen seiner Armee, beschwor die militärischen Leistungen seiner Vorfahren und warb für neue Rüstungsprojekte. Damals wie heute gehörten Schulklassen zum Stammpublikum des Zeughauses.

Auch die jetzige Dauerausstellung ist mit Waffen reich bestückt. Maschinengewehre, Schiffsmodelle, Propagandaplakate, Stereofotos und Filmaufnahmen aus den Schützengräben machen die Schrecken des Ersten Weltkrieges anschaulich. Doch auch die wissenschaftlichen, technischen und kulturellen Leistungen der Kaiserzeit werden gewürdigt, dokumentiert durch Röntgenapparat und Automobil, modernes Industriedesign und die weit geschnittenen Kleider der Lebensreformer. Wie verschieden der Alltag im Kaiserreich aussah, zeigen die Interieurs: das verschnörkelte Mobiliar einer bürgerlichen Familie, das karge Essgeschirr einer Arbeiterfamilie vor dem Modell einer Mietkaserne, eine elegante Büroausstattung von Henry van de Velde (Foto S. 216). Das alles fügt sich zu einem ungemein farbigen und differenzierten Gesamtbild der Epoche (Unter den Linden 2).

Schon in der Kaiserzeit wurde das Zeughaus zum ^ Geschichtsmuseum umgewidmet. Foto um 1900

»DEM DEUTSCHEN VOLKE«

REICHSTAG UND LANDTAG

»Dem deutschen Volke« lesen die Besucher, die täglich am Westgiebel des Reichstagsgebäudes auf Einlass warten, hoch über ihren Köpfen. Auf der Fotografie rechts oben, die um die Jahrhundertwende von der Siegessäule aus aufgenommen wurde, ist die berühmte Inschrift nicht zu sehen. Sie fehlte, als das Parlamentsgebäude am 5. Dezember 1894 mit militärischem Pomp seiner Bestimmung übergeben wurde.

Kaiser Wilhelm II. hatte seine Zustimmung zu der vom Architekten Paul Wallot geplanten Widmung verweigert. Der Monarch hasste dieses Gebäude, verspottete es als »Reichsaffenhaus«. Erst während des Weltkrieges, als das murrende Volk auf den dritten Hungerwinter zusteuerte, ein Sieg in unerreichbare Ferne gerückt war, gab Seine Majestät den Widerstand gegen die Inschrift am Giebel auf.

Ein heiß diskutiertes Politikum blieb die Frage nach der richtigen Typografie. Die in Frankreich verbreitete Antiqua eignete sich besser, galt aber in den Augen der Konservativen als die Schrift des Feindes. Sie forderten: »Dem Deutschen Volke die deutsche Schrift«, also Fraktur. Als Kompromisslösung entwarf der Gestalter Peter Behrens eine »moderne deutsche Schrift« aus Elementen beider Schriften. Die aus Beutekanonen gegossenen Bronzebuchstaben wurden im Dezember 1916 angebracht, als Weihnachtsgeschenk Seiner Majestät an das hungernde Volk.

Das Detail der Baugeschichte sagt viel über das gespannte Verhältnis des Herrscherhauses zum Parlamentarismus. Er war im Weltbild der Hohenzollern nicht vorgesehen. Wer sich von Gott zur Führung des preußischen Staates und der deutschen Nation berufen glaubte, bedurfte keiner

^ *Liberale Abegordnete auf dem Weg in den Reichstag. Karikatur von 1877 (Ausschnitt)*

Legitimation durch eine gewählte Volksvertretung. Der Parlamentarismus innerhalb der Monarchie war ein Zugeständnis an das aufstrebende Bürgertum nach dem Schock der Revolution von 1848. Das Eingehen auf eine zentrale Forderung der Revolutionäre war vor allem kosmetischer Natur, denn der seit 1849 gewählte Preußische Landtag und der seit 1871 einberufene Reichstag besaßen wenig Macht. Anders als heutige Landesparlamente und der Bundestag konnten sie keine wirksame Kontrolle über die Regierung ausüben, geschweige denn das Staatsoberhaupt wählen oder die Verfassung ändern. Reichsgesetze traten nur mit Zustimmung des Bundestages in Kraft, in dem Vertreter der deutschen Regierungen saßen. Reichskanzler und Staatssekretäre wurden vom Kaiser eingesetzt und waren allein ihm verantwortlich. Seine Majestät durfte das Parlament nach Belieben einberufen und auflösen. Zudem blieb der Oberbefehl über die Streitkräfte in der Hand des Monarchen. In seiner Machtstruktur ähnelte das Kaiserreich eher einer Militärdiktatur als einer modernen Demokratie.

Die Reichsverfassung von 1871 sicherte vor allem die Machtfülle des Politikers, der den Feldzug gegen Frankreich provoziert und die Reichseinigung unter preußischer Führung eingefädelt hatte: Otto von Bismarck, seit 1862 preußischer Ministerpräsident, regierte als erster Reichskanzler unangefochten bis zum Tod Wilhelms I. Er musste das Feld räumen, als mit Wilhelm II. ein ehrgeiziger junger Monarch nach stärkerer Kontrolle über das Staatsschiff drängte. 1890 ging »der Lotse von

^ *Blick auf den Reichstag am Königsplatz und das Bismarck-Denkmal von der Siegessäule um 1900*

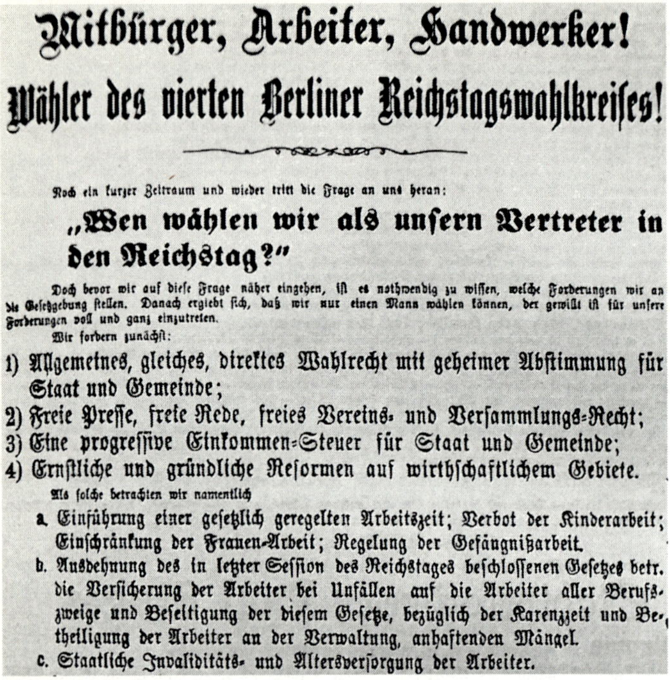

Mitbürger, Arbeiter, Handwerker!

Wähler des vierten Berliner Reichstagswahlkreises!

Noch ein kurzer Zeitraum und wieder tritt die Frage an uns heran:

„Wen wählen wir als unsern Vertreter in den Reichstag?"

Doch bevor wir auf diese Frage näher eingehen, ist es nothwendig zu wissen, welche Forderungen wir an die Gesetzgebung stellen. Danach ergiebt sich, daß wir nur einen Mann wählen können, der gewillt ist für unsere Forderungen voll und ganz einzutreten.

Wir fordern zunächst:

1) Allgemeines, gleiches, direktes Wahlrecht mit geheimer Abstimmung für Staat und Gemeinde;
2) Freie Presse, freie Rede, freies Vereins- und Versammlungs-Recht;
3) Eine progressive Einkommen-Steuer für Staat und Gemeinde;
4) Ernstliche und gründliche Reformen auf wirthschaftlichem Gebiete.

Als solche betrachten wir namentlich

a. Einführung einer gesetzlich geregelten Arbeitszeit; Verbot der Kinderarbeit; Einschränkung der Frauen-Arbeit; Regelung der Gefängnißarbeit.
b. Ausdehnung des in letzter Session des Reichstages beschlossenen Gesetzes betr. die Versicherung der Arbeiter bei Unfällen auf die Arbeiter aller Berufszweige und Beseitigung der diesem Gesetze, bezüglich der Karenzzeit und Betheiligung der Arbeiter an der Verwaltung, anhaftenden Mängel.
c. Staatliche Invaliditäts- und Altersversorgung der Arbeiter.

Bord« und der Kaiser übernahm das Kommando.

Im Preußischen Landtag sicherte das Dreiklassenwahlrecht der Regierung eine konservative Mehrheit. Die Bevölkerung wurde je nach ihrer Steuerleistung in drei Klassen eingeteilt, die jeweils die gleiche Anzahl von Wahlmännern zu wählen hatte. 1908 stimmten in der 1. Klasse 4%, in der 2. Klasse 14% und in der dritten Klasse 82% der Wahlberechtigten.

Der Reichstag hingegen wurde nach dem Prinzip »ein Mann, eine Stimme« gewählt. Auch wenn das Parlament wenig direkten Einfluss auf die Regierungspolitik nehmen konnte, war es doch ein wichtiges und repräsentatives Forum für öffentliche Kritik am Regierungskurs. Im Reichstag musste sich Bismarck heftigen Rededuellen mit liberalen, katholischen und sozialdemokratischen Gegnern stellen. Bei den Debatten um neue Gesetze wurde offen über gesellschaftliche Missstände gesprochen. Der Reichstag konnte Gesetze blockieren, die Billigung des Staatshaushalts verweigern und Auskünfte von der Regierung verlangen. Für die Regierenden waren diese Auseinandersetzungen und ihre Wirkung auf die öffentliche Meinung unbequem.

^ *Sozialdemokratisches Plakat zur Reichstagswahl im Jahr 1884*

Als Bismarck 1878 ein Verbot aller sozialdemokratischen und kommunistischen Vereine im Reichstag durchsetzte, verweigerten die Abgeordneten die geforderte Anullierung der sozialdemokratischen Mandate. So ergab sich die paradoxe Situation, dass die verbotene Arbeiterpartei weiterhin im Nationalparlament agitieren durfte und von Wahl zu Wahl ihren Stimmenanteil erhöhte. Nach Bismarcks Entlassung wurden die Sozialistengesetze nicht verlängert. In der Legalität wuchs die Partei weiter und stellte 1912 mit einem Drittel der Reichstagsabgeordneten sogar die stärkste Fraktion. Insgesamt rund ein Dutzend Parteien waren in der Kaiserzeit im Reichstag vertreten, deren innere Zerstrittenheit das Parlament zusätzlich schwächte.

Ein neu gewählter Reichstag trat immer zunächst im Berliner Stadtschloss zusammen, um dem Staatsoberhaupt seine Reverenz zu erweisen. Die ersten Sitzungen fanden 1871 in nicht mehr existierenden Gebäuden an der Leipziger Straße 3 und 75 statt. Noch im selben Jahr wurde ein Wettbewerb für einen repräsentativen Reichstagsneubau an der heutigen Stelle ausgeschrieben. Doch das Gelände war bebaut und stand erst 1882 zur Verfügung.

So wurde noch im Jahr der Reichsgründung ein provisorischer Parlamentsbau auf dem ehemaligen Grundstück der Königlichen Porzellanmanufaktur in der Leipziger Straße 4 errichtet. Dieses Haus, in dem das Nationalparlament 23 Jahre tagte, wurde 1898 abgerissen. Für den Prachtbau am Königsplatz, dem heutigen Platz der Republik, wurde 1882 ein weiterer Wettbewerb ausgelobt, den der Architekt Paul Wallot gewann. Zehn Jahr dauerten die Bauarbeiten. Eine goldene

^ *Reichstagseröffnung im Berliner Schloss 1888. Stich nach einem Monumentalgemälde Anton von Werners*

Kaiserkrone prangte auf der modernen Stahl-Glas-Konstruktion der Kuppel über dem Plenarsaal. Technisch war das Haus auf dem neuesten Stand, verfügte über eine Fernheizung, elektrisches Licht und eine Telefonanlage. Den Prunk der Ausstattung fand nicht nur der Kaiser übertrieben; der liberale Journalist August Stein nannte den Bau 1897 »eine Art Museum für Bildhauerei und für das Kunsthandwerk in Holz, Leder, Geweben und Glasmalerei, weder seinem Zwecke noch dem Charakter der Menschen entsprechend, die in ihm hausen und arbeiten sollen«. Tatsächlich erwies sich der Repräsentationsbau im 20. Jahrhundert als wenig brauchbar für ein modernes Arbeitsparlament, es fehlten vor allem Büros für die Abgeordneten. Der Reichstagsbrand von 1933, die Beschädigung im Zweiten Weltkrieg, der Wiederaufbau nach Plänen von Paul Baumgarten in den Sechzigern und der neuerliche Ausbau durch Norman Foster in den Neunzigern haben von der Originalsubstanz wenig übrig gelassen. Eine Ahnung von der ursprünglichen Pracht der Innenausstattung vermittelt das benachbarte ehemalige Reichstagspräsidenten-Palais. Es wurde 1899-1904 wie der Reichstag nach Plänen von Paul Wallot erbaut und beherbergt heute die Parlamentarische Gesellschaft (Friedrich-Ebert-Platz 2, Ecke Reichstagufer).

Wie in das Reichstagsgebäude wurde nach dem Mauerfall auch in den ehemaligen Preußischen Landtag ein moderner Plenarsaal eingebaut; dort tagt jetzt das Berliner Abgeordnetenhaus (Niederkirchnerstraße 5, 1892-97 erbaut nach Plänen von Friedrich Schulze). Auf der Rückseite liegen die Grundstücke Leipziger Straße 3 und 4, die frühesten Adressen des Deutschen Reichstages. Nach dessen Umzug entstand hier ein Neubau für das Preußische Herrenhaus (1899-1904, Friedrich Schulze), heute Versammlungsort des Bundesrates.

^ *Preußischer Landtag, jetzt Berliner Angeordnetenhaus*

^ *Preußisches Herrenhaus, jetzt Sitz des Bundesrates*

WELTPOLITIK IN DER WILHELM-STRASSE

»Wie heißt der höchste deutsche Berg?« Ab 1884 lautete die Antwort auf diese im Erdkundeunterricht gern gestellte Frage: der Kilimandscharo in Deutsch-Ostafrika. In diesem Jahr wurden einige Besitzungen deutscher Kaufleute im fernen Ausland zu deutschen Schutzgebieten erklärt und in Berlin eine »Gesellschaft für deutsche Kolonisation« gegründet. Es waren anfangs vor allem Geschäftsleute, die sich für den Erwerb von Kolonien und die Ansiedlung von Deutschen in angeblich unzivilisierten Gegenden stark machten. Der Staat unter Bismarcks Führung stand diesen Ideen sehr skeptisch gegenüber, denn die Absicherung deutscher Wirtschaftsinteressen auf fernen Kontinenten war kostspielig und politisch riskant. Bismarck wollte Konflikten mit den großen Kolonialmächten Frankreich und England lieber aus dem Wege gehen. Nach dem Triumph der Reichsgründung konzentrierte sich seine Außenpolitik auf die Friedenssicherung in Europa.

Andere Staaten wie Belgien trieben die Gründung von Satellitenstaaten in Afrika sehr viel energischer voran. Bismarck sah die Gefahr, dass die Interessenkollisionen der Europäer zu neuen Kriegen führen könnten. Er lud zu einer internationalen Konferenz in die Reichskanzlei ein, an der neben den wichtigen europäischen Staaten auch die USA und das Osmanische Reich teilnahmen. Afrikaner waren nicht eingeladen. Die sogenannte Kongo-Konferenz begann am 15. November 1884 und dauerte drei Monate. Mit Hilfe einer fünf Meter hohen Afrikakarte teilten die Verhandlungsführer den Kontinent unter sich auf, ohne Rücksicht auf Stammesgebiete und Traditionen. An den Folgen leidet Afrika bis heute.

^ *Zeugnis der Kolonialbegeisterung: Eingeborenenkopf am »Hotel Splendid«, Dorotheenstraße 37. Foto 2006*

Eine Gedenkstele am Straßenrand mit deutsch-englischem Text und einer bunt gefleckten Afrikakarte erinnern an den Schauplatz der Kongo-Konferenz. Die alte Reichskanzlei an der Wilhelmstraße 77 – seit 1878 der Amtssitz Bismarcks und seiner Nachfolger – wurde im Zweiten Weltkrieg zerstört (heute Nr. 93). Sie war das Machtzentrum des Regierungsviertels, dessen Topographie durch das Gedenktafelprogramm »Geschichtsmeile Wilhelmstraße« wieder sichtbar gemacht worden ist. Mit Hilfe gläserner Schrift- und Bildtafeln lässt sich die Nutzung der wenigen erhaltenen Regierungsbauten aus der Kaiserzeit nachvollziehen. So war im heutigen Dienstsitz des Verbraucherschutzministeriums an der Wilhelmstraße 54 das Geheime Zivilkabinett des preußischen Königs und Kaisers untergebracht, das den Geschäftsverkehr zwischen Monarch und Regierung abwickelte (damals Nr. 64, 1900-01 von Carl Vohl). Ecke Behrenstraße hat der Erweiterungsbau des Preußischen Kultusministeriums die Zeit überdauert (Wilhelmstraße 60, 1901-03 von Paul Kieschke).

Zwischen diesen erhaltenen Altbauten arbeitete seit 1902 die Kolonialabteilung des Auswärtigen Amtes (damals Wilhelmstraße 62, seit 1907 Reichskolonialamt, zerstört), die für die

^ *Das Machtzentrum: Bismarck in seinem Arbeitszimmer (oben) in der Reichskanzlei (unten)*

Überseegebiete zuständig war. Neben Deutsch-Ostafrika, Deutsch-Südwest-Afrika, Kamerun und Togo gehörten dazu der chinesische Stützpunkt Kiautschou, das Kaiser-Wilhelms-Land auf Neuguinea und die vorgelagerten Inseln des Bismarck-Archipels im Pazifik. Im staatlichen Selbstverständnis unter Wilhelm II. spielte dieses Kolonialreich eine wichtige Rolle, unterstrich es doch den weltpolitischen Anspruch Deutschlands und legitimierte den vom Kaiser mit großer Leidenschaft betriebenen Ausbau der deutschen Marine. Die Besitzungen waren allerdings zu klein und zerstreut, um sich zu rentieren. Ihre Verwaltung und Sicherung kostete den Staat viel mehr, als sie einbrachten.

Daher blieb die Kolonialpolitik ein Dauerbrenner im Reichstag und führte 1906 sogar zu dessen vorzeitiger Auflösung. Hintergrund waren die blutigen Aufstände der »Schutzbefohlenen« gegen die deutschen Kolonisatoren in Afrika. 1904 verübten Schutztruppen den ersten systematischen Völkermord der deutschen Geschichte am Herero-Volk im heutigen Namibia: Zehntausende Männer, Frauen und Kinder wurden vom Militär in die Wüste getrieben, wo sie elend verdursteten. Danach erhoben sich die Nama, von den Deutschen »Hottentotten« genannt. Die Regierung beantragte Ende 1906 einen Nachtragshaushalt für die Kriegsführung gegen die Aufständischen, scheiterte aber im Reichstag an einem Bündnis aus katholischer Zentrumspartei und SPD. Die folgenden Wahlen im Januar 1907 gingen als »Hottentottenwahlen« in die Geschichte ein und brachten der Regierung die gewünschte Parlamentsmehrheit.

^ *Raum mit Trophäen des deutschen Afrikaforschers Hermann von Wissmann auf der Kolonial-Ausstellung (1896)*

Im Ersten Weltkrieg verlor Deutschland alle Kolonien, daher haben sich nur wenige Zeugnisse im Stadtbild erhalten. Straßennamen wie Togostraße oder Kameruner Straße gehen auf den Kolonialismus zurück. Gut erhalten, aber nicht mehr als solches erkennbar, ist das 1911 eröffnete Afrika-Haus der Deutschen Kolonialgesellschaft. Sie betrieb seit ihrer Gründung im Jahr 1887 Progaganda für den Ausbau der deutschen Kolonien. Zur Stärkung des »bodenständigen unvermischten Deutschtums« unterstützte sie die Auswanderung junger Frauen als künftige Ehepartnerinnen deutscher Siedler (Am Karlsbad 10, Nähe U-Bhf. Mendelssohn-Bartholdy-Park).

Eine im Rahmen der Gewerbeausstellung von 1896 gezeigte Kolonial-Ausstellung mit Völkerschauen war so erfolgreich, dass im ehemaligen Marine-Panorama am Lehrter Bahnhof drei Jahre später ein dauerhaftes Kolonial-Museum eingerichtet wurde. Ein geplantes großes Kolonialkriegerdenkmal kam nach dem Verlust der Schutzgebiete nicht mehr zustande. Erhalten ist lediglich der sogenannte Herero-Stein auf dem Garnisonsfriedhof in Neukölln (Columbiadamm 122-158). Er ehrt sieben Gefallene der Schutztruppen, die bei der Niederschlagung der Herero- und Nama-Aufstände zwischen 1904 und 1907 den »Heldentod« starben. Ein Denkmal für die nichtdeutschen Opfer der Kolonialpolitik sucht man in Berlin vergebens.

TIPP: Bis heute profitiert das Ethnologische Museum von den Kulturgütern, die in der Kaiserzeit nach Berlin geschafft wurden. Das kriegszerstörte Museum für Völkerkunde wurde 1886 in der heutigen Stresemannstraße (neben dem Martin-Gropius-Bau) eröffnet. Da das Museum für seine mehr als 40.000 Objekte rasch zu klein war, plante man schon vor dem Ersten Weltkrieg den Umzug nach Dahlem. Dort ist die Sammlung heute ausgestellt (Arnimallee 23-27, s. S. 210).

^ Briefmarken warben für die Kolonialpolitik Wilhelms II.

Das Völkerkundemuseum um 1900 ^

REICHSVERSICHERUNGSAMT

Mit Peitsche und Zuckerbrot versuchte Bismarck das sozialistische Gedankengut der Arbeiterbewegung zu bekämpfen. Die Peitsche waren die repressiven Sozialistengesetze, der Zucker war die Sozialgesetzgebung. Zuerst trat 1883 ein Krankenversicherungsgesetz in Kraft, das Arbeitern freie ärztliche Behandlung und bis zu 13 Wochen Krankengeld versprach. An der Finanzierung musste sich auch die Arbeitgeberseite beteiligen. 1884 folgte ein Unfallversicherungsgesetz und 1889 die Alters- und Invaliditätsversicherung. Sie garantierte eine Rente ab dem 70. Lebensjahr oder bei Berufsunfähigkeit. Arbeitgeber und Arbeitnehmer teilten sich die Beiträge, der Staat schoss weiteres Geld zu. Die ausgezahlten Leistungen waren jedoch gering, deswegen wurden die Gesetze von den Sozialdemokraten als unzureichend kritisiert. Aber sie waren der Anfang des Sozialstaates. Das deutsche Modell der Sozialversicherung wurde zum Vorbild für ähnliche Regelungen in vielen anderen Staaten.

1884 entstand das Reichsversicherungsamt als Aufsichtsbehörde und Schiedsstelle in Streitfällen. Zehn Jahre später bezog es einen von August Busse entworfenen Verwaltungsbau am Landwehrkanal (damals Kaiserin-Augusta-Ufer, heute Reichpietschufer 50). Er ist heute Teil eines postmodernen Gebäudeensembles in Bonbonfarben, geplant von dem britischen Architekten James Stirling kurz vor dem Mauerfall. Genutzt wird es vom Wissenschaftszentrum Berlin, das auf Sozialforschung spezialisiert ist. Dabei geht es um Themen, die schon zu Bismarcks Zeiten auf der Tagesordnung standen: die Zukunft der Arbeit, das Funktionieren der Märkte, die Organisation staatlicher Verwaltung und die Spannungen, die den gesellschaftlichen Wandel begleiten.

^ *Der 1894 fertiggestellte Verwaltungsbau des Reichsversicherungsamtes, heute Wissenschaftszentrum Berlin. Foto um 1900*

»ROTE BURG« UND SOPHIENSÄLE

»Aus dem öden Grau nüchterner Mietskasernen steigt keck ein roter Ziegelsteinbau in die Lüfte. Es ist ein massives Haus, dem auch der Nichtfachmann die Solidität auf den ersten Blick ansieht. Massig und doch von einer fast koketten Formenschönheit mit seinem hohen Frontgiebel, seinen weiten, der Sonne geöffneten Fenstern, seinen anheimelnden gastlichen Torbogen«, schwärmte der sozialdemokratische Vorwärts am 31. März 1900, dem Tag der feierlichen Eröffnung des ersten Berliner Gewerkschaftshauses. In Frankfurt am Main und Stuttgart hatten Gewerkschaften bereits Häuser erworben, in der Hauptstadt traten sie zum ersten Mal als Bauherren auf.

Darin spiegelten sich der Aufschwung und die fortschreitende Organisation der Arbeiterbewegung. Von 60.000 Berliner Gewerkschaftsmitgliedern im Jahr 1898 schnellte die Zahl bis 1905 auf 224.000 empor. Die Berliner Gewerkschafts-Kommission bündelte die Interessen von 80 Unterorganisationen einzelner Berufsgruppen. Am stärksten waren Metallarbeiter und Baugewerbe vertreten. Laufend schlossen sich neue Berufe dem Gewerkschaftsverband an, so die Asphalteure (1901), Straßenbahner (1902) oder Fotografen (1904). Damals wie heute ging es dabei um die Durchsetzung von Arbeiterrechten, Lohnforderungen und besseren Arbeitsbedingungen, sei es durch Verhandlungen mit der Arbeitgeberseite oder durch Streiks. Daneben organisierten die Gewerkschaften in der Kaiserzeit eigene Arbeitsvermittlungsstellen und unterstützten arbeitslose Mitglieder.

Das neue Haus, bald als »die rote Burg am Engelufer« stadtbekannt, bot Platz für mannigfache Aktivitäten: Im Vorderhaus waren Büroräume, Läden, ein

^ *Die »Rote Burg«, das erste Gewerkschaftshaus in Berlin, am Engeldamm 62-64. Foto 2006*

Restaurant und Wohnungen untergebracht. Dahinter lagen zwei Quergebäude. Im ersten befanden sich kleine und große Säle für Veranstaltungen und Seminare, im zweiten eine Herberge mit 200 Betten für zugereiste Arbeiter und Wandergesellen.

Die Errichtung eines so großen Gebäudekomplexes aus Arbeitergroschen überforderte selbst den starken Berliner Gewerkschaftsverband. Finanziell ermöglicht wurde er durch den jüdischen Physiker und Erfinder der Quecksilberdampflampe Leo Arons (1860-1919). Wegen seines Engagements für die Arbeiterbewegung entzog ihm der Staat 1899 die Lehrerlaubnis an der Berliner Universität. In einem Hof des Gewerkschaftshauses lag sein Grab; es wurde zerstört, als die Nationalsozialisten 1933 das Haus besetzten und die Gewerkschaftsbewegung zerschlugen. Nach dem Zweiten Weltkrieg diente es als Krankenhaus. Heute ist es an verschiedene Nutzer vermietet, von der einstigen Betriebsamkeit ist nichts mehr zu spüren (Engeldamm 62-64, Nähe U-Bhf. Heinrich-Heine-Straße).

Ein Vorläufer der Gewerkschaften war der 1844 gegründete Berliner Handwerkerverein. Er sorgte sich vor allem um Bildung und Fortbildung seiner Mitglieder. Das 1864 eröffnete Vereinshaus in der Sophienstraße 15 stand auch anderen Organisationen für Veranstaltungen offen, daher gilt es als Keimzelle der Berliner Arbeiterbewegung. Der Handwerkerverein musste umziehen, als 1903 an der Sophienstraße, Ecke Rosenthaler Straße der Wertheim-Konzern ein (teilweise erhaltenes) Warenhaus nach Plänen von Alfred Messel baute. Die Mauern des benachbarten alten Handwerkervereinshauses gaben nach, das Haus drohte einzustürzen. Wenige Grundstücke weiter, an der Sophienstraße 17, wurde am 21. November 1905 ein neues Handwerkervereinshaus im Hinterhof eingeweiht. Der größte Veranstaltungssaal fasste bis zu 3000 Personen. Unter dem alten Namen »Sophiensäle« spielt dort seit 1998 eines der wichtigsten Off-Theater der Nachwendezeit (Nähe S-Bhf. Hackescher Markt).

^ *Die brüderlichen Hände, Symbol des Handwerkervereins, und sein großer Festsaal an der Sophienstraße. Fotos um 1909*

BEBEL & CO.

POLITIKER-ADRESSEN

Zum Gedenkort für Politiker der Arbeiterbewegung entwickelte sich bereits in der Kaiserzeit der Zentralfriedhof Friedrichsfelde (s. S. 83ff.), die Adressen engagierter Frauen findet man im folgenden Kapitel (s. S. 142ff.)

August Bebel (1840-1913), SPD-Mitbegründer und seit 1871 Reichstagsabgeordneter, scharfer Kritiker Bismarcks, setzte sich für eine friedliche Demokratisierung der Gesellschaft und die Frauenemanzipation ein. Bebel wohnte von 1903 bis zu seinem Tod in Schöneberg, Hauptstraße 97 (Gedenktafel, Nähe S-Bhf. Innsbrucker Platz). In der Kreuzberger Katzbachstraße 9 erinnert eine Gedenktafel daran, dass sich dort von 1890-1895 die Parteizentrale der SPD befand.

Otto von Bismarck (1815-1898), residierte als Reichskanzler in der Wilhelmstraße (Gedenktafel, s. S. 124). Zahlreiche Straßen, Plätze und Bäume sind nach ihm benannt. Bismarck-Denkmäler stehen am Großen Stern (S. 107) und in der Villenkolonie Grunewald (1897 eingeweiht, 1996 als Replik erneuert, Bismarckplatz).

Nachfolger in der Reichskanzlei waren 1890-94 Leo von Caprivi (1831–1899), 1894-1900 Chlodwig zu Hohenlohe-Schillingsfürst(1819–1901),1900-1909 Bernhard von Bülow (1849–1929), 1909-1917 Theobald von Bethmann-Hollweg (1856–1921), 1917 Georg Michaelis (1857–1936), 1917-18 Georg von Hertling (1843–1919) und Max von Baden (1867–1929).

Friedrich Ebert (1871-1925), lebte seit 1905 als SPD-Funktionär in Berlin. 1916-18 Vorsitzender der Reichstagsfraktion, 1919 Reichspräsident. Wohnte 1912-19 in der Defreggerstraße 20 (Nähe S-Bhf. Treptow, Gedenktafel).

Wilhelm Liebknecht (1826-1900), neben Bebel populärster SPD-Führer in der Kaiserzeit, wohnte in den letzten Lebensjahren in der Charlottenburger Kantstraße 160. Gedenktafel an der Wilhelm-Liebknecht-Bücherei, Adalbertstraße 2 (am U-Bhf. Hallesches Tor), zum Grab s. S. 83.

^ *August Bebel trat im Reichstag als entschiedener Gegner der Kolonialpolitik Wilhelms II. auf. Foto um 1900*

Friedrich Naumann (1860-1919), evangelischer Sozialpolitiker und Linksliberaler, seit 1907 im Reichstag, wohnte von 1906 bis zu seinem Tod in Schöneberg, Naumannstraße 24 (Gedenktafel).

Rudolf Virchow (1821-1902), Arzt und Sozialpolitiker, Landtags- und Reichstagsabgeordneter, Gegenspieler Bismarcks (s. S. 223), wohnte von 1864 bis zu seinem Tode in der Schellingstraße 10 in Tiergarten (zerstört).

^ *Karikatur auf den Obrigkeitsstaat aus der Zeit der Sozialistengesetze, um 1890*

FRAUENWELTEN

»Erwachet, Deutschlands Frauen, wenn ihr ein Herz habt zu fühlen die Leiden eurer Mitschwestern..., mögt ihr auch selbst im Schoß des Glückes ruhen. Erwachet, wenn ihr Grimm genug habt, Eure Erniedrigung zu fühlen... Fordert das Stimmrecht, denn nur über das Stimmrecht geht der Weg zur Selbstständigkeit und Ebenbürtigkeit, zur Freiheit und zum Glück der Frau«, schrieb 1876 die Berliner Autorin Hedwig Dohm.

Solche radikalen Forderungen teilten damals nur wenige. Frauen durften in politischen Vereinen weder Mitglied werden noch das Wort ergreifen. Bürgerliche Frauenvereine konzentrierten sich daher auf die »unpolitischen« Felder der Bildung und Wohltätigkeit. Die sich bildenden Arbeiterinnenvereine dagegen wurden rigoros verboten. So spaltete sich die Frauenbewegung in zwei Flügel, die bis zum Ende der Kaiserzeit unversöhnlich nebeneinander existierten. »Hand in Hand mit dem Mann ihrer Klasse kämpft die proletarische Frau gegen die kapitalistische Gesellschaft. Allerdings stimmt sie auch den Forderungen der bürgerlichen Frauenbewegung zu. Aber sie betrachtet die Erfüllung dieser Forderungen nur als Mittel zum Zweck, damit sie gleichausgestattet an Waffen mit dem Proletarier in den Kampf ziehen kann«, proklamierte Clara Zetkin 1896.

Scharfe soziale Gegensätze prägten das Leben der Frauen. In Scharen kamen mittellose Mädchen aus der Provinz in die Stadt, um als Dienstmädchen in Stellung zu gehen: ohne geregelte Arbeitszeiten, oft ohne eigenes Zimmer, ohne Rechte gegenüber ihrer »Herrschaft«. Andere schufteten als Fabrikarbeiterinnen für den kärglichen Familienunterhalt: Von 5,4 Millionen deutschen Arbeitern in Handwerk und Industrie waren 1875 knapp eine Million weiblich. Frauen aus bürger-

< *Fabrikarbeiterinnen bei Siemens (1914)*

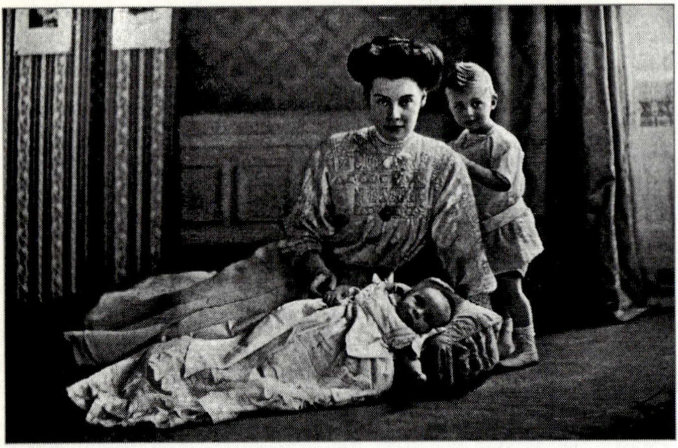

lichen Schichten dagegen sahen sich zu Passivität verurteilt. Ihre Tage füllten sich mit endlosen Strick-, Stick- und Näharbeiten, eine Erwerbstätigkeit war allenfalls als Gouvernante oder Lehrerin statthaft. Während nach 1900 die Zahl der Dienstboten rapide zurückging, wuchs das Heer der Gehilfinnen in Läden, Kaufhäusern und Gaststätten.

Zum zentralen Anliegen der bürgerlichen Frauenbewegung wurde der Kampf um bessere Bildung. Auch gegen Prostitution und für den Schutz lediger Mütter, gegen die ungerechte Justiz und nicht zuletzt für das Frauenwahlrecht zogen engagierte Frauen zu Felde.

Der erste Weltkrieg brachte Frauen an verantwortliche Posten im Transportwesen, in Ämtern und Fabriken, in Wohlfahrtspflege und Verwundetenversorgung. Nach Kriegsende mussten viele von ihnen ihre Plätze wieder räumen. Es gab aber auch Frauen, die den Dienst an der »Heimatfront« verweigerten und als Pazifistinnen ihre Stimme erhoben: radikale Feministinnen wie Helene Stöcker oder Sozialistinnen wie Rosa Luxemburg.

Erst in der Weimarer Republik wurde das Frauenstimmrecht eingeführt. Fast 90% der Frauen beteiligten sich an den ersten Wahlen. 1919 zogen die 41 ersten weiblichen Abgeordneten in den Reichstag ein, darunter die Frauenrechtlerin Gertrud Bäumer, die Begründerin der Arbeiterwohlfahrt Marie Juchacz und die spätere Berliner Oberbürgermeisterin Louise Schroeder.

Zunehmend werden auch sie durch Straßennamen geeehrt. Präsenter auf dem Stadtplan sind noch immer die Vertreterinnen der Monarchie: Augusta, Victoria, Auguste Victoria und die letzte Kronprinzessin Cecilie.

^ *Kronprinzessin Cecilie verkörperte das konservative Frauenbild der Kaiserzeit. Foto 1907*

VATERLÄNDISCHE FRAUENVEREINE

Die mit Abstand mitgliederstärkste Frauenorganisation in der Kaiserzeit waren die Vaterländischen Frauenvereine überall im Reich. Bereits 1873 zählten sie 30.000 Mitglieder, vor dem Ersten Weltkrieg eine halbe Million. Mit der Frauenbewegung hatten sie nichts zu tun: Diese umfasste im ganzen Deutschen Reich anfangs nur ein paar tausend Frauen, in ihrer Blütezeit 1912 waren 320.000 Frauenrechtlerinnen im Bund Deutscher Frauenvereine organisiert.

Ins Leben gerufen wurden die Vaterländischen Frauenvereine 1866 von der Preußenkönigin und späteren Kaiserin Augusta. 1870-71 bewährte sich die »Armee der Kaiserin« unter dem Zeichen des Roten Kreuzes als straff organisierte Hilfstruppe. In Friedenszeiten richtete sich ihre Tätigkeit vor allem auf die Krankenpflege. Im Vorstand hatten neben einigen adeligen Damen vor allem Männer das Sagen. Vorsitzende des preußischen Vereins war 1867-1916 Gräfin Charlotte von Itzenplitz.

Wohltätigkeit gehörte in gehobenen Kreisen zum guten Ton, und sie entlastete den Staat von drängenden sozialen Aufgaben. Hier fanden adelige und großbürgerliche Damen ein standesgemäßes Betätigungsfeld, ohne einer verpönten bezahlten Berufstätigkeit nachzugehen.

Das »Cecilienhaus« des Vaterländischen Frauenvereins Charlottenburg steht noch schräg gegenüber vom Charlottenburger Rathaus (Otto-Suhr-Allee 59, 1907-09, Spickendorff u. Walter). Benannt ist es nach Prinzessin Cecilie (1886-1954). Hier waren eine Kinderkrippe, Volksküche, kommunale Wohlfahrtsdienststellen, ein Zentralbüro des Deutschen Roten Kreuzes sowie ein Sanatorium mit 50 Betten untergebracht.

^ *Das mächtige »Cecilienhaus« in Charlottenburg. Foto 2006*

DAS PESTALOZZI-FRÖBEL-HAUS

Kleine Kinderfiguren aus Ton turnen auf den Mauern des Pestalozzi-Fröbel-Hauses und signalisieren: Der denkmalgeschützte Baukomplex war und ist ein Ort der Kinder. Seit mehr als 125 Jahren geht es hier um Kindererziehung in Theorie und Praxis. Hervorgegangen ist die Institution 1873 aus einem Kindergarten, in dem Henriette Schrader-Breymann, eine Nichte des Pädagogen Friedrich Fröbel, dessen Reformideen weiterentwickelte. Ihr Ziel: Kinder durch altersgerechte Bildungsangebote in ihrer ganzen Persönlichkeitsentwicklung fördern – ein heute allgemein anerkannter Grundsatz. Als das Pestalozzi-Fröbel-Haus 1898 in die heutige Karl-Schrader-Straße 7-8 zog, war es bereits ein umfangreiches pädagogisches Zentrum, zu dem auch eine Ausbildungsstätte für Erzieherinnen gehörte. Eigene Gebäude auf dem Grundstück erhielten: die Koch- und Haushaltungsschule von Hedwig Heyl und später die Soziale Frauenschule von Alice Salomon (Gedenktafeln auf dem Gelände).

»In der menschlichen Gesellschaft machen sich große Lücken fühlbar, weil die weibliche Kraft noch nicht in ihre Rechte eingesetzt ist«, meinte Henriette Schrader-Breymann. Davon waren auch die jüngeren Mitstreiterinnen Heyl und Salomon überzeugt. Sie wollten die klassisch weiblichen Tätigkeitsbereiche in Kindererziehung, Haushalt und sozialer Fürsorge auf eine professionelle Grundlage stellen und so ihre gesellschaftliche Bedeutung stärken. Die energische Fabrikantengattin Hedwig Heyl bildete ihre Schülerinnen zu perfekten Managerinnen im Haushalt aus: »Hauswirtschaftliche Bildung macht die Frau unabhängig, klar und unerschrocken.«

Die eine Generation jüngere jüdische Kaufmannstochter Alice

^ *In den Backsteinbauten des Pestalozzi-Fröbel-Hauses lernen und spielen heute wie damals Kinder und Jugendliche.*

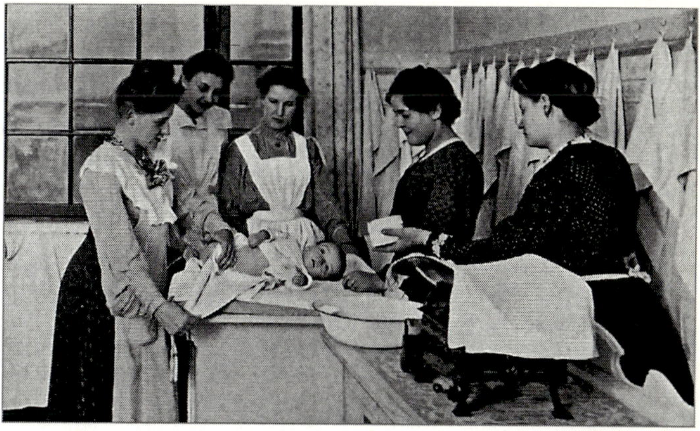

Salomon war eine von vielen bildungshungrigen und sozial engagierten Frauen der Kaiserzeit, die ein sinnvolles Betätigungsfeld suchten. Nachdem sie praktische Erfahrungen in der Wohlfahrtsarbeit mit Arbeiterkindern und Heimarbeiterinnen gesammelt hatte, promovierte sie an der Berliner Universität über »Die Ursachen der ungleichen Entlohnung von Männer- und Frauenarbeit«. Ihre 1908 eröffnete Soziale Frauenschule bot erstmals eine international vorbildliche Sozialarbeiterausbildung mit Kursen in Ökonomie, Familienrecht, Geschichte und Praxis. Nach ihr ist eine nahegelegene Grünanlage mit Spielplatz benannt.

Der Name der Karl-Schrader-Straße verweist auf den Ehemann der Gründerin Henriette Schrader-Breymann. Nebenan am denkmalgeschützten, 1906-10 erbauten Eckhaus Nr. 10 erinnert eine alte Inschrift an den Berliner Krippenverein und die Auguste-Victoria-Krippe, in deren Räumen sich bis heute eine Kita befindet. Der Krippenverein wurde 1877 vom wohlhabenden Berliner Bürgertum gegründet, um Kleinkinder berufstätiger Arbeiterfrauen tagsüber zu betreuen, da es für sie keine staatliche Fürsorge gab. Keine Gedenktafel weist darauf hin, dass sich in dem roten Backsteinbau ab 1908 auch die Chirurgische Klinik weiblicher Ärzte von Agnes Hacker befand, die aus der ersten von Frauen geleiteten Poliklinik in Mitte hervorging (s. S. 144). Die engagierte Frauenrechtlerin Agnes Hacker arbeitete 1900-1905 als erste Polizeiärztin bei der Berliner Sittenpolizei.

Nur wenige Schritte von hier wurde 1907 am Barbarossaplatz 5 das Chamisso-Lyzeum als Höhere Mädchenschule eröffnet. Hier konnten erstmals Mädchen an einer öffentlichen Schule Abitur machen.

^ *Junge Frauen lernen Säuglingspflege im Pestalozzi-Fröbel-Haus. Foto 1907*

FRAUEN IN DEN BERUF!

DER LETTE-VEREIN

Zur Förderung der Erwerbsfähigkeit des weiblichen Geschlechts« wurde der Verein 1866 von Wilhelm Adolf Lette ins Leben gerufen, der auch »Präsident des Centralvereins für das Wohl der arbeitenden Klassen« war. »Was wir nicht wollen und niemals, auch nicht in noch so fernen Jahrhunderten wünschen und bezwecken ist die politische Emanzipation und Gleichberechtigung der Frauen«, schrieb der Jurist und nationalliberale Politiker. Seine Sorge galt den vielen unverheirateten Frauen aus dem Bürgertum, für die es kaum standesgemäße Erwerbsmöglichkeiten gab, höchstens als Lehrerin oder Gouvernante. Das Gros berufstätiger Frauen kam aus den unteren sozialen Schichten: Fabrik- und Heimarbeiterinnen sowie die unzähligen Dienstmädchen. Nicht sie, sondern die Töchter der höheren Stände hatte der Gründungsdirektor im Blick. Nach seinem Tod baute seine Tochter Anna Schepeler-Lette den Verein ab 1872 zu einer bedeutenden Berufsbildungsinstitution für Frauen aus. Das Angebot umfasste nicht nur klassisch weibliche Berufe wie Köchin, Hauswirtschafterin oder Handarbeitslehrerin. Auch zur Telegrafistin, Bürobeamtin, Setzerin, später auch Fotografin oder Röntgenassistentin konnte man sich dort ausbilden lassen.

1902 bezog der Lette-Verein seinen repräsentativen Neubau von Alfred Messel am Viktoria-Luise-Platz 6, einem der schönsten, neuangelegten Plätze des expandierenden Schöneberg. Die stolze Fassade zeigt mit ihrem wappengeschmückten Säulenportal das Selbstbewusstsein der Institution, die hier bis heute ihren Sitz hat. Die Berufsbildungsangebote des Lette-Vereins stehen jetzt Männern wie Frauen offen: von Modedesign bis zu EDV- und Laborberufen.

^ *Modezeichnen im Lette-Verein (1877)*

ABITUR FÜR MÄDCHEN!

HELENE LANGES REALKURSE

Der Schulkomplex an der Schöneberger Pohlstraße 62 ist ein typischer Backsteinschulbau des Stadtbaurats Hermann Blankenstein (s. S. 69). Heute lernen in der ehemaligen Charlottenschule junge Erwachsene in Integrationskursen. 1889 eröffnete die Frauenrechtlerin Helene Lange hier die ersten Realkurse für Mädchen, die später zu Gymnasialkursen erweitert wurden: eine wichtige Etappe der Frauenbewegung.

Nachmittags, wenn die Klassenräume nicht belegt waren, boten sie wissbegierigen jungen Frauen eine gleichwertige Bildung wie männlichen Altersgenossen. An Gymnasien waren Mädchen bis 1908 nicht zugelassen, »Höhere Töchterschulen« bereiteten ihre Schülerinnen mit Literatur, Musik und Handarbeiten vor allem auf die Rolle einer standesgemäßen Ehegattin vor. Frauenrechtlerinnen aber forderten auch Naturwissenschaften und Mathematik auf dem Stundenplan sowie Studienmöglichkeiten für Frauen. Als eine Petition dazu 1887 vom preußischen Abgeordnetenhaus abgelehnt wurde, nahm Helene Lange die Sache – unterstützt von Kronprinzessin Victoria – in die Hand. 1896 legten die ersten sechs Absolventinnen der Gymnasialkurse ihr Abitur ab. Um zu studieren, mussten sie jedoch weiterhin ins Ausland gehen oder sich die Sondergenehmigung ihres Professors holen. Erst 1908 öffnete die Berliner Universität ihre Tore für Frauen.

Nicht weit von hier steht an der Potsdamer Straße 98 im zweiten Hof das ehemalige Victoria-Lyzeum (erbaut 1892), das Töchtern privilegierter Schichten gehobene Bildung bot. Bis 1911 war in den Obergeschossen auch die Malschule des Berliner Künstlerinnenvereins (s. S. 140).

^ *Das Backsteingebäude der ehemaligen Charlottenschule in Schöneberg. Foto 2006*

»MALWEIBER«

VEREIN DER BERLINER KÜNSTLERINNEN

Fast wäre das denkmalgeschützte Haus des Berliner Künstlerinnenvereins am Schöneberger Ufer 71 im Jahr 2001 wieder ein öffentliches Künstlerhaus geworden. Als der Bund es zum Verkauf bot, plante die Künstlerin Hella Santarossa, die dort seit langem ein Atelier unterm Dach hatte, es zusammen mit kunstsinnigen Mitstreitern zu erwerben. Doch am Ende hatte ein finanzkräftiger Unternehmer die Nase vorn. Jetzt erinnert eine Gedenktafel im Foyer an die Geschichte des Hauses, und zum Glück wird in den Ateliers im Obergeschoss immer noch Kunst produziert.

1911 hatte der Messel-Schüler Heinrich Schweitzer den schlichten Bau für den 1867 gegründeten »Verein der Künstlerinnen und Kunstfreundinnen zu Berlin« erbaut. Mit Büroräumen und einem Ausstellungstrakt im Erdgeschoss, sowie einer Direktorinnenwohnung und großzügigen Ateliers für die Schule des Vereins in den Obergeschossen. Städtebaulich befand sich der Verein mit seinem Neubau in bester Gesellschaft. Die Uferstraße grenzte an das noble Künstler- und Gelehrtenviertel am südlichen Tiergartenrand, von dem sich so gut wie kein Haus erhalten hat (s. S. 191). Aber ein paar Galerien, darunter der Verein Berliner Künstler, und die Museen am Kulturforum schreiben die Kunsttradition des Viertels fort.

Der »Verein der Künstlerinnen und Kunstfreundinnen zu Berlin« befand sich auf dem Höhepunkt seiner Entwicklung, als er 1911 das Vereinshaus bezog. Über 300 Künstlerinnen, darunter Käthe Kollwitz, Dora Hitz und Ottilie Roederstein, sowie weit über 400 »Kunstfreundinnen«, also wohlhabende Mäzeninnen, gehörten ihm an. Die jährlichen

^ *»Frau Gerhart Hauptmann«, gemalt von Dora Hitz, abgebildet im Secessions-Katalog 1907*

Ausstellungen fanden große Beachtung, das Kaiserhaus tätigte Ankäufe, die Pensionskasse verzeichnete ein Vermögen von mehr als 145.000 Mark.

In der bürgerlichen Gesellschaft der Kaiserstadt hatten sich die Künstlerinnen mit ihrem Selbsthilfeverein ein fest etabliertes Forum geschaffen. Dessen wichtigste Aufgabe war die professionelle Ausbildung von Künstlerinnen, da die königliche Kunstakademie Frauen vom Studium ausschloss. Das Kursprogramm orientierte sich mit Aktzeichnen, Antikenstudium, Anatomie und Perspektive, Blumen- und Landschaftsmalerei an der akademischen Ausbildung. Außerdem wurde ein Seminar für Zeichenlehrerinnen eröffnet. Akademieprofessoren wurden als Lehrkräfte gewonnen, später auch Secessionskünstler wie Hans Baluschek oder George Mosson. In der Klasse des Porträtmalers Karl Stauffer-Bern studierte 1885-86 eine der bedeutendsten Künstlerinnen ihrer Zeit: Käthe Kollwitz. 1897-1903 kehrte sie als Dozentin für Graphik und Zeichnen an die Schule zurück. Zu dieser Zeit hatte der Verein seinen Sitz noch an der Potsdamer Straße (s. S. 139). Auch Paula Modersohn-Becker belegte dort 1896-98 Aktzeichnen und Porträt, u.a. bei der schwedischen Malerin Jeanna

Bauck, bevor sie in die Malerkolonie Worpswede zog.

Finanziert wurde der Künstlerinnen-Verein von Frauen aus der Aristokratie und dem gehobenen Bürgertum, wie der Ministergattin Elise von Delbrück oder der Bankiersfrau Anna vom Rath. Aber auch Männer wie Wilhelm Adolf Lette (s. S. 138) und Werner von Siemens als langjähriger Schatzmeister unterstützten den Verein. In der Weimarer Republik verlor er an Bedeutung als berufsständische Organisation und Ausbildungsstätte, da 1919 Frauen zum Studium an der Kunstakademie zugelassen wurden. Als »Verein der Berliner Künstlerinnen 1867 e.V.« existiert er bis heute, sein Archiv in der Dorotheenstraße 90 in Mitte bildet eine umfangreiche Quellensammlung zur deutschen Künstlerinnengeschichte des 19. Jahrhunderts.

^ *Hinter den großen Fenstern in den beiden Obergeschossen lagen die Atelierräume des Künstlerinnenvereins.*

ORTE
BEDEUTENDER FRAUEN

Melli Beese (1886-1925), machte 1911 als erste deutsche Frau ihren Flugschein in Johannisthal und eröffnete eine Flugschule. Wohnte bis 1914 Sterndamm 82 (Treptow, Gedenktafel); Denkmal in der nach ihr benannten Parkanlage Storkwinkel/Schwarzbacher Straße, Wilmersdorf. Ehrengrab auf dem Dorffriedhof Schmargendorf, Breite Straße.

Charlotte Berend-Corinth (1880-1967), Malerin der Secession, ab 1924 im Vorstand. Heiratete ihren Lehrer Lovis Corinth, zog zu ihm in die Klopstockstraße 25, Tiergarten (wo eine Gedenktafel am Neubau nur an Corinth erinnert). Schuf Grafiken zu Fritzi Massary, Anita Berber, Valeska Gert. Ihre Schwester war die vielgelesene Romanautorin Alice Berend (1875-1938), nach der in Moabit eine Straße benannt ist.

Lily Braun (1865-1916), Publizistin und radikale Frauenrechtlerin adeliger Herkunft, trat 1896 in die SPD ein und versuchte vergeblich zwischen proletarischer und bürgerlicher Frauenbewegung zu vermitteln. Ihre Idee des Einküchenhauses setzte der Architekt Albert Geßner 1909-12 in der Wilhelmshöher Straße 17-20 um. Reliefgrabstein im Garten ihres Hauses (Kleinmachnow, Klausener Straße 22).

Elisabeth Caland (1862-1929), Klavierpädagogin, lebte 1909-13 in der Nithackstraße 22 in Charlottenburg (Gedenktafel) und schuf bedeutende musikpädagogischen Werke.

Minna Cauer (1841-1922), führende bürgerliche Frauenrechtlerin und Demokratin, gründete 1888 den feministischen Verein »Frauenwohl« und 1902 den »Deutschen Verein für das Frauenstimmrecht«. Wohnte 1905-22 in der Wormser Straße 5 (zugleich Geschäftsstelle von »Frauenwohl«). Nach ihr ist eine Straße in Moabit benannt. Ehrengrab auf dem St. Matthäusfriedhof (Großgörschenstraße, Schöneberg).

Hedwig Courths-Mahler (1867-1950), populäre Romanschriftstellerin, schrieb 208 Trivialromane mit einer Gesamtauflage von 40 Millionen. Lebte 1905

^ *Gedenktafel für die erste Zahnärztin Deutschlands in der Behrenstraße in Mitte.*

bis 14 in der Dönhoffstr. 11 in Karlshorst (Gedenktafel) und von 1914-32 in der Knesebeckstr. 12, Charlottenburg (Gedenktafel).

Hedwig Dohm (1833-1919), Tochter eines jüdischen Tuchfabrikanten, bedeutende Autorin feministischer Streitschriften und Romane (»Die wissenschaftliche Emanzipation der Frau«, 1874; »Die Antifeministen«, 1902). Für ihr Grab auf dem St. Matthäusfriedhof (Großgörschenstraße, Schöneberg) hat der deutsche Journalistinnenbund eine Patenschaft übernommen.

Isadora Duncan (1877-1927), Ausdruckstänzerin, eröffnete 1904 in der Trabener Str. 16, Villenkolonie Grunewald ihre erste Tanzschule (bis 1914, Foto S. 250, Gedenktafel).

Anna von Gierke (1874-1943), Sozialreformerin und -pädagogin, organisierte ab 1907 die Schulspeisung in Charlottenburg und wohnte Carmerstr. 12 (Gedenktafel). Nach ihr wurden Gierkezeile und Gierkeplatz benannt.

Hermine Heusler-Edenhuizen (1872-1955), war 1911-37 erste niedergelassene deutsche Fachärztin für Frauenkrankheiten und Geburtshilfe (Rankestr. 35, Nähe Kurfürstendamm, Gedenktafel).

Hedwig Heyl (1850-1934), »beste Hausfrau Berlins« aus großbürgerlichem Haus, verfasste das Standardwerk »ABC der Küche« (1888). Nutzte ihr Organisationstalent zur Gründung zahlreicher Frauenvereine, organisierte 1904 den Internationalen Frauen-Kongress in Berlin. Wohnte Ulmenallee 30, Villenkolonie Westend (Gedenktafel). Ehrengrab Luisenfriedhof II, Königin-Elisabeth-Str. 46, Charlottenburg (s. S. 136)

Henriette Hirschfeld-Tiburtius (1834-1911), erste Zahnärztin Deutschlands. Eröffnete nach einem Studium in den USA 1869 mit einer Ausnahmegenehmigung des Kultusministeriums ihre Praxis (Behrenstr. 9, Mitte, Gedenktafel). Mitbegründerin der Klinik weiblicher Ärzte (s. S. 144)

Emma Ihrer (1857-1911), gelernte Putzmacherin, engagierte sich in der Gewerkschaftsbewegung und der SPD für die Arbeiterinnen, leitete 1891-1911 mit Clara Zetkin die sozialistische Frauenzeitschrift »Die Gleichheit«. Grabstein in der Gedenkstätte der Sozialisten, Friedrichsfelde (Foto S. 84).

Käthe Kollwitz (1867-1945), bedeutende Grafikerin und Bildhauerin. Setzte sich mit ihrer sozial engagierten, realistischen Kunst für die Schwachen in der Gesellschaft und gegen

^ *Die gebürtige Amerikanerin Isadora Duncan begeisterte mit Barfußtänzen in griechisch-römischen Gewändern.*

den Krieg ein. Einen Werküberblick bietet das Käthe-Kollwitz-Museum, Fasanenstraße 24 (Nähe Kurfürstendamm). Denkmal von Gustav Seitz auf dem nach ihr benannten Platz in Prenzlauer Berg, unweit ihrer Wohnadresse (Kollwitzstraße 56a, Gedenktafel am Neubau). Grab auf dem Zentralfriedhof Friedrichsfelde (s. S. 85).

Helene Lange (1848-1930) (s. S. 139). Verfasste mit Gertrud Bäumer (1873-1954) das »Handbuch der Frauenbewegung« (5 Bände, ab 1901). Die Gedenktafel an der gemeinsamen Wohnadresse Kunz-Buntschuh-Straße 7 (Wilmersdorf) wurde entfernt. Begraben auf dem Städtischen Friedhof Heerstraße.

Else Lasker-Schüler (1869-1945), expressionistische Dichterin (s. S. 243). Verheiratet mit dem »Sturm«-Galeristen Herwarth Walden (Gedenktafel am Neubau an der Wohnadresse Katharinenstraße 5, Nähe S-Bhf. Halensee).

Lilli Lehmann (1848-1929), international berühmte Opernsängerin, 1901 Mitbegründerin der Salzburger Festspiele (Gedenktafel Herbertstraße 20, Villenkolonie Grunewald).

Emilie Lehmus (1841-1932) und **Franziska Tiburtius** (1843-1927), in Zürich promovierte Ärztinnen, betrieben von 1878 bis 1907 eine Klinik weiblicher Ärzte (Alte Schönhauser Straße 23/24, Mitte, Gedenktafel).

Sabine Lepsius (1864-1942). Malerin, wohnte Kantstraße 162, Charlottenburg. Das Anbringen der geplanten Gedenktafel wurde vom Eigentümer des Hauses verweigert.

Marie Elisabeth Lüders (1878-1966), promovierte 1912 als erste Frau in Staatswissenschaften an der Berliner Universität, 1914 Mitbegründerin des »Nationalen Frauendienstes«, zog 1919 für die Deutsche Demokratische Partei (DDP) in den Reichstag ein. Nach ihr ist ein Baublock im Regierungsviertel benannt.

Rosa Luxemburg (1870-1919), arbeitete seit 1898 in Berlin für die SPD und lehrte 1907-14 Nationalökonomie an der Parteischule. Wegen eines antimilitaristischen Artikels 1914 zu einem Jahr Gefängnis verurteilt (Gedenkstele an der Barnimstraße). Gründete 1916 mit Karl Liebknecht den Spartakusbund. Erhaltene Wohnadressen in Friedenau: Wielandstraße 23 (1899-1902) und Cranachstraße 58 (1902-1911, Gedenktafel).

^ *Das Grabrelief von Käthe Kollwitz*

Denkzeichen für Rosa Luxemburg ^

2006 wurde ein »Denkzeichen« mit in den Straßenbelag eingelassenen Zitaten am Rosa-Luxemburg-Platz eingeweiht.

Lise Meitner (1878-1968), promovierte in Wien und arbeitete ab 1906/07 mit Otto Hahn an der Erforschung der Radioaktivität: am Chemischen Institut der Berliner Universität (Hessische Straße 1-2, Gedenktafel) und ab 1912 in Dahlem am Kaiser-Wilhelm-Institut für Chemie (Thielallee 63, Gedenktafel). Nach ihr sind das Element Meitnerium, eine Straße in Charlottenburg und das Hahn-Meitner-Institut benannt.

Lina Morgenstern (1830-1909), aus wohlhabender jüdischer Familie wurde als Gründerin der Berliner Volksküchen berühmt (»Suppenlina«), die unter dem Protektorat der Kaiserin Augusta seit 1866 täglich Tausende von Mahlzeiten zum Selbstkostenpreis ausgaben. Schrieb Kinder- und Frauenbücher, gründete den Berliner Hausfrauenverein. Grab auf dem Jüdischen Friedhof Weissensee, Gedenktafel Linienstraße 47 (Mitte).

Käthe Paulus (1868-1935), erste deutsche Ballonfahrerin, sensationeller erster Fallschirmsprung mit 24 Jahren, lebte Gotthardstraße 105, Reinickendorf (Gedenktafel).

Henriette Schrader-Breymann (1827-1899), fortschrittliche Kindergärtnerin und Pädagogin (s. S. 136).

Alice Salomon (1872-1948) professionalisierte die soziale Hilfsarbeit (s. S. 136). 1932 Ehrendoktorin der Berliner Universität, musste 1937 wegen ihrer jüdischen Herkunft emigrieren.

Anna Schepeler-Lette (1827-97), Vorsitzende des Lette-Vereins (s. S. 138)

Helene Stöcker (1869-1943), radikale bürgerliche Frauenrechtlerin. Setzte sich für den Schutz lediger Mütter und die sexuelle Selbstbestimmung ein. Promovierte in Bern und lehrte an der Berliner Lessing-Hochschule. Wohnte 1912-33 Münchowstraße 1, Zehlendorf (Gedenktafel).

Paula Thiede (1870-1919), erste Frau an der Spitze einer deutschen Gewerkschaft, des Verbandes der Druckereihilfsarbeiter ab 1898. Grab mit 2007 erneuertem Reliefportrait auf dem Friedhof Friedrichsfelde (s. S. 85).

Emilie Winckelmann (1875-1951), erste selbständige Architektin Deutschlands, errichtete 1915 in der Otto-Suhr-Allee 18-20 das »Haus Ottilie von Hansemann« als erstes Studentinnenwohn heim in Europa. Von ihren Wohnbauten sind erhalten: Leistikowstr. 2 (1909/10), Lindenallee 21 (1908), Trabener Straße 24 (1907-08).

Louise Zietz (1765-1922), Aktivistin der proletarischen Frauenbewegung, ab 1908 als erste Frau im Vorstand der SPD. Grab in der Gedenkstätte der Sozialisten (s. S. 83).

^ *Das 1914/15 von der Architektin Emilie Winckelmann entworfene Wohnheim für Studentinnen. Foto 2006*

SCHÖNER WOHNEN

Im Jahr 1900 standen den Bewohnern Berlins und der Nachbargemeinden über eine halbe Million Wohnungen zur Verfügung. Weniger als ein Zehntel verfügte über ein Bad, knapp die Hälfte über keine eigene Toilette: Die Mieter mussten einen Nachttopf benutzen, die Gemeinschaftstoilette im Treppenhaus oder auf dem Hinterhof aufsuchen. Gaslicht und Gaskochherde waren ein Luxus, den sich nur einer von sechs Haushalten leisten konnte. Über 100.000 so genannte »Schlafgänger« besaßen keine eigene Wohnung, sondern teilten sich einen Raum und oft auch das Bett mit anderen Mietern. Eine weit höhere Zahl von Berlinern lebte in »übervölkerten« Wohnungen. Als »übervölkert« galten nach der Definition des Magistrats Wohnräume, in denen mehr als fünf Personen hausten.

Die Hälfte der Bevölkerung wohnte in den Hinterhöfen von Mietskasernen, die Spekulanten und Bauunternehmer seit der Mitte des 19. Jahrhunderts auf den Feldern rund um den alten Stadtkern Berlins errichteten. Den Rahmen gab ein 1862 von dem Stadtplaner und Ingenieur James Hobrecht erarbeiteter Bebauungsplan vor. Er sah ein klar gegliedertes, relativ weitmaschiges Straßennetz um die Innenstadt vor. Die privaten Bauherren hatten ein Interesse daran, möglichst viel vermietbare Fläche auf ihren oft sehr schmalen und tief in die Häuserblocks reichenden Grundstücken unterzubringen. So entstanden die berlintypischen Hinterhoflandschaften aus Seitenflügeln und Quergebäuden. Die waren meist schlecht belüftet und schlecht belichtet, denn die Höfe mussten lediglich so groß sein, dass dort eine Feuerspritze wenden konnte. Weitere Bauvorschriften regelten das einheitliche Erscheinungsbild der Häuser an den Straßenfronten, trugen aber wenig zur Verbesserung der Wohnqualität bei.

< Baustelle an der Schöneberger Luitpoldstraße um 1900. Hinter Laubenkolonien die Apostel-Paulus-Kirche

Vorn an der Straße lagen die größten und teuersten Wohnungen, dort suggerierte eine schmucke Stuckfassade bürgerlichen Wohlstand, dahinter in Seitenflügeln und Quergebäuden befanden sich die elenden Behausungen der ärmeren Mieter. Manchmal lag im Inneren eines Häuserblocks eine Gemeindeschule, öfter erfüllten Handwerksbetriebe und kleine Fabriken die Höfe mit Lärm und Abgasen.

Die Unbequemlichkeit des Lebens in den Mietskasernen der Kaiserzeit ist heute nur noch schwer vorstellbar. Mit ihrem Fassadenschmuck, den alten Treppenhäusern und verwinkelten Zimmern wirken sie oft wohnlicher als viele Zeugnisse des sozialen Wohnungsbaus aus jüngerer Zeit. In den erhaltenen Mietskasernen wohnen viel weniger Menschen, durch Sanierungsprojekte wurden die sanitären Verhältnisse verbessert, ganze Häuserblocks sind durch Abriss der Hinterhäuser entkernt, durchlüftet und begrünt worden. Nur die Monotonie der Blockbebauung entlang schier endloser, schnurgerader Straßenzüge verrät in manchen Quartieren noch etwas von der rücksichtslosen Härte der Bauspekulation in der Kaiserzeit: um den Chamissoplatz in Kreuzberg, den Boxhagener Platz in Friedrichshain, den Helmholtz-, Arkona- und Arnimplatz in Prenzlauer Berg oder auch südlich vom Klausenerplatz in Charlottenburg kann man sich davon leicht ein Bild machen.

Wer es sich leisten konnte, floh aus den Mietskasernenvierteln in die »besseren Gegenden« von Schöneberg, Wilmersdorf, Charlottenburg oder Pankow. Für Bürger und Beamte legten Terraingesellschaften dort ganze Stadtviertel mit größeren Wohnungen in grüner

^ *Die Mietskasernen um den Chamissoplatz in Kreuzberg wurden zwischen 1880 und 1895 erbaut. Foto 2006*

Umgebung an. Die Reichen erwarben frisch parzellierte Grundstücke in Kolonien am Stadtrand – wie Grunewald oder Westend – wo sie Villen errichteten und unter sich blieben. Wer dem Stadtleben näher sein wollte, zog in den Neuen Westen, die Gegend um die Kaiser-Wilhelm-Gedächtniskirche. 1913 lebten allein am Kurfürstendamm mit seinen Protzfassaden und Riesenwohnungen 120 Millionäre.

Kleinverdiener hatten eine Chance auf eine menschenwürdige Wohnung, wenn sie Mitglied eines Bauvereins oder einer Genossenschaft wurden. Diese Organisationen strebten nicht maximalen Profit, sondern maximale Wohnqualität zu bezahlbaren Mietpreisen an. Der Staat unterstützte sie indirekt durch günstige Darlehen und Steuererleichterungen – ein erster, sehr zaghafter und unzureichender Ansatz zu einem geförderten Wohnungsbau. Gab es 1870 lediglich drei Baugenossenschaften, so wuchs ihre Zahl auf über 1500 vor dem Ersten Weltkrieg an. Das Wohnungselend beseitigten sie nicht, denn die Ärmsten konnten sich auch eine kleine Genossenschaftswohnung nicht leisten. Die Genossenschaften und Bauvereine setzten aber neue Maßstäbe für einen menschenwürdigen Massenwohnungsbau. Manche existieren bis heute und zählen zu den gefragtesten Vermietern auf dem Wohnungsmarkt.

^ *Kurfürstendamm um 1910 (o.), Wohnanlage des Vaterländischen Bauvereins, ab 1903, Hussitenstraße 4-5*

REFORMINSELN IM HÄUSERMEER

ALFRED MESSEL

Die »Berliner Bau- und Wohnungsgenossenschaft von 1892« zählt heute 11.000 Mitglieder und verwaltet 6200 Wohnungen. Neben der berühmten »Tuschkastensiedlung« von Bruno Taut (s. S. 163) besitzt sie drei ältere Wohnanlagen des Architekten Alfred Messel, die damals als Kampfansage gegen die Mietskaserne Aufsehen erregten. Für den Wohnkomplex an der Proskauer Straße 14-17 (1897-98, Friedrichshain, Nähe U-Bhf. Samariterstraße) wurde die Genossenschaft auf der Pariser Weltausstellung 1900 sogar mit einer Goldmedaille ausgezeichnet. Der Architekt Messel gehörte zeitweilig zum Vorstand des 1888 gegründeten »Vereins zur Verbesserung der kleinen Wohnungen in Berlin«, dem Vorgänger der heutigen Genossenschaft, die sich seinerzeit »Berliner Bau- und Sparverein von 1892« nannte.

Das erste Bauvorhaben des Bauvereins war eine Anlage für »Minderbemittelte« in Moabit (Sickingenstraße 7-8, Nähe S-Bhf. Beusselstraße). 81 Wohnungen mit ein bis drei Zimmern gruppierte Messel um einen geräumigen, vom Straßenlärm abgeschirmten Innenhof. Dass jede Wohnung ein eigenes Wasserklosett besaß, war damals alles andere als selbstverständlich. Im Hof befanden sich Gemeinschaftsräume, die das Zusammengehörigkeitsgefühl der Bewohner stärken sollten: Waschküche, Duschen, Bäder und eine Bibliothek. An der Straßenfront war Platz für Läden, aber Messel verzichtete bewusst auf eine Tordurchfahrt auf den Hof. Kein Gewerbebetrieb sollte den Frieden der Hausbewohner stören. Sie betraten ihr Haus durch zwei fürstliche Säulenportale – ein Haus, aus dem sie nicht durch die Willkür eines Vermieters herausgeworfen werden konnten, sondern dessen Mitei-

^ *Der Bankier Valentin Weisbach setzte sich für menschenwürdiges Wohnen in Berlin ein. Foto 2006*

gentümer sie als Mitglieder des Bauvereins waren.

Ansonsten verzichtete Messel darauf, den Bau mit historistischem Stuckwerk zu behängen. Schmiedeeiserne Balkongitter in langen Bändern gliedern die Fassade. Das Satteldach mit den vortretenden Giebeln erinnert an den englischen Landhausstil – eine heitere Insel im umgebenden Mietskasernenelend sollte dieses Wohnhaus sein.

Die feine architektonische Durchgestaltung unterscheidet Messels Mietshäuser von früheren genossenschaftlichen Projekten. So entstand ab 1870 in Prenzlauer Berg das Gebäudeensemble »Bremer Höhe«, das von der Umgebung vor allem durch die Nüchternheit seiner roten Backsteinfassaden absticht. Sie wirken auf den heutigen Blick kasernenartiger als die dekorierten Mietskasernen der Nachbarschaft. Doch das Innere der Häuserblocks zwischen Gneist- und Buchholzer Straße, Schönhauser und Pappelallee (Nähe S-Bhf. Eberswalder Straße) wurde von Bebauung freigehalten, es gab auch keine dunklen »Berliner Zimmer« in den Hofecken. Unweit der »Bremer Höhe« baute Alfred Messel eine weitere Wohnanlage für den »Bau- und Sparverein«, größer als seine erste, aber nach demselben Prinzip (Stargarder Straße 3-5, Ecke Greifenhagener Straße, Nähe S-Bhf. Schönhauser Allee).

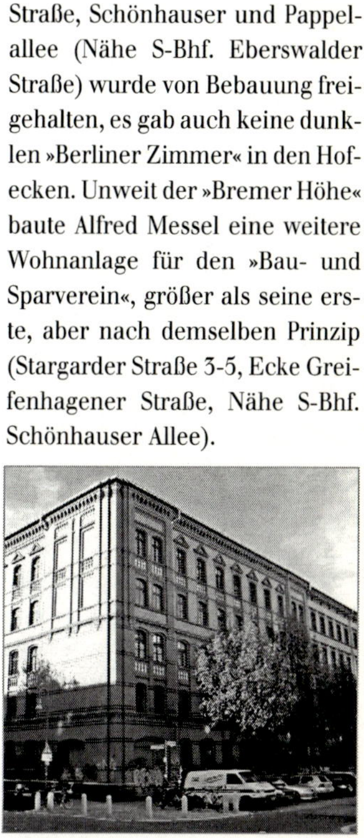

^ *Innenhof von Messels Reformwohnanlage an der Stargarder Straße (oben), unweit der »Bremer Höhe« (unten)*

Messels größtes Wohnungsbauprojekt war die »Weisbachgruppe« in Friedrichshain, benannt nach dem Bankier Valentin Weisbach, seinem Schwiegervater und Vorsitzenden des »Vereins zur Verbesserung der kleinen Wohnungen«. Weisbach erwarb 1891 ein großes Grundstück, das er zunächst mit kleinen Häusern bebaute. Von 1899-1905 entstand dann eine großzügige Blockrandbebauung nach Plänen Messels mit 400 Wohnungen für rund 1500 Geringverdiener (zwischen Weisbachstraße, Ebelingstraße und Ebertystraße, Nähe S-Bhf. Landsberger Allee).

Weitere Bauten von Alfred Messel:

Nicht nur auf dem Gebiet des Wohnungsbaus hat Messel Bahnbrechendes geleistet. »Wo seine Kollegen mit Stilübungen über das Wesen der großstädtischen Dinge hinwegzutäuschen suchten, da hat er das Problem im Kern gepackt«, schrieb der Kritiker Karl Scheffler – das machte Messel um 1900 zum Vorbild für viele jüngere Architekten. Sein berühmtester Bau, das Wertheim-Warenhaus am Leipziger Platz (Foto S. 14), wurde durch Krieg und Teilung Berlins ausgelöscht. Eine Ahnung von der Wirkung ihrer Pfeilerfassade gibt ein stark veränderter Warenhausbau an der Rosenthaler Straße 28-31, Ecke Sophienstraße (1903, Nähe S-Bhf. Hackescher Markt). Gleich um die Ecke steht ein Frühwerk, mit dem Messel sein Interesse an sozialen Fragen bewies:

- Ehemaliges Volkskaffeehaus an der Neuen Schönhauser Straße 13 (1890-91, heute Lokal »Schwarzenraben«, U-Bhf. Weinmeisterstraße). Diese Einrichtung sollte den Alkoholismus in den Armeleutevierteln bekämpfen, indem sie solides Essen und nichtalkoholische Getränke zu geringen Preisen anbot. Ein weiteres Volkskaffeehaus baute Messel 1892 an der Chausseestraße 105 (U-Bhf. Schwartzkopffstraße).
- Ehemalige Landesversicherungsanstalt (1903-04, Am Köllnischen Park 3, U-Bhf. Märkisches Museum).
- Pergamonmuseum (S. 208), Kaiserin-Auguste-Victoria-Haus (S. 68), Haus des Lette-Vereins (s. 138), Landhaus Springer (S. 196), Berliner Handels-Gesellschaft (S. 29)

^ *In Messels Volkskaffeehaus an der Neuen Schönhauser Straße kann man auch heute noch Kaffee trinken. Foto 2005*

RIEHMERS HOFGARTEN

Atlas und Herkules stemmen lässig das ungeheure Gewicht der breiten Balkone über der Toreinfahrt zur Riehmers Hofgarten an der Yorckstraße – eine Anspielung auf den Mythos vom Garten der Hesperiden, aus dem Herkules die goldenen Äpfel beschaffen sollte, was ihm mit Hilfe des Titanen Atlas auch gelang. Hinter der Toreinfahrt liegt tatsächlich eine grüne Oase in der Großstadt. Keine schmucklosen Hinterhäuser, keine Fabrikhöfe hinter den Fassaden wie am Mehringdamm, der den großen Häuserblock an einer Seite begrenzt.

Um seine Grundstücke aufzuwerten, die er im Jahr der Reichsgründung billig erworben hatte, bediente sich der Bauunternehmer Wilhelm Riehmer eines Tricks. Er legte 1881 ohne Genehmigung eine Privatstraße an, die den Block durchschneidet. Im Hobrecht-Plan war das nicht vorgesehen, daher musste sich Riehmer wegen Umgehung der Baubestimmungen vor Gericht verantworten. Aber er setzte sich durch und durfte an seinem Großprojekt weiterbauen. Insgesamt 18 Häuser entstanden zwischen 1880 und 1899 an der Hagelberger, Großbeeren- und Yorckstraße, eines der größten, gelungensten und besterhaltenen Spekulationsobjekte der frühen Kaiserzeit.

Durch die großzügige Erschließung und die Begrünung im Blockinneren entstand hier eine Situation, die für Mieter noch attraktiver war als die Wohnlage direkt an der repräsentativen, aber lauten Yorckstraße. Entsprechend wurden die Hofseiten mit Balkonen und Stuckfassaden versehen. Eine standesgemäße Adresse für Beamte, Rentiers, Geschäftsleute und arrivierte Künstler – das ist Riehmers Hofgarten seither geblieben (Yorckstraße 83-86, U-Bhf. Mehringdamm).

^ *Stille Privatstraße im Innenhof von Riehmers Hofgarten mit Tordurchfahrt zur lauten Großbeerenstraße. Foto 2007*

WOHNEN IN PANKOW

Es kommt selten vor, dass jemand in eine Straße zieht, die den eigenen Namen trägt. Dem Fabrikanten Fritz Heyn gelang dieser Coup: 1893 zog er als Eigentümer in die Beletage des neu erbauten Mietshauses an der Heynstraße 8 (Nähe S-Bhf. Pankow) ein. In selbiger Straße betrieb er auch seine Stuhlrohrfabrik (Nr. 10-15) und hier baute er 1911 eine Wohnhausanlage im Reformstil für seine Arbeiter (Nr. 21-24). Seine Wohnung ist heute ein Museum des großbürgerlichen Lebens um die Jahrhundertwende.

Im dämmrigen Herrenzimmer des Fabrikanten sind neben den üppigen Stuckverkleidungen auch die ursprünglichen Decken- und Wandbemalungen erhalten: An der Decke prangen seine verschnörkelten Initialen, von den Wänden lächeln Porträts seiner Töchter. Zwei von ihnen lebten bis zu ihrem Tod im Jahr 1972 in der Wohnung und hüteten Papas Zimmer und den Salon wie einen Schatz. Auf alten Familienfotos erkennt man den Kronleuchter im Salon wieder, der damals noch Gaskandelaber trug, und die prächtigen Kachelöfen aus der Fabrik von Carl Schulze in Neustrelitz, die an barocke Altäre erinnern.

Weitere Räume wie das Berliner Zimmer und die Küche, aus denen das Kaiserzeitmobiliar mit den Jahren verschwunden war, sind im Stil der Zeit rekonstruiert. In der ehemaligen Speisekammer wurde eine enge Dienstmädchenkammer eingerichtet, wie sie um 1900 üblich war. Die Dienstboten beim Fabrikanten Heyn allerdings hatten es besser, ihnen stellte der Fabrikant sogar eine eigene kleine Wohnung zu Verfügung. Einblicke in den Arbeitsalltag der Kaiserzeit gibt auch die »Alte Bäckerei«, fußläufig zum Panke-Museum gelegen: Seit 1875

^ *Der Stuhlfabrikant Fritz Heyn baute auch ein Reformmietshaus für seine Arbeiter in Pankow. Foto 2006*

kamen hier frische Brötchen aus dem Ofen, jetzt befindet sich in dem denkmalgerecht restaurierten Ensemble ein Kindheitsmuseum (Wollankstraße 130).

»Pankow – gesündester Vorort des Nordens«, mit diesem Slogan wurden in der Kaiserzeit stadtmüde Berliner in die Gegend gelockt. Seit 1880 gab es einen Haltepunkt an der Eisenbahnlinie Berlin-Stettin, der kurz vor dem Ersten Weltkrieg durch einen repräsentativen Bahnhofsneubau ersetzt wurde (S-Bahnhof Pankow, Carl Cornelius und Ernst Schwartz, 1912-14). Den Aufstieg Pankows zu einem gutbürgerlichen Vorort beweisen auch der Ausstattungsprunk im Rathaus an der Breiten Straße 24A-26 (Foto S. 58) und der riesige Schulneubau in der Görschstraße (Foto S. 73).

Für eine wohlhabende Klientel entstand 1896-97 die Landhausgruppe am Amalienpark. Der Architekt Otto March war als Direktor der Baugesellschaft zugleich Unternehmer. Er gruppierte neun Mietshäuser um einen kleinen Park und schuf so eine der schönsten Wohnlagen in Pankow. Weniger verschwenderisch konnte der Architekt Paul Mebes mit dem Platz umgehen, als ihn der Beamten-Wohnungs-Verein zu Berlin mit der Planung einer Wohnanlage beauftragte (1908-09, Grabbeallee 14-26). Mebes ordnete die 174 Wohnungen geschickt um vier offene Höfe und eine malerisch gekrümmte Privatstraße an; statt Stuck und Putz lockern gemauerte Ornamente die strengen roten Backsteinfassaden auf. Ihre nüchterne Schönheit weist voraus auf die neusachlichen Wohnanlagen, die der Architekt nach dem Ersten Weltkrieg realisierte.

^ *Parkanlage und Miethäuser am Amalienpark wurden gleichzeitig angelegt und bilden eine Einheit. Foto 2005*

VILLENKOLONIEN

Friedrich der Große hatte mit Schloss Sanssouci das Beispiel gegeben. Sich ins Grüne zurückzuziehen, und sei es nur für den Sommer, das schien auch den gehobenen Gesellschaftsschichten Berlins erstrebenswert. Die ersten Sommervillen entstanden um 1800 am südlichen Tiergartenrand, damals noch vor den Toren der Stadt. Die Villa von der Heydt (1862), in der die Generaldirektion der Stiftung Preußischer Kulturbesitz ihren Sitz hat (Von-der-Heydt-Straße 16-18), sowie die in den Neubau der Gemäldegalerie eingebundene Villa Parey (1895 von Kayser & Großheim, Sigismundstraße 4a) sind fast die einzigen Zeugnisse dieser Tradition im heutigen Botschaftsviertel.

Findige Geschäftsmänner blickten nach England und beschlossen, die Sache im größeren Stil anzugehen. 1865 kaufte der Hamburger Unternehmer Johann Anton Wilhelm Carstenn zwei ehemalige Rittergüter in Lichterfelde auf, um daraus eine Villenkolonie zu machen. Das sollte nur der Anfang sein, wie Carstenn König Wilhelm I. erläuterte: »Majestät, nach den Errungenschaften des Jahres 1866 ist Berlin zur ersten Stadt des Kontinents berufen und was seine räumliche Ausdehnung anbelangt, so muss Berlin und Potsdam eine Stadt werden, verbunden durch den Grunewald als Park.« Heute ist seine Vision nahezu Wirklichkeit: Eine geschlossene Villenlandschaft erstreckt sich von der Kolonie Grunewald (s. S. 249) über Dahlem, Zehlendorf, Schlachtensee, Nikolassee, Wannsee bis nach Potsdam: das größte zusammenhängende Villengebiet auf dem europäischen Kontinent.

Die Gebiete nördlich von Berlin schieden wegen der Geruchsbelästigung durch die ausgedehnten Rieselfelder der Kanalisation als Villenterrain aus. Der Osten

^ *Die Grunewaldvilla des Arztes Paul Maren, Winkler Straße 12, wurde 1896-97 errichtet.*

war wenig attraktiv wegen der Hauptwindrichtung, die den Mief der Berliner Innenstadt und Industrie herüberblies. Ideal schienen hingegen die landschaftlichen reizvollen Waldgebiete im Westen und Südwesten. Bereits 1886 legten die Unternehmer Albert Werckmeister und Johannes Quistorp einen Parzellenplan für die Kolonie Westend vor (Spandauer Damm, Ahorn-, Linden-, Akazien-, Nußbaum-, Ulmen- Eichenallee), richtig voran gingen die Bauarbeiten allerdings erst nach der Betriebsaufnahme der Ring- und Stadtbahn.

Carstenn förderte den Aufbau seiner sich zunächst nur zögerlich entwickelnden Villenkolonie Groß-Lichterfelde, indem er dem Staat 1871 das Gelände für den Bau der Preußischen Hauptkadettenanstalt schenkte und so für die Ansiedlung wohlhabender Offiziere sorgte (Finkensteinallee 63, teilweise kriegszerstört, s. S. 262). 1869 wurden die ersten Häuser in der Kolonie Alsen am Großen Wannsee gebaut (s. S. 194). Die Villenbebauung von Zehlendorf, Nikolassee und Dahlem setzte erst um 1900 ein. Als jüngste Kolonie der Kaiserzeit kam 1910 Frohnau im Norden hinzu, mit groß angelegter Werbung als »Gartenstadt« vermarktet.

Moderne Bahnverbindungen stellten sicher, dass die reichen Geschäftsleute rasch von ihrem Landsitz ins Stadtzentrum gelangen konnten. Die Wannseebahn erhielt bald den Spitznamen »Bankierzug«. Entsprechend entwickelten sich die Bahnhofsvorplätze zu Zentren der Villenvororte und wurden, sofern ein historischer Dorfkern als Mittelpunkt fehlte, repräsentativ ausgestaltet: etwa der Zeltinger Platz in Frohnau (1908-10, Hart & Lesser) oder der Mexikoplatz in Zehlendorf (Platzanlage 1905-10; Bahnhof 1905 von Hart & Lesser, Foto S. 40). Die U-Bahnhöfe in Dahlem kleideten sich auf kaiserlichen Wunsch in das Gewand eines mittelalterlichen Stadttores, eines reetgedeckten Bauernhauses oder eines englischen Landhauses (Foto S. 43)

Nicht nur landschaftliche Schönheiten und gute Verkehrsanbindungen lockten die Käufer, sondern auch handfeste Steuervorteile. Die Höhe der Kommunalsteuer richtete sich nach der Zusammensetzung der Bevölkerung. War sie wohlhabend, blieben die Abgaben für Volksschulen, Armen- und Krankenpflege gering. Das Ergebnis war eine Abwanderung steuerkräftiger Bürger aus Berlin ins Umland. Durch die gesparten Kommunalsteuern finanzierten sie zu einem erheblichen Teil die Baukosten ihrer Villen; daher gab es in den Vororten bis 1920 starken Widerstand gegen alle Pläne, in ein künftiges Groß-Berlin eingemeindet zu werden.

HERMANN MUTHESIUS

In den Villenkolonien in Zehlendorf, Grunewald oder am Wannsee wetteifern die großbürgerlichen Villen um die Bewunderung der Passanten: mit hohen Türmchen und stattlichen Erkern, mit gotischem Maßwerk und Renaissance-Zitaten. Dem 1861 geborenen Architekten Hermann Muthesius war solch historistischer Bombast ein Gräuel. Ihn trieb die Frage um, wie man einen zeitgemäßen Stil entwickeln könne, der nicht der Vergangenheit entliehen, verlogen, überladen und bloße ästhetische Spielerei sei. Seine Antwort lautete: aus der Funktion entwickelte Schlichtheit, Gediegenheit, Komfort. Nicht das Äußere, nicht die repräsentative Fassade sollte den architektonischen Entwurf bestimmen, sondern der innere Aufbau, der aus funktionalen Überlegungen entwickelte Grundriss des einzelnen Raumes. So wurde Muthesius zu einem Wegbereiter des modernen Funktionalismus, der jedoch in den Zwanziger Jahren das neusachliche Bauen vehement ablehnte und in scharfen Gegensatz zum Bauhausgründer Walter Gropius geriet.

In den 1880er Jahren hatte Muthesius an der Berliner Technischen Hochschule studiert und im Büro des Reichstagsarchitekten Paul Wallot (s. S. 118) erste Erfahrungen gesammelt. Als Mitarbeiter des renommierten Berliner Büros Ende & Böckmann (das die Tierhäuser im Zoo errichtete, s. S. 231) realisierte er seinen ersten eigenen Entwurf in Tokio, eine neogotische Kirche. Fürs Leben geprägt hat ihn ein mehrjähriger London-Aufenthalt als Attaché der deutschen Botschaft, wo er im kaiserlichen Auftrag die englische Architektur studieren sollte. Vor allem beeindruckten ihn die ländlichen Herrenhäuser, über die er ein dreibändiges Werk verfasste. Und er setzte sich mit der

^ *»Haus Bernhard« wurde nach Plänen von Muthesius 1905-06 in der Villenkolonie Grunewald gebaut (Winkler Straße 11)*

»Arts and Crafts«-Bewegung auseinander, die ein Wiederaufleben der Handwerkskünste als Gegengewicht zur industriellen Massenproduktion propagierte. Begeistert erschloss Muthesius dem deutschen Publikum seine Entdeckungen in zahlreichen Publikationen und wurde so zu einem Vordenker der Kunstgewerbe- und Architekturreformbewegung um die Jahrhundertwende. Er gab den Anstoß zur Gründung des Deutschen Werkbundes 1907 in Berlin, der eine neue Einheit von Kunst, Handwerk und Industrie verwirklichen wollte.

Im selben Jahr bezog Muthesius mit seiner Familie sein selbst entworfenes Anwesen in Nikolassee an der Potsdamer Chaussee 49A: ein Schulbeispiel des Landhauses nach englischem Vorbild. Es liegt weit außerhalb der Stadt am Rande einer bis heute unbebauten Senke, der »Rehwiese«. Völlig von dichter Vegetation umgeben, ist es von dieser Seite aus heute nur zu erkennen, wenn die Bäume im Winter ohne Laub stehen. An der Straßenseite entstellen hässliche Reihenhäuser das einst von Kiefernwald bestandene Grundstück. Doch das »Haus Muthesius« selbst ist gut gepflegt, der Garten denkmalgerecht wiederhergerichtet: ein idyllisches Kleinod, dessen stattliche Größe auf den ersten Blick gar nicht ins Auge fällt. Für Muthesius charakteristisch sind das breit heruntergezogene Walm- und Krüppelwalmdach sowie die malerische Grundrissdisposition, die jede Symmetrie vermeidet. Stuck sucht man vergeblich, dafür wirkt das von weißgestrichenen Pergolen umgebene Haus so einladend und wohnlich, dass man liebsten gleich eintreten würde. Doch als privat bewohntes Haus ist es nicht öffentlich zugänglich.

^ *Das Arbeitszimmer von Muthesius in seinem Haus in Nikolassee, abgebildet in seinem Buch »Landhäuser« (1912)*

Zum Glück hat der erfahrene Autor Muthesius dieses – wie viele seiner Häuser – ausführlich publiziert. Grundrisse und Innenansichten geben über die heute verlorene Innenausstattung Auskunft, und der Architekt erläutert bis ins Detail, wie er die Räume je nach Funktion zu den Himmelsrichtungen anordnete, etwa das Kinderspielzimmer zur sonnigsten Seite. Wie die Heizkörper im Musikzimmer unter Sitzbänken verschwanden und das Arbeitszimmer verglaste Einbauschränke erhielt, damit die Bücher nicht einstaubten. Das Architekturbüro für die zahlreichen Mitarbeiter kam ins Dachgeschoss des (nicht erhaltenen) Seitenflügels, in dessen Erdgeschoss Dienstboten in Bügelstube und Waschküche werkelten. Auch an Gäste war gedacht: »Die Fremdenzimmer im Dachgeschoss bilden eine kleine abgeschlossene Wohnung für sich mit Korridor, Bad und Klosett. Gerade die hohe, die Aussicht begünstigende Lage und der Umstand, dass man an der Südostseite auf eine Loggia hinaustreten kann, von der aus man die Zweige der hohen Randkiefern gewissermaßen mit den Händen greift, geben der kleinen Wohnung ihren überraschenden Reiz. Für Balkone und Austritte ist auch sonst reichlich gesorgt. So liegt vor dem Herrenzimmer ein schmaler Austritt, auf dem man sich zwischen der Arbeit einige Schritte Bewegung machen kann«. An alles war gedacht. Für spätere Generationen erwies sich das Raumprogramm mit seinen über zwanzig Zimmern allerdings als zu üppig bemessen und wurde in mehrere Wohnungen aufgeteilt.

Beim Berliner Bildungsbürgertum fand Muthesius' Bauweise großen Anklang. Ganze Völkerscharen sollen zu dem ersten Bau nach seiner Rückkehr aus England gepilgert sein, den er für seinen Vorgesetzten im Preußischen Handelsministerium errichtete (Haus Seefeld, 1904-05, Knesebeckstraße 5, Nähe S-Bhf. Zehlendorf). Auch andere Architekten bauten nun in diesem Stil, der eigentlich gar kein Stil sein wollte. Sogar das einzige in der Kaiserzeit neu erbaute Schloss des Kaiserhauses wurde im Stil eines englisches Landhaus errichtet: Schloss Cecilienhof (Foto S. 102). Muthesius realisierte bis zu seinem Tod im Jahr 1927 rund 70 Landhäuser sowie einige Mietshäuser. Viele davon stehen in Berlin.

Ziegelornamente schmücken die Fassade des ^ »Mittelhofes« von Muthesius. Foto 2005

In Zehlendorf liegen einige der bedeutendsten Landhäuser von Muthesius sogar in fußläufiger Entfernung zueinander:

- »Haus Freudenberg« (Potsdamer Chaussee 48). Das 1907/08 erbaute Landhaus neben Muthesius' eigenem Anwesen ist ebenfalls von späteren Neubauten umstellt, aber vom Eingangstor her gut einzusehen. Die mächtige, symmetrische Anlage lagert breit auf V-förmigem Grundriss und ist in Backstein ausgeführt, mit Fachwerkgiebel. Das ehemalige Chauffeurshaus (Nr. 68) fügte Muthesius 1922 hinzu.
- »Mittelhof« (1914-15, Kirchweg 33). Der Bauherr Wilhelm Mertens war als Großindustrieller in den deutschen Kolonien aktiv und wünschte sich ein ebenerdiges Haus »im kolonialen Bungalow-Stil«. Der schiefergedeckte Ziegelbau lagert sich auf 900 qm Grundfläche um zwei geschlossene Innenhöfe mit Brunnen: ein ausgesprochen eigenwilliges Konzept. Das weitläufige Grundstück gestaltete die Gartenbaufirma Späth (s. S. 238) unter Beibehaltung des alten Baumbestandes (Gartendenkmal). Heute hat im »Mittelhof« die Historische Kommission (Hiko) ihren Sitz.

Unweit davon steht die 1909-10 von dem Architekten Erich Blunck für die neue Landhauskolonie errichtete Kirche (Kirchweg 19), ein ländlich-schlichter Bau mit bewusst asymmetrisch angefügtem Pfarrhaus und nadelspitzem Turm: ein frühes Beispiel für den Heimatschutzstil, den Blunck bis in die NS-Zeit vertrat. Außerdem befinden sich in der Gegend:

- »Haus Wild« (Kirchweg 25, 1914)
- »Haus Vowinckel« (1920-21, Schopenhauerstraße 53/55)
- »Haus Hirschowitz« (1913, Schopenhauerstraße 46)
- »Haus Bloch« (1907, Schopenhauerstraße 71)

Weitere Bauten von Muthesius in und um Berlin:

- »Haus Cramer«, Pacelliallee 18 (1912-13, Nähe U-Bhf. Podbielskiallee) mächtiger, freistehender Bau aus Bruchsteinmauerwerk mit originaler Terrassen- und Gartenanlage, heute von der University of Stanford genutzt und sorgfältig saniert; und nicht weit davon »Haus Neuhaus« (1906, Bernadottestraße 56/58).

»Haus Bernhard«, Winkler Straße 11 (1905-06, Foto S. 158) in der Villenkolonie Grunewald, wo Muthesius 1911 die Villa S. Fischer umbaute (s. S. 250).

- Modehaus Kersten und Tuteur (1913, Leipziger Straße 36, U-Bhf. Stadtmitte).
- Preußensiedlung (s. S. 164).
- Großfunkstelle Nauen (1917-19, an der Bundesstraße 273).

^ *Das asymmetrische »Haus Bloch« mit dem weit heruntergezogenen Krüppelwalmdach. Foto 2006*

RAUS INS GRÜNE

GARTENSTÄDTE

Die Gartenstadtidee kommt ursprünglich aus England, wo die katastrophalen Wohnverhältnisse der Arbeiter früher als auf dem europäischen Kontinent Reformer und Utopisten auf den Plan riefen. 1902 wurde in Berlin die »Deutsche Gartenstadt-Gesellschaft« gegründet, ab 1909 entstand in Hellerau bei Dresden die erste deutsche Gartenstadt, die auch durch die dort produzierten Typenmöbel wegweisend wurde. Untrennbar war der Gartenstadtgedanke anfangs mit dem Genossenschaftsmodell verbunden. Man wollte nicht nur Wohnqualität und Volksgesundheit heben, sondern auch Bodenspekulation und Mietwucher bekämpfen. De facto ist aber keine einzige autonome Gartenstadt in Deutschland realisiert worden. Viele so genannte Gartenstädte wie Frohnau im Norden Berlins waren einfach durchgrünte Vorortsiedlungen für mittlere Einkommen – und ein Pendant zu den noblen Villensiedlungen im Grunewald oder am Wannsee.

Klare lebensreformerische Ideen beflügelten dagegen die Gründer der ältesten noch bestehenden Reformsiedlung Deutschlands: der 1893 gegründeten Obstbausiedlung »Eden« in Oranienburg (an der B 273). Mit vegetarischen Produktion wie der »Eden«-Pflanzenmargarine, Fruchtsäften und Marmeladen gehörte sie zu den Lieferanten der ersten Reformhäuser. Die noch immer genossenschaftlich organisierte Siedlung versucht, den alten Idealen treu zu bleiben.

Nach dem Ersten Weltkrieg griff die konservative Heimatschutzbewegung die Ideen und Stilvorstellungen der Gartenstadt-Pioniere auf. Auch in den durchgrünten Großsiedlungen späterer Jahre, den Trabantenstädten und im Einerlei neuerer Einfamiliensiedlungen mit Spitzdächern und Sprossenfenstern lebt ihr Erbe fort.

^ *Das Zentrum von »Eden« erreicht man über die Wilhelm-Groß-Straße und den Struveweg in Oranienburg. Foto 2005*

Bruno Tauts »Tuschkastensiedlung« am Falkenberg

1912 erwarb die Baugenossenschaft, die bereits die ersten Reformwohnanlagen von Alfred Messel errichtet hatte (s. S. 150), das Gut Falkenberg in Altglienicke bei Grünau – eine einstige Maulbeerplantage Friedrichs des Großen, weit außerhalb Berlins, aber bereits damals durch Bahn und Bus gut angebunden. Hier sollte die erste Berliner Gartenstadt entstehen. Der junge Bruno Taut, der kurz zuvor mit der »Deutschen Gartenstadt-Gesellschaft« England bereist hatte, entwickelte den Siedlungsplan. Er passte seine geschwungenen Straßenzüge geschickt dem Geländeniveau an. Als erstes wurde der »Akazienhof« erbaut, eine geschlossene Mehrfamilienhausanlage um einen langgestreckten Platz in eher traditionellen Bauformen mit rückwärtigen Gärten (Akazienhof 1-26). Der zweite Bauabschnitt entlang des Gartenstadtweges 16-99 fiel avantgardistischer aus. Hier stechen kräftige Farben ins Auge, kornblumenblau oder schwarz getünchte Fassaden mit markant abgesetzten Fensterrahmen, Häuser mit fröhlichem Rautenmuster oder orange-weiß gewürfelt. Die bunten Farben lassen fast vergessen, dass die bescheiden dimensionierten Reihenhäuser auf wenigen, streng rational konzipierten Bautypen beruhen. Der beherzte Griff in den Tuschkasten wies einen Ausweg aus dem Einheitsgrau der Mietskasernen – und war damals vollkommen neuartig. In seinen berühmten Siedlungen der Zwanziger Jahre wie »Onkel Toms Hütte« entwickelte Bruno Taut dieses frühe Experiment weiter.

Die »Tuschkastensiedlung« lohnt einen Ausflug, obwohl von den geplanten 1500 Wohnungen wegen des Ersten Weltkrieges nur 127 verwirklicht werden konnten. Eine denkmal-

^ *Die Reihenhäuser in Bruno Tauts »Tuschkastensiedlung« heben sich durch lebhaft farbige Fassaden voneinander ab.*

gerechte Sanierung hat den Häusern ihr Aufsehen erregendes Farbkleid zurückgegeben. Sie befinden sich immer noch im Besitz der 1892 gegründeten Baugenossenschaft, die zur Zeit in der Nähe eine autofreie Siedlung errichtet. Im Jahr 2008 wurde die Gartenstadt Falkenberg in die Welterbeliste der UNESCO aufgenommen.

Die »Preußensiedlung« von Hermann Muthesius

Unweit der Gartenstadt am Falkenberg schlummert eine lange vergessene, kleine Wohnanlage von Hermann Muthesius: die Preußensiedlung, die zwischen 1911 und 1914 auf Initiative des Stadtrats Preuß als Arbeiterkolonie entstand (Preußenstraße 41, 43, 45, 47). Nachdem die Berliner Architekten Max Bel und Franz Clement den ersten Bauabschnitt an der Germanenstraße 80, 82, 84 errichtet hatten, übernahm 1912 der Reformarchitekt Muthesius, um »nach den neueren Grundsätzen des Gartenstadtgedankens« eine geschlossene Siedlung mit malerischen Reihenhausgruppen um einen gemeinschaftlichen Wohnhof zu schaffen. Die Häuser sind winzig, wollen sparsam und zweckmäßig, aber zugleich wohnlich und bequem sein. Mit Torbogendurchgängen, Sprossenfenstern, Fensterläden und rhythmisch angeordneten Dachgiebeln übertrug Muthesius das Vorbild der englischen Landhausarchitektur auf den Kleinwohnungsbau für Geringverdiener. Es war eine der ersten Reihenhaussiedlungen in Deutschland. Seit 2006 wird sie Schritt für Schritt saniert und scheibchenweise an Eigentümer verkauft.

Gartenstadtidylle für Rüstungsarbeiter: Staaken

Liebevoll gepflegte Hausgärten, üppig bepflanzte Blumenkästen und Kränze an den Türen: die Bewohner der Gartenstadt Staaken hegen ihr denkmalgeschütztes Kleinod. Zwar sind nur noch wenige Türen und Fenster im Originalzustand, doch bis heute stehen die alten Gartenmauern, Ställe und Geräteschuppen, durchziehen Fußgängerpfade das Gartenland hinter den Häuserzeilen.

Die schmucken Giebelhäuschen reihen sich wie Puppenstuben an schmalen Straßenzügen. 804 Wohneinheiten in 132 Mehrfamilienhäusern und 248 Einfamilienhäusern entstanden hier zwischen 1913 und 1917 auf einem 35 Hektar großen Gelände westlich von Spandau, jede Wohnung mit angrenzendem Garten. Verkehrsgünstig lag die Siedlung genau zwischen der Lehr-

^ *Die »Preußensiedlung«, Zustand 2006 vor der Sanierung: Rauhputz und veränderte Fenster entstellen die Anlage.*

ter Bahn und Hamburger Bahn nach Spandau und Berlin. Der junge Architekt Paul Schmitthenner, der beim Bau der ersten Gartenstadt in Hellerau unter dem Architekten Richard Riemerschmid Erfahrungen gesammelt hatte, entwarf eine Kleinststadt mit allem, was dazugehört: Den Heidebergplatz in der Mitte mit Ladenzeile und Bäckerei sowie Mädchen- und Knabenschule, dahinter Kirchplatz und Pfarrhaus. Eine mehrgeschossige Mietshausreihe umschließt die Siedlung wie eine Stadtmauer. Traditionelle Architekturformen bestimmen das Bild: Backsteinornamentik an dem von Bäumen gesäumten Hauptplatz, geschweifte Giebelfronten am idyllischen »Kleinen Platz«. Sie erinnern an das Holländische Viertel in Potsdam. So schuf Paul Schmitthenner ein Schulbeispiel dessen, was nach dem Ersten Weltkrieg die konservativen Architekten und Stadtplaner als Heimatschutzstil propagieren sollten: Rückgriff auf traditionelle Materialien statt Stahl, Beton und Glas, Kleinteiligkeit und »bodenständige« Bauformen wie Spitzdach und Einfamilienhaus.

Die nahezu komplett erhaltene Gartenstadt Staaken war das letzte Siedlungsprojekt der Kaiserzeit in Berlin: Kaum hatte man im Juni 1914 mit den Bauarbeiten begonnen, brach der Krieg aus. Da die Siedlung auf Initiative des Innenministeriums entstand, gingen die Bauarbeiten aber weiter: Hier sollten die Beschäftigten der kriegswichtigen Spandauer Munitionsfabriken wohnen. Die Rüstungsindustrie konzentrierte sich in der Kaiserzeit auf der Insel Eiswerder und den Gebieten nördlich der Spandauer Zitadelle. 95 Prozent der Mitglieder der Wohnungsgenossenschaft mussten laut Satzung Beschäftigte der »Königlichen Werkstätten« sein. Die Klausel wurde 1919 gestrichen. Die Kirche entstand erst 1922 aus Ziegeln der Spandauer Pulverfabrik, die nach dem Versailler Vertrag aufgelöst werden musste (s. a. S. 263).

^ *Giebelhäuser am »Kleinen Platz« in der Gartenstadt Staaken, die 1913-17 von Paul Schmitthenner entworfen wurde.*

CHARLOTTES GRÜNDERZEIT-MUSEUM

No 4323. Wand-Uhr, Nussbaum fourniert, 14 Tage gehend, mit Schlagw., Länge 90 cm . . . . M. 18.–

Wer möchte heute noch so wohnen? Weinrote Samtvorhänge dämpfen das Licht, die dunklen Möbel prunken mit gedrechseltem Zierrat, der Kaiser wacht als Bronzebüste auf dem Büffet. Wohin man blickt: polierte Schnörkel und Schnitzwerk, gotisches Maßwerk und Renaissance-Muschelgiebel, die an die Zeit Dürers und Luthers gemahnen. In das Ensemble aus Stilzitaten mischen sich Errungenschaften der Moderne: die Fotos der Lieben an der Wand und das Telefon griffbereit. Grammophon und Automatenklavier, die Vorfahren der heutigen Unterhaltungselektronik. Der Renaissancekronleuchter ist mit zierlichen Hebelchen zur Gasregulierung versehen.

Was in der Gründerzeit als Gipfel kultivierten Wohnens galt, verursachte nachfolgenden Generationen Beklemmungen. Die Verfechter der Neuen Sachlichkeit entrümpelten nach dem Ersten Weltkrieg die Wohnungen radikal, doch nicht jeder mochte sich im modernen Stil einrichten. Bis heute bieten die großen Möbelhäuser »Stilmöbel« in altdeutscher Eiche mit kapitaler Schrankwand und gedrechselten Sofafüßen an: die letzten Überreste der gründerzeitlichen Wohnwelt. Lothar Berfelde alias Charlotte von Mahlsdorf zog die Originale vor. Für ihn besaßen die Interieurs der Jahrhundertwende einen eigenen Zauber, aufgeladen mit Kindheitserinnerungen und Geborgenheitsgefühlen, mit Träumen und Phantasien. Als nach dem Zweiten Weltkrieg viele Altbauten im Osten Berlins abgerissen wurden, weil sie nicht in den Sozialismus passten, und ganze Laden- und Wohnungseinrichtungen auf den Sperrmüll wanderte, rettete er, was zu retten war. »Damals zog ich oft des Nachts los, bewaffnet mit Hammer, Zangen, Stemmeisen, Schraubenzieher, um selbst widerspenstige Türrahmen

^ *Mobiliar im Neorenaissancestil boten viele Warenhauskataloge der Kaiserzeit an.*

abmontieren zu können« erzählt Charlotte von Mahlsdorf in ihren Lebenserinnerungen: »Wenigstens ein bißchen von dem, was im Berlin der sechziger und siebziger Jahre vernichtet wurde, konnte ich den Abrißbirnen und Sprengmeistern entreißen. Es ist nicht nur totes Gestein, es sind nicht nur leblose Möbel: In diesen Gegenständen widerspiegelt sich die Geschichte der Menschen, die dies erbaut, die hier gelebt haben«.

Mit den geretteten Bauteilen, Möbeln und Ausstattungsstücken verwandelte Charlotte das zum Abriss freigegebene Gutshaus Mahlsdorf Stück für Stück in ein privates Museum. Keine Türklinke, keine Flügeltür oder Scheuerleiste im Schloss Mahlsdorf war erhalten, doch es wirkt, als sei alles schon immer hier gewesen. Ein altmodisches schwarzes Damenhandtäschchen und eine Schürze erinnern an den 2002 in Schweden verstorbenen Hausherrn, der zugleich eine Hausherrin war. Denn Lothar „Lotti" Berfelde fühlte sich Zeit seines Lebens mit Damenschürze und Staubwedel am wohlsten. Beherzt bewahrte sie ihr Museum und ihren unkonventionellen Lebenswandel vor den Zugriffen der DDR-Bürokratie, der Staatssicherheit und nicht zuletzt des staatlichen Kunsthandels der DDR. Fachleute wussten ihren Sachverstand zu schätzen, etwa im Märkischen Museum oder im Panke-Museum (s. S. 154), für das sie den historischen Küchenherd besorgte. 1992 erhielt Charlotte von Mahlsdorf das Bundesverdienstkreuz. Aber nach einem brutalen Neonazi-Überfall wollte sie nicht mehr in Deutschland bleiben und wanderte nach Schweden aus.

Heute betreut ein Verein das Gründerzeitmuseum in Mahlsdorf (Hultschiner Damm 333, Nähe S-Bhf. Mahlsdorf). Beim Rundgang setzen die Mitarbeiter die alten Grammophone in Gang, öffnen die Schreibtischschubladen, ziehen die prächtigen Standuhren auf. Und zum Abschluss bestellen die Besucher in der Kellerkneipe Kaffee oder Bier: Das Lokalinterieur samt Hurenstube und Preisschildern transportierte Charlotte aus der legendären »Mulackritze« ab, als die Kneipe in der Mulackstraße in Mitte abgerissen wurde. Einst hatte sich dort Heinrich Zille (s. S. 197) mit seinem Skizzenbuch zwischen die Ganoven und Stricher gemischt.

TIPP: Schloss Britz ist das Westberliner Pendant zum Mahlsdorfer Gründerzeitmuseum. Von der Architektur prächtiger, ist es ebenfalls ein vielfach umgebautes, im späten 19. Jahrhundert überformtes Gutshaus umgeben von einem denkmalgerecht gepflegten Park, ausgestattet mit kompletten Gründerzeitinterieurs (Alt-Britz 73, Nähe U-Bhf. Parchimer Allee).

HANDEL UND WANDEL

Schon in der Mitte des 19. Jahrhunderts fand die aufblühende Eisenindustrie innerhalb der Berliner Stadtmauern keine geeigneten Standorte mehr. Vor dem Oranienburger Tor im Norden entstand das »Feuerland«, ein Industriegebiet mit Betrieben, die sich auf den Maschinenbau spezialisierten. August Borsig gründete hier 1837 die wichtigste preußische Lokomotivenfabrik, die zum Zeitpunkt der Reichsgründung an diesem Standort rund 2000 Arbeiter beschäftigte (Gedenktafel Chausseestraße 1). Weil der Platz nicht ausreichte, lagerte die Firma einen Teil ihrer Produktion schon ab 1849 nach Moabit ans Spreeufer aus und verlegte sie 1898 vollständig an den Tegeler See. Das Areal an der Chausseestraße wurde verkauft, lediglich die Verwaltungszentrale der Borsig-Werke blieb am angestammten Ort. Gegenüber vom Dorotheenstädtischen Friedhof, der Begräbnisstätte des Firmengründers, entstand 1899 das repräsentative Borsighaus, über dessen Eingang die Bronzefigur eines Schmiedes wie ein Heiliger wacht (Reimer und Körte, Chausseestraße 13).

Der Fall Borsig ist typisch für die Randwanderung Berliner Industriebetriebe in der Kaiserzeit. Auch der Apotheker Ernst Schering gründete seine Firma 1851 an der Chausseestraße 21 im »Feuerland«, wo er in einem Schuppen hinter seiner Apotheke ein chemisches Labor einrichtete. Weitsichtig erwarb er Grundstücke an der heutigen Müllerstraße 171 im Wedding, als erste Pläne zum Bau der Ringbahn publik wurden. Dort ist Scherings große Chemiefabrik bis heute ansässig. Um am Gründerzeitboom zu partizipieren, wandelte Schering seine Firma 1871 in eine Aktiengesellschaft um; erst 2006 verlor sie ihre Eigenständigkeit und fusionierte mit dem Bayer-Konzern.

< Fabrikation von »Protos«-Wagen in den Berliner Siemenswerken (1914)

Die chemische Industrie war eine der innovativen Wachstumsbranchen, die in der Kaiserzeit den Aufstieg Berlins zum größten und modernsten Industriestandort Europas ermöglichten. Schering vertrieb seine in Berlin hergestellten Pharmazeutika, Industrie- und Fotochemikalien weltweit, eröffnete Fabriken in Russland und England. Ähnlich erfolgreich und krisenfest war die Berliner Elektroindustrie: Unternehmen wie Siemens und die AEG agierten um 1900 als »Global Players«, verlegten Tiefseekabel für den Telegrafenverkehr zwischen den Kontinenten, lieferten Elektroloks für die Londoner U-Bahn, exportierten Glühlampenfäden in die USA und komplette Kraftwerke in die ganze Welt.

Angekurbelt wurden die internationalen Handelsbeziehungen durch die alle paar Jahre stattfindenden Weltausstellungen. London hatte 1851 den Anfang gemacht und mit der Schau im Kristallpalast größtes Aufsehen erregt. Wie Paris, Wien, Philadelphia, Melbourne oder Barcelona sollte auch Berlin zum 25jährigen Jubiläum der Reichsgründung eine Weltausstellung bekommen. »Berlin hat als Hauptstadt des Deutschen Reiches einen Aufschwung ohne Gleichen genommen, und es mag Berlin wohl anstehen, öffentlich und übersichtlich zu zeigen, was es im Reiche und durch das Reich geworden«, warb der Geheime Kommerzienrat Ludwig Max Goldberger 1892 auf einer Versammlung von Unterstützern des Projekts im Hotel Kaiserhof. Doch Kaiser Wilhelm II. zweifelte am propagandistischen Erfolg einer Weltausstellung in Berlin und blockierte die notwendige finanzielle Unterstützung durch das Reich. Ersatzweise organisierte der Verein der Berliner Kaufleute und Industriellen zusammen mit der Stadtverwaltung die Berliner Gewerbeausstellung von 1896. Solche

^ *Scherings Fabrik an der Ringbahn (1888), rechts befindet sich heute der S-Bhf. Wedding.*

Leistungsschauen der regionalen Wirtschaft hatte es schon früher gegeben, diese jedoch glich in ihren Dimension einer Weltausstellung.

Statt das zentral gelegene Ausstellungsgebäude am Lehrter Bahnhof (Abb. S. 188) zu nutzen, entstand im gerade erst fertiggestellten Treptower Park eine Ausstellungsstadt mit eigenem Bahnhof. Etwa einen Quadratkilometer groß, glich sie mehr einem modernen Erlebnispark als einer Industriemesse. Die große Halle mit den Produkten der Berliner Wirtschaft war nur eine Attraktion unter vielen. Zu bestaunen waren eine Fischereiausstellung, ein Alpenpanorama, ein nachgebautes Alt-Berlin und Kairo samt Pyramiden. Ein 21 Meter langes Riesenfernrohr für Himmelsbeobachtungen wurde als einziges Schauobjekt nach dem Ende der Gewerbeausstellung nicht abgebaut, sondern blieb stehen und erhielt 1908-09 ein neues Gehäuse, die heutige Archenhold-Sternwarte (Foto s. S. 226).

Anders als die Weltausstellungen war die Gewerbeausstellung kein Schaufenster der Weltwirtschaft, sondern wurde als Propagandaveranstaltung für die kolonialen Ambitionen Wilhelms II. genutzt. Neben der »Araberstadt« gab es ein ostafrikanisches Dorf mit Bewohnern aus deutschen Kolonien zu sehen, ein Tropenhaus und die Kolonialhalle mit Vorführungen der »in den Schutzgebieten tätigen Gesellschaften, Geschäfte, Dampferlinien und Missionen«. Auf einem Teich wurden Seeschlachten mit Schiffsmodellen geschlagen, um für die zur Absicherung der Kolonien nötige Aufrüstung der Marine zu werben. Zur Eröffnung der Gewerbeausstellung am 1. Mai 1896 reiste der Kaiser demonstrativ mit einem Dampfer auf der Spree an und verbrachte die längste Zeit seines Rundgangs in der Kolonialausstellung (Foto S. 125).

^ *Vorstand und Aufsichtsrat von Schering im Jahr 1889*

Für den Soziologen und Philosophen Georg Simmel war die Gewerbeausstellung ein Sinnbild des modernen Berlin. Ihre Vergänglichkeit und »Schaufenster-Qualität«, die Zusammendrängung verschiedenster Attraktionen auf engstem Raum für ein sensationslüsternes Massenpublikum bringe den Charakter der Großstadt rein zum Ausdruck: »An Weltausstellungen ist es ein eigentümlicher Reiz, dass sie ein momentanes Zentrum der Weltkultur bilden, das die Arbeit der ganzen Welt sich, wie in einem Bilde, in diese enge Begrenzung zusammengezogen hat. Hier umgekehrt hat sich eine einzige Stadt in die Gesamtheit der Kulturleistungen verbreitert ... So wird denn hiermit recht klar, was ›Weltstadt‹ bedeutet und dass Berlin, trotz allem, eine ist: eine Stadt, der die ganze Welt die Stoffe ihres Arbeitens liefert und die diese zu allen wesentlichen Formen gestaltet, die irgendwo in der gegenwärtigen Kulturwelt erscheinen«.

^ *Panoramaansicht des Ausstellungsgeländes im Treptower Park (1896)*

^ *Blick in die Haupthalle der Industrieschau auf der Gewerbeausstellung von 1896*

STROM FÜR DIE WELT

DIE AEG IM WEDDING UND OBERSCHÖNEWEIDE

Heute sind es vor allem Haushaltsgeräte aus Fabriken in anderen Ländern, die unter dem Lizenznamen AEG auf den deutschen Markt kommen. Die übrigen Reste der »Allgemeinen Elektricitäts-Gesellschaft«, kurz AEG, wurden bereits 1996 aufgelöst. In der Kaiserzeit entwickelte sich dieses Weltunternehmen der »old economy« ähnlich rasant wie hundert Jahre später die Elektronik- und Telekommunikationsunternehmen der »new economy«. Angefangen hat alles 1883, als der Firmengründer Emil Rathenau die Patente Thomas Alva Edisons für die Herstellung von Glühlampen in Deutschland erwarb. Aus der im selben Jahr gegründeten »Deutschen Edison-Gesellschaft für angewandte Elektrizität« wurde vier Jahre später die AEG.

^ *Das AEG-Stammwerk in der Ackerstraße*

Wie der Lokomotivenbauer Borsig und der Chemiefabrikant Schering begann Rathenau mit der Produktion im »Feuerland« vor dem Oranienburger Tor (Schlegelstraße 26). Nicht weit entfernt errichtete er 1888-90 den ersten großen Fabrikbau der Firma (Ackerstraße 71-76, Nähe S-Bhf. Nordbahnhof). Er ist heute noch ein Ort der Innovation: In den Etagen tüfteln Professoren und Studenten der Technischen Universität. Bei der AEG legte man von Anfang an großen Wert darauf, die Produkte, aber auch die Firmengebäude ansprechend zu gestalten. So zog man für die Fassadengestaltung

^ *Relief am Kraftwerk Oberspree in Oberschöneweide*

des sogenannten Apparatewerks Franz Schwechten heran, den Architekten des Anhalter Bahnhofs (Foto S. 34) und der Kaiser-Wilhelm-Gedächtniskirche (Foto S. 111). Von Schwechten stammt auch das Wahrzeichen der Firma, das 1896-97 erbaute Backsteinportal zum Firmengelände an der Brunnenstraße.

In der Kaiserzeit stellte die AEG alles her, was mit Elektrizität zu tun hatte: Lampen, Kabel, Schalter, Messinstrumente, Dynamos, Motoren, Turbinen – und zur Jahrhundertwende den ersten Fön. In unmittelbarer Nachbarschaft des Stammwerks und nah an der Ringbahnstation Gesundbrunnen bebaute der Konzern ab 1894 einen ganzen Block zwischen Gustav-Meyer-Allee, Hussiten-, Volta- und Brunnenstraße. Das alte und neue Fabrikgelände wurden 1895-97 durch eine 270 Meter lange Untergrundbahnstrecke zu Versuchs- und Demonstrationszwecken verbunden. 1912 schlossen die AEG und die Stadt Berlin einen Vertrag über den Bau einer U-Bahn vom Firmengelände an der Brunnenstraße nach Neukölln; wegen des Ersten Weltkrieges verkehrten erst ab 1927 Züge auf der heutigen U-Bahn-Linie 8.

»Es ist der Sinn der industriellen Arbeit, der Stolz der Werkstätten, der Vormarsch all

^ Das AEG-Gelände an der Brunnenstraße (oben) mit der Montagehalle für Großmaschinen (unten). Fotos 2006

ihrer sausenden Maschinen, der hier seinen Ausdruck suchte«, schwärmte das Jahrbuch des Deutschen Werkbundes 1913 über die langgestreckte AEG-Kleinmotorenfabrik (1910-13), deren ornamentlose Pfeilerfassade das Firmengelände gegen die Voltastraße abschließt. Entworfen hat sie Peter Behrens,

seit 1907 künstlerischer Berater der AEG und Mitbegründer des Deutschen Werkbundes. Der erste »Corporate Designer« war verantwortlich für die Gestaltung sämtlicher Produkte, der Werbung und der Fabrikbauten. Noch eindrucksvoller ist seine riesige Montagehalle für Großmaschinen an der Voltastraße (1911-12). Sie lehnt sich eng an Behrens' kurz zuvor realisierte AEG-Turbinenhalle in Moabit an, einen Meilenstein der Architekturgeschichte (1908-09, Huttenstraße 12-16, Foto S. 179).

Weit außerhalb der Stadt, in Oberschöneweide, nahm die AEG 1897 das erste Drehstrom-Kraftwerk in Betrieb, das in der Lage war, große Mengen elektrischer Energie ohne hohe Verluste über weite Entfernungen zu transportieren (Paul Troop, Wilhelminenhofstraße 78). Bis in den Ersten Weltkrieg versorgte es die östliche Hälfte Berlins mit Strom, den Westen belieferte eine Anlage in Moabit (siehe unten). Innerhalb weniger Jahre baute die AEG am Standort Oberschönweide neue Fabriken für rund 25.000 Beschäftigte: das Kabelwerk Oberspree (mit Verwaltungsgebäude und Direktorenwohnhaus, sowie zahlreichen Erweiterungsbauten, Wilhelminenhofstraße 76-77), die AFA-Akkumulatorenfabrik (Verwaltungsgebäude, Direktorenwohnhaus und Arbeiterwohlfahrtgebäude, 1899-1914, Wilhelminenhofstraße 66-70) und den gewaltigen Neubau der Nationalen Automobil-Gesellschaft (NAG) von Peter Behrens (1913-17, Ostendstraße 1-14).

Der Einstieg in die Autoproduktion lag für die AEG nahe, da ihr Kabelwerk in Oberschöneweide nicht nur alle benötigten Metalle liefern konnten, sondern auch den Gummi für die Autoreifen. Im Ersten Weltkrieg florierte das Geschäft durch Rüstungsaufträge, die Armee brauchte Lastwagen. Die NAG-Autofabrik von Peter Behrens wirkt eher wie ein monumentaler Verwaltungsbau,

^ *Blick in den von Peter Behrens entworfenen Lichthof der ehemaligen NAG-Autofabrik in Oberschöneweide. Foto 2005*

der 58 Meter hohe Wasserturm ragt selbstbewusst wie ein Rathausturm über dem Triumphbogen des Haupteingangs auf. Im Inneren überrascht den Besucher ein grandioser Lichthof mit streng gegliederten Arkaden und Galerien: die höheren Angestellten der Autofabrik konnten sich hier fühlen wie in einem

überdimensionalen Renaissancepalast.

Die denkmalgeschützten Fabrikgebäude werden heute von vielen kleineren Firmen, von der Fachhochschule für Technik und Wirtschaft, einige auch als Künstlerateliers genutzt. Die Berliner Elektro-Innung hat die Villa Rathenau erworben, in der Erich Rathenau, der Sohn des Firmengründers und Direktor des Kabelwerks, wohnte (1901-13, Wilhelminenhofstraße 75). Für die Angestellten entstand außer Mietshäusern in der Nähe der Fabrik auch eine AEG-Werkssiedlung (1915-23, Zeppelinstraße 11-71), sowie ein Bootshaus für den Ruderklub »Elektra« der AEG-Angestellten (1910-12, An der Wuhlheide 192-94, beide von Peter Behrens).

Die besondere Verbundenheit der Industriellenfamilie Rathenau mit Oberschöneweide kam darin zum Ausdruck, dass 1904 auf dem Waldfriedhof der Gemeinde eine Familiengrabstätte nach Plänen von Alfred Messel angelegt wurde. Dorthin wurde im Jahr 1915 der Sarg des Firmengründers nach einer Feier auf dem Firmengelände im Trauerzug überführt (Foto S. 81). Der spätere Reichsaußenminister Walther Rathenau baute sich seine Villa weitab von den Fabriken seiner Familie im Grunewald (Koenigsallee 65), wurde aber nach seiner Ermordung durch Rechtsradikale 1922 ebenfalls auf dem Waldfriedhof Oberschöneweide beigesetzt (An der Wuhlheide 131A).

Weitere bedeutende Industrieanlagen der Kaiserzeit:

- Lampenfabrik Frister. In der Nähe der AEG siedelten sich auch weitere Unternehmen an. Der Wandel im Fabrikbau lässt sich an den Werkserweiterungen des Lampenherstellers Frister ablesen: Ab 1897 errichtete die Firma eine typische Stockwerkfabrik in Backstein, im Ersten Weltkrieg dann einen repräsentativen Kopfbau

^ *Von Ferne ähnelt die NAG-Autofabrik den monumentalen Rathäusern der Kaiserzeit. Foto 2005*

an der Spree, dessen streng gegliederte Fassade stark an die nahe Autofabrik von Behrens erinnert (Edisonstraße 63).

- Siemensstadt. Wie die AEG im Südosten Berlins, so baute der direkte Konkurrent Siemens im Westen ab 1898 eine Fabrikstadt auf, die seit 1914 auch amtlich den Namen Siemensstadt trägt. Sie erhielt nach dem Ersten Weltkrieg durch die Fabrikhochhäuser von Hans Hertlein ihre unverwechselbare Gestalt. Aus der Kaiserzeit stammen das ehemalige Dynamowerk (1906-12, Nonnendamm 62-69) und das

^ *Lampenfabrik Frister (o.), Siemens-Hauptverwaltung*

schlossartige Hauptverwaltungsgebäude für 3000 Angestellte (1910-13, später erweitert, Nonnendamm 101, U-Bhf. Rohrdamm). Fotos aus der Fabrikation bei Siemens s. S. 133 und 169.

- Kraftwerke Moabit und Charlottenburg. Die Moabiter Anlage von Franz Schwechten (1898-1900, Friedrich-Krause-Ufer 10-13, S-Bhf. Westhafen) ist nur teilweise erhalten und wird durch einen neuen Kraftwerksblock buchstäblich in den Schatten gestellt. Am Charlottenburger Spree-

ufer baute die AEG gleichzeitig ein Kraftwerk nach Plänen von Georg Klingenberg, neben dem in den Zwanzigern und Achtzigern größere Anlagen errichtet wurden, sodass sich die historische Entwicklung dort sehr schön nachvollziehen lässt. Sehenswert ist auch die Fußgängerbrücke mit den Elektrizitätssymbolen (»Siemenssteg«, 1899-1900), die seit der Kaiserzeit beide Spreeufer verbindet (Am Spreebord 5-8, U-Bhf. Richard-Wagner-Platz).

^ *Das Kraftwerk Charlottenburg mit Siemenssteg*

- Industriegebiet an der Huttenstraße. In der Nachbarschaft der AEG-Turbinenfabrik von Peter Behrens (1908-09, Huttenstraße 12-16) lagen in der Kaiserzeit die Waffen-, Munitions- und Werkzeugmaschinenfabriken der Firma Ludwig Loewe & Co. Die letzten Werkshallen des Musterbetriebes mit mehreren tausend Beschäftigten wurden 1994 abgerissen (Gedenktafel an der Huttenstraße 17-20), erhalten sind ein Verwaltungsgebäude (1907-08, Huttenstraße 19-20) und die ehemalige Fräs- und Bohrmaschinenfabrik (1914-17, Wiebestraße

42-45), beide von Alfred Grenander. Sehenswert ist auch die ehemalige AEG-Glühlampenfabrik (1904-12, Johannes Kraaz, Sickingenstraße 70-71 und Berlichingenstraße 25, alle Nähe S-Bhf. Beusselstraße).

- Osramhöfe. Heute Gewerbezentrum in den ab 1888 errichteten Stockwerkfabriken der Siegmund Bergmann Glühlampen AG (Oudenarder Straße 14-16 sowie Groninger, Liebenwalder und Seestraße, Nähe U Osloer Straße).

- Meierei Bolle. 1886 legte Carl Bolle den Grundstein für eine Meierei, deren Wagen die Großstadtbevölkerung mit frischen Milchprodukten versorgten (Bild S. 13). Von der riesigen Milchfabrik in Moabit ist lediglich eines der ältesten Meiereigebäude (1886-87) in ein Büro- und Dienstleistungszentrum integriert worden (Alt-Moabit 98-103, U-Bhf. Turmstraße).

- Schöneberger Gasometer. 1871 begann hier eine englische Firma mit der Erzeugung von Stadtgas aus Steinkohle, die über die Ringbahn angeliefert wurde. 1910 ging der markante Gasbehälter, der wie ein Teleskop vergrößert und verkleinert werden konnte, in Betrieb. Da bei der Kohlevergasung kriegswichtige Stoffe anfielen, ging das Werk 1916 zwangsweise in kommunalen Besitz über. Seit der Umstellung auf Erdgas wird der Großbehälter nicht mehr gebraucht, steht aber als Wahrzeichen Schönebergs unter Denkmalschutz (Torgauer Straße 12-15, S-Bhf. Schöneberg).

^ *Die AEG-Turbinenfabrik von Peter Behrens*

^ *Der Gasometer in Schöneberg*

GEWERBEHÖFE

Seit der Sanierung vor zehn Jahren haben sich die Hackeschen Höfe von einem wenig beachteten Ort in eine Hauptsehenswürdigkeit für Touristen verwandelt. In der von Lokalen, Boutiquen und Galerien gesäumten Flanierzone verwischen die Grenzen zwischen Kulturbetrieb, Geschäftsleben und Wohnen. Dass die Bereiche in der 1905-07 erbauten Anlage ursprünglich klar getrennt waren, lässt sich an den Fassaden ablesen. Nur der zur belebten Rosenthaler Straße gelegene größte Hof war für die Öffentlichkeit bestimmt, hier lagen die Zugänge zu einem eleganten Weinrestaurant und den Festsälen, die heute als Varieté genutzt werden. Für die Gestaltung des Hofes und der Säle verpflichtete der Bauunternehmer Kurt Berndt einen Spezialisten: August Endell. Unter dem Einfluss des Jugendstils (s. S. 216) entwarf er eine Klinkerfassade, die durch schwungvolle Formen und starke Farbigkeit die Bewegtheit einer belebten Großstadtstraße in den Innenhof fortsetzte. Der folgende Hof ist ein nüchterner Gewerbehof mit großen Fenstern und hellen Klinkern, um möglichst viel Licht in die Produktionsräume einzulassen. Dahinter liegen mehrere Wohnhöfe mit Balkonen und Putzfassaden, deren Ruhe heute unter dem stetigen Strom der Touristen leidet (Eingänge an der Rosenthaler Straße 40-41 und Sophienstraße 6, S-Bhf. Hackescher Markt).

Die nüchterne Atmosphäre eines typischen Gewerbe- und Industriehofes aus der Kaiserzeit findet man eher im weniger bekannten »Elisabethhof«, den Kurt Berndt 1897-98 in Kreuzberg baute (Foto S. 8). Wie damals nutzen kleine Gewerbebetriebe die Fabriketagen im Inneren eines großen Häuserblocks. Auch hier gibt es einen Wohnhof, er bildet das Entree hinter der schmucken

^ *Hier wird seit über 100 Jahren fleißig gearbeitet: Uhr im Kreuzberger »Elisabethhof«. Foto 2007*

Hauptfassade am Erkelenzdamm 59-61. Vor den beiden Toreinfahrten floss damals noch der später zugeschüttete Luisenstädtische Kanal. Hier und am nahen Landwehrkanal entstanden zahlreiche Gewerbe- und Industriehöfe, in die sich Handwerker, Handelsbetriebe und kleine Fabriken einmieteten. Ungewöhnlich am Elisabethhof ist die sorgfältige Gestaltung der ersten Hoffront mit Fabriketagen, so als liege sie an einer öffentlichen Straße. In der Mitte der Klinkerfassade tickt eine Fabrikuhr und eine Inschrift mahnt: »Die Stunde ruft, nütze die Zeit.«

Weitere sehenswerte Gewerbehöfe in der Nähe des U-Bahnhofs Kottbusser Damm:

- »Ritterhof« (1906, Ritterstraße 11) mit schöner Terrakottafassade, letztes Zeugnis der »Goldenen Meile« im ehemaligen Exportviertel um die Ritterstraße.
- »Engelbecken-Hof« (1904, Leuschnerdamm 13), unversehrte Anlage um sechs Höfe mit Kleinbetrieben und Ateliers. Weitere Industriehöfe u. a. am Erkelenzdamm 11-13, Paul-Lincke-Ufer 42-43 und 39-40, Oranienhof (Oranienstraße 183), Urbanhof (Urbanstraße 116, Nähe U-Bhf. Hermannplatz).

^ *Bewegter Fassadenschmuck in den Hackeschen Höfen (unten), nüchterne Fabriketagen im »Engelbecken-Hof« (oben)*

KULTUR STATT BIER

BRAUEREIEN

Am Senefelder Platz spürt man, dass der Prenzlauer Berg wirklich eine Anhöhe ist und nicht nur ein Name. Die Schönhauser Allee steigt sanft, aber merklich an, man empfindet den Höhenunterschied gegenüber der älteren Stadtmitte an der Spree. Dort war es wegen des hohen Grundwasserspiegels im 19. Jahrhundert nicht sinnvoll, große Brauereien mit riesigen Gär- und Lagerkellern zu errichten; dafür boten sich eher die unmittelbar vor den Stadttoren gelegenen Hügel an. 1841 gründete der bayrische Braumeister Pfeffer an der heutigen Schönhauser Allee 176 eine Brauerei, die in der Kaiserzeit ihre heutige bauliche Gestalt erhielt. Von der großen Straße sieht man nur den Biergarten, im Blockinneren liegen 20 Einzelgebäude, die nach und nach saniert werden. Ausstellungen, Konzerte, Theateraufführungen finden statt, 2006 ist die Architekturgalerie »Aedes« aus den Hackeschen Höfen auf den »Pfefferberg« umgezogen (am U-Bhf. Senefelderplatz).

Schon seit dem Ende der DDR bemüht sich das Stadtteilprojekt »Pfefferwerk« um die Verwandlung des Brauereigeländes in ein vitales Kulturzentrum, doch die Bauarbeiten gehen nur schleppend voran. Es fehlt an Kapital, um das große Gelände so schnell und durchgreifend umzukrempeln wie die ehemalige Schultheiss-Brauerei auf dem Prenzlauer Berg, die heutige Kulturbrauerei. Seit 1842 gab es dort einen Bierausschank, nach der Reichsgründung baute die Schultheiss AG den Brauereibetrieb aus und beauftragte den Architekten Franz Schwechten damit, den Anlagen ein einheitliches Gesicht zu geben. 1919 kaufte Schultheiss die nahe Brauerei Pfeffer auf und legte dort 1921 den Betrieb still, in der heutigen Kulturbrauerei wurde noch bis 1969 Bier hergestellt. Jetzt findet man auf dem Gelände ein Kino, einen Supermarkt, Theater

^ *Der ehemalige Bierausschank der Schultheiss-Brauerei an der Schönhauser Allee von Franz Schwechten. Foto 2007*

und die Literaturwerkstatt (Eingänge Schönhauser Allee 36, Srezki- und Knaackstraße, Nähe U-Bhf. Eberswalder Straße).

1891 fusionierte Schultheiss mit der Tivoli-Brauerei auf dem Tempelhofer Berg im Süden von Berlin. So entstand eine zweite Schultheiss-Brauerei in Kreuzberg, die bis 1993 produzierte. Unter dem dem Namen »Viktoria-Quartier« baut nun ein Investor rund um die denkmalgeschützten Altbauten ein neues Wohnquartier, nachdem sich Pläne, dort die Berlinische Galerie anzusiedeln, zerschlagen haben (Methfesselstraße 28-48, Nähe U-Bhf. Platz der Luftbrücke).

Beide Berliner Schultheiss-Brauereien produzierten 1904 eine Million Hektoliter Bier für die durstigen Berliner; nach dem Ersten Weltkrieg fusionierten sie mit der 1855 gegründeten Patzenhofer-Brauerei in Friedrichshain zur größten Lagerbierbrauerei der Welt. Die Anlagen auf dem alten Patzenhofer-Gelände (Landsberger Allee 54) wurden nach dem Ende der Produktion 1990 fast komplett abgerissen; eine 1909 eingerichtete Versuchsbrauerei des Unternehmens wanderte ins Deutsche Technikmuseum und ist dort in einer ehemaligen Flaschenbierlagerhalle liebevoll wiederaufgebaut worden (Trebbiner Straße 9, U-Bhf. Gleisdreieck).

Auch die 1872 gegründete »Berliner Kindl«-Brauerei in Neukölln musste 2005 schließen; letzte Großbrauerei in einem denkmalgeschützten Ensemble ist nun das Unternehmen »Berliner Bürgerbräu« in Friedrichshagen, gegründet 1869. Im Biergarten können Ausflügler nicht nur die nebenan gebrauten Spezialbiere, sondern auch den Blick auf den Müggelsee genießen, ganz wie zu Kaisers Zeiten (Joseph-Nawrocki-Straße 2-6, S-Bhf. Friedrichshagen).

^ *Würzekessel und Läuterbottich in einer Schultheiss-Brauerei (um 1910)*

KATHEDRALEN DES KONSUMS

Wer in ein typisches Warenhaus der Kaiserzeit eintauchen möchte, muss nach Görlitz fahren. Dort steht am Marienplatz der einzige in Deutschland komplett erhaltene Warenhausbau der Jahrhundertwende. Mit seinem vier Etagen hohen Lichthof unter der bunt ornamentierten Glaskuppel, mit seinen umlaufenden Galerien hinter der schlanken Steinpfeilerfassade folgt es dem großen Vorbild der Bauten Alfred Messels in Berlin. Dessen berühmtes Wertheim-Warenhaus am Leiziger Platz (Foto S. 14) hatte der Architekt Carl Schmanns im Sinn, als er den 1913 in der Provinzmetropole Görlitz eröffneten Konsumpalast entwarf. Sein »Kaufhaus zum Strauß« hieß später »Karstadt« und firmiert seit März 2007 unter dem Namen »Hertie«. Damit tritt es nun das Erbe des dritten großen Warenhausunternehmers der Kaiserzeit neben Georg Wertheim und Rudolph Karstadt an: »Hertie« ist die nach der Arisierung in der Nazizeit eingeführte Abkürzung für Hermann Tietz, dessen 1904-11 errichtetes Riesenhaus den Alexanderplatz bis zum Zweiten Weltkrieg beherrschte.

In der Millionenstadt Berlin rentierte es sich, an Verkehrsknotenpunkten mächtige Warenpaläste zu errichten, wie es sie bis dahin in Deutschland nicht gegeben hatte. 1907 verzeichnete das Berliner Branchenbuch 41 Warenhäuser. Das im selben Jahr eröffnete KaDeWe am U-Bahnhof Wittenbergplatz hat überlebt, wenn auch fast bis zur Unkenntlichkeit umgebaut. Es war seinerzeit eine weitsichtige Entscheidung des Unternehmers Adolf Jandorf, im aufstrebenden Charlottenburg, dem »Neuen Westen«, einen Warenpalast zu errichten, der in Konkurrenz mit den führenden Häusern der Berliner Innenstadt trat. Das »Kaufhaus des Westens« wurde zum Motor der Verwandlung der vornehmen Wohnge-

^ *Das 1913 in Görlitz errichtete Warenhaus am Marienplatz orientierte sich an Berliner Vorbildern. Foto 2002*

gend um die Gedächtniskirche in ein Geschäftszentrum. Heute ist das KaDeWe mit 60.000 qm Verkaufsfläche, rund 2400 Mitarbeitern und 50.000 Besuchern täglich das größte Warenhaus auf dem europäischen Kontinent.

Vor dem KaDeWe baute Jandorf sechs kleinere Warenhäuser in ärmeren Stadtvierteln. Das war Grund dafür, weshalb er seinen Palast am Wittenbergplatz nicht einfach »Jandorf« nannte, sondern die betuchtere Klientel mit einem klangvolleren Namen lockte. Äußerlich gut erhalten findet man ein einstiges »Jandorf«-Haus in der Nähe des Rosenthaler Platzes (1903-04, Lachmann & Zauber, Brunnenstraße 19-21).

Warenhäuser unterschieden sich von den zeitgenössischen Kaufhäusern vor allem durch ihre Größe und die Tendenz, die gesamte Warenwelt unter einem Dach anzubieten. Die Übergänge zu den spezialisierteren Kaufhäusern für Mode oder Möbel waren indes fließend. So expandierte das 1839 in der Breiten Straße eröffnete Kleider- und Stoffgeschäft von Rudolph Hertzog in die Nachbarschaft, bis es einen ganzen Häuserblock füllte (Erweiterungsbau von 1908-09 an der Brüderstraße 26 erhalten). Um den U-Bahnhof Stadtmitte findet man noch das ehemalige Damenmodehaus Kersten & Tuteur (1912-13, Hermann Muthesius, Leipziger Straße 36, Ecke Charlottenstraße), das Kaufhaus Rudolf Mädler (1908-09, Robert Leibnitz, Friedrichstraße 58), das WMF-Haus (1904-05, Eisenlohr und Weigle, Leipziger Straße 112) und das Möbelhaus Trunck & Co. (1901-02, Hart & Lesser, Kronenstraße 10), alles isolierte Zeugnisse des versunkenen Geschäftslebens um die Leiziger Straße. Das ehemalige »Warenhaus für Armee und Marine« (1886-87, de Hude & Hennicke, Dorotheenstraße 60 am Bahnhof Friedrichstraße) diente von 1977 bis 2008 als Botschaft der USA.

^ *Lichthof im zerstörten Wertheim-Warenhaus am Leipziger Platz. Foto um 1914*

KUNSTLEBEN

Nach der Wiedervereinigung ist die Akademie der Künste an ihre historische Adresse am Pariser Platz 4 zurückgekehrt, wo sie seit 1907 in einem umgebauten Adelspalais residierte. Der gläserne Neubau von Günter Behnisch bewahrt im Inneren noch Teile seines Vorgängerbaus: bescheidene Relikte einer Institution, die die Kunstpolitik des Kaiserreiches wie keine zweite verkörperte.

Zu Beginn der Kaiserzeit dümpelte die 1696 unter Kurfürst Friedrich III. gegründete Akademie auf provinziellem Niveau dahin. Andere Akademien – Düsseldorf, München oder Weimar – gaben in Deutschland den Ton an. 1875 brachte eine Reform frischen Wind in die verstaubte Künstlersozietät, die neben ihrer Ausbildungstätigkeit vor allem repräsentative und beratende Funktion hatte. Nun wurde die Kunsthochschule als eigenständige Abteilung ausgegliedert und erhielt mit Anton von Werner einen Direktor, der erst 32 Jahre alt war. Er stellte die Künstlerausbildung durch verstärktes Natur- und Aktstudium auf eine solide Grundlage. Doch die hoffnungsvollen Ansätze verkümmerten rasch, Anton von Werner erwies sich als Gegner aller modernen Kunstströmungen. Pompöse Historien-, Genre-, und Marinemalerei boomten, fortschrittliche Ideen wie die Plein-air-Malerei hatten keine Chance. Unter der Protektion des Kaiserhauses wurde die Akademie zu einer Bastion der offiziellen Kunst, nahm Einfluss auf die Vergabe von Staatsaufträgen und auf die Ankaufspolitik der Nationalgalerie.

Ein wichtiges Kulturereignis war die jährliche »Große Berliner Kunstausstellung« der Akademie, auch Salon genannt, mit weit über 1000 Exponaten. Hier debütierten viele Künstler, die später als Gegenspieler der konservativen Kunstszene auftraten, etwa Max Liebermann oder Walter Leistikow. Zu ihrem Sammelbecken wurde die

< *Straßenszene am Bahnhof Friedrichstraße von Lesser Ury (1888)*

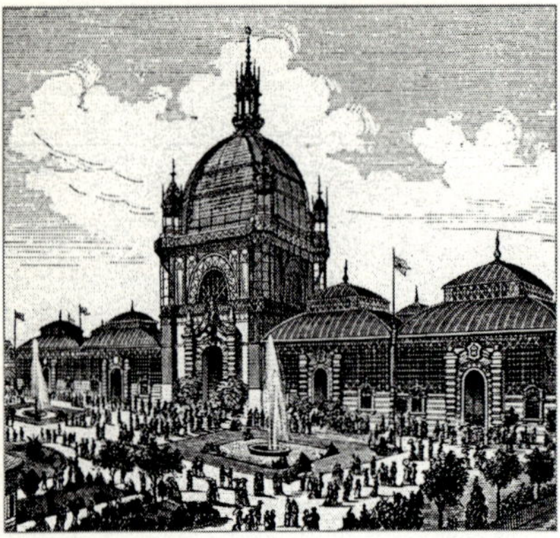

1898 gegründete Berliner Secession, die aus der »Gruppe der XI.« von 1892 hervorging. Die Secession wollte ein unabhängiges Ausstellungsforum sein und vertrat kein inhaltliches, stilistisches oder politisches Programm. Hier fand sich ein breites Spektrum impressionistischer, realistischer und symbolistischer Tendenzen zusammen: Walter Leistikow und Max Liebermann, Max Slevogt und Lovis Corinth, der Jugendstil-Maler Ludwig von Hofmann, der junge Max Beckmann und der Galerist Paul Cassirer. Lesser Ury, der Maler nächtlich flirrender Straßenszenen, blieb der Secession auf Grund persönlicher Animositäten mit Liebermann fern. (Eine Gedenktafel für ihn findet man am U-Bahnhof Nollendorfplatz.) Offene Sozialkritik wie in den Arbeiten von Käthe Kollwitz, Heinrich Zille und Hans Baluschek war auf den Secessionsausstellungen die Ausnahme, erregte aber das besondere Missfallen des Kaisers. 1901 prägte er dafür das Wort von der »Rinnstein-Kunst« und proklamierte: »Wenn nun die Kunst weiter nichts tut, als das Elend noch scheußlicher hinzustellen wie es schon ist, dann versündigt sie sich am deutschen Volke.«

Als der vom Kaiser protegierte Anton von Werner 1915 starb, hatten sich die Akademie und ihre Ausbildungsstätte längst ins künstlerische Abseits manövriert. Viele angehende Künstler schrieben sich zum Studium lieber an der seit 1907 von dem Werkbund-Mann Bruno Paul geleiteten Ausbildungsanstalt des Kunstgewerbemuseums (s. S. 214) ein, wo auch Secessionisten wie der Grafiker Emil Orlik lehrten. Anton von Werner wäre fassungslos, wenn er sehen könnte, wie experimentell es heutzutage in den Ateliers »seiner« Kunstschule, der heutigen Universität der Künste am Steinplatz zugeht. Seit seinem Amtsantritt 1875 hatte er sich für den Neubau der Kunsthochschu-

^ *Im nicht erhaltenen Ausstellungspalast am Lehrter Bahnhof fanden seit 1885 die großen Kunstausstellungen statt.*

le eingesetzt, da das alte Akademiegebäude Unter den Linden, der ehemalige Marstall (seit 1914 Standort der Staatsbibliothek), völlig unzureichend war. Auf dem Gelände der ehemaligen Königlichen Baumschulen im Neuen Westen in Charlottenburg wurde 1902 das neue Gebäude von Heinrich Kayser und Karl von Großheim im Stil eines neobarocken Palais eingeweiht.

Kaum beachtet kämpft seitlich des Haupteingangs ein steinerner Prometheus gegen seine Fesseln, geschaffen von dem Bildhauer Emil Hundrieser, der auch die einstige »Berolina« auf dem Alexanderplatz entwarf. Wer weiß: Vielleicht kämpft dieser Prometheus nicht nur gegen die Strafe der Götter, sondern auch gegen die akademischen Fesseln, und die nackte Schöne zu seinen Füßen, die flehend ihre Arme gen Himmel reckt, symbolisiert den verzweifelten Kampf der Frauen um die Zulassung zum Kunststudium. Sie wurde ihnen erst 1919 gewährt (siehe auch S. 140).

Jenseits von Akademie und offiziellem Kunstbetrieb begann seit 1910 eine neue Generation von Künstlern auf sich aufmerksam zu machen: Herwarth Waldens „Sturm"-Galerie und seine gleichnamige Zeitschrift gaben Expressionisten verschiedenster Couleur ein Forum, darunter Oskar Kokoschka, Wassily Kandinsky, Paul Klee, Franz Marc oder Ernst Ludwig Kirchner (s. S. 198). Die Secession spaltete sich im Streit um die radikalen Neuerer. Unaufhaltsam begann sich Berlin schon vor dem Ersten Weltkrieg zu einem Zentrum der neuen Avantgarde zu entwickeln.

^ *Die Kunsthochschule in Charlottenburg, heute UdK.*

Das Signet der Secession: Die Kunst küsst den Bären. ^

KÜNSTLER-SPUREN

VON MENZEL BIS ANTON VON WERNER

Wer in den Flur des Hauses Marienstraße 22 (Nähe S-Bhf. Friedrichstraße) tritt, dem blickt Adolph Menzel im Großformat von den Wänden entgegen. Die beiden Selbstporträts zeichnete er einst mit schnellem Strich in sein Skizzenbuch. Gewohnt hat er hier 1865 bis 1867 (nicht wie auf der Gedenktafel angegeben 1860-65); bis 1872 behielt er ein Atelier im Haus. Es ist die einzige erhaltene Wohnadresse Menzels, der in Berlin oft umzog und immer wieder seine Hinterhofausblicke in Bildern festhielt. Als »Professor, Geschichtsmaler u. Mitglied der Academie der Künste« verzeichnen ihn die Adressbücher.

Der Autodidakt Menzel war 1815 in Breslau in bescheidensten Verhältnissen geboren worden und hatte sich in Berlin als Grafiker emporgearbeitet. Mit realistisch und lebendig wirkenden Darstellungen Friedrichs des Großen, etwa dem »Flötenkonzert«, zog er die Aufmerksamkeit des Hofes auf sich und wurde 1861 als offizieller Maler zur Königskrönung Wilhelms I., des späteren ersten Kaisers, nach Königsberg geschickt. Das riesige Gemälde hängt heute im Neuen Palais in Potsdam. In den arrivierten Kreisen der Hauptstadt angekommen, wurde Menzel in der Kaiserzeit mit Orden und Ehren überhäuft. Zu seinem Geburtstag gratulierte Wilhelm II. ihm in friderizianischer Uniform und spendierte zu seinem Tod 1905 ein Staatsbegräbnis für den »Ruhmeskünder Friedrichs des Großen und seiner Armee«. Sein Grab auf dem Dreifaltigkeitsfriedhof (Bergmannstraße 39-41, Nähe U-Bahnhof Mehringdamm) schmückt eine Porträtbüste von Reinhold Begas.

Aber Menzel war kein glatter Hofmaler, sondern ein kritischer Beobachter seiner Zeit, wie sei-

^ *Adolph Menzel auf einem 1882 gezeichneten Selbstporträt im Alter von 67 Jahren.*

ne Werke in der Alten Nationalgalerie zeigen (s. S. 203). Der befreundete Theodor Fontane schrieb: »Menzel ist sehr vieles, / Um nicht zu sagen alles; mind'sten ist er / Die ganze Arche Noäh, Tier und Menschen: / Schuhschnallen, Bronzen, Walz- und Eisenwerke, / Stadträte mit und ohne goldne Kette, / Minister, mißgestimmt in Kaschmirhosen, / Straußfedern, Hofball, Hummer-Majonaise, / Der Kaiser, Moltke, Gräfin Hacke, Bismarck«. In den 1870er Jahren haben Menzel und Fontane in der Potsdamer Straße unweit vom heutigen Weinhaus Huth nah beieinander gewohnt (s. S. 254). 1875 zog der Maler in die Sigismundstraße 3, wo heute die Gemäldegalerie steht. Damals befand sich hier am südlichen Tiergartenrand ein gediegenes Künstlerwohnviertel, von dem kaum eine Spur erhalten ist.

Südlich des Landwehrkanals versteckt sich eines der wenigen erhaltenen Künstlerhäuser der Gründerzeit hinter einem modernen Bürokomplex: die Stadtvilla Anton von Werners (Potsdamer Straße 81a). Der vom Kaiser protegierte Maler ließ sie 1873/74 an einer kleinen Privatstraße errichten und malte sie im Stil der Renaissance eigenhändig aus. Unter alten Tapeten haben sich die Wandbilder teilweise erhalten, etwa im Roten Salon in der Beletage, wo sich einst sogar das Kronprinzenpaar zur Taufe des Künstlernachwuchses die Ehre gab. Einen auf Leinwand gemalten Wandfries aus dem Speisesalon bewahrt das Stadtmuseum. Pläne, das restaurierungsbedürftige Künstlerhaus öffentlich zugänglich zu machen, scheiterten bislang; nicht einmal eine Gedenktafel markiert die Adresse, wo der mächtigste Mann im Kunstbetrieb der Kaiserzeit bis zu seinem Tod 1915 wohnte. Seine lange als »Uniformknopf-Realismus« geschmähte Malerei erfreut sich in jüngster Zeit allerdings wachsenden Interesses. So kehrte 2006 sein mehr als sechs Meter breites Ölbild »Der Berliner Kongreß von 1878« mit Bismarck im Zentrum feierlich in den Festsaal des Roten Rathauses zurück.

^ *Menzels Gouache-Bild von 1875 zeigt eine Baustelle in der Nähe der Potsdamer Straße 7, wo er wohnte.*

Ein heute vergessener Lieblingsmaler Kaiser Wilhelms II. war Hans Bohrdt. Seine Spezialität: naturalistisch gemalte Marinebilder – ein Sujet, in dem der Monarch auch selbst dilettierte. Kaiser Wilhelm II. lud den Maler zu seinen Schiffsreisen ein und besuchte ihn in seinem Atelierhaus in Friedenau (erhalten, Niedstraße 13, entworfen von Max Nagel, von dem hier noch weitere Landhäuser stehen, Nr. 17, 18, 24). Wenn ein Wachpolizist in der Nähe postiert war, wusste man, dass »Seine Majestät« bei dem Maler weilte. Später zog der Schriftsteller Günter Grass in das Haus.

Für Künstler, die sich kein Landhaus leisten konnten, baute der Architekt Bernhard Sehring 1889-90 in der Charlottenburger Fasanenstraße 13 ein Künstlerhaus besonderer Art. In dem romantischen Backsteinbau, der nach dem Schutzheiligen der Maler St. Lukas benannt war, sollten Künstler zusammen leben und arbeiten. Sehring schmückte das Haus mit Türmchen und Erkern, mit Skulpturen und Reliefs, richtete im Erdgeschoss Bildhauerateliers und unterm Dach Malerwerkstätten ein. Auf einem Wandrelief im malerischen Brunnenhof sieht man ihn in Ritterrüstung mit dem Modell des Künstlerhauses in der Hand. Manchmal lud er zum festlichen Atelierrundgang in mittelalterlichen Kostümen, mit Sekt und Sauerkraut. Hier lebten neben Sehring selbst: der mit Zille befreundete Bildhauer Max Kruse und seine Frau Käthe Kruse, die als Puppenmacherin berühmt wurde, sowie der Bildhauer Ludwig Manzel, der 1912-18 Präsident der Kunstakademie war, aber auch Ernst Barlach (1901), Milly Steger (1910/11) und viele heute vergessene Künstler. Ungerührt von den Zügen, die damals wie heute über die angrenzende Stadtbahntrasse rattern, wacht neben dem Eingangstor der greise Maler Tizian über die denkmalgeschützte Enklave. Neugierigen verwehrt das schmiedeeiserne Tor den Zutritt, lässt aber einen Blick auf den lauschigen Hof zu.

Vom Künstlerhaus St. Lukas schaut man hinüber zum Theater des Westens in der Kantstraße 12, das der Architekt Sehring

^ *Kaiser Wilhelm II. aquarelliert auf seiner Jacht »Hohenzollern«. Skizze von Carl Saltzmann (1898)*

1885-86 errichtete. Das Märchenschloss für 1700 Opernbesucher war ein Vorgriff auf das Zusammenwachsen Charlottenburgs mit Berlin und die Entstehung eines Vergnügungsviertels um die Gedächtniskirche. Auf dem angrenzenden Grundstück, wo heute das Kino Delphi steht, baute der Architekt Hans Grisebach das erste Ausstellungshaus der Berliner Secession (s. S. 188, 194). In der Uhlandstraße 4/5 wohnte der Museumsdirektor Wilhelm von Bode in einem von Grisebach entworfenen Haus (nicht erhalten, Gedenktafel, s. S. 206). Daneben beeindruckt die Villa des Bildhauers Ernst Herter (Uhlandstraße 6, 1899-1900). Seine bekannteste Skulptur steht am Fuß der Kaskade im Kreuzberger Viktoriapark: ein Fischer, der sich über seinen »Seltenen Fang« – eine üppige Nixe – freut.

Südlich des Kurfürstendamms errichtete Grisebach sich 1891-92 ein Wohnhaus mit großem Dachatelier (Fasanenstraße 25). Wenn das hier ansässige Auktionshaus zweimal jährlich Versteigerungen abhält, kann man die sehenswerte Stadtvilla von innen in Augenschein nehmen: die großzügige Eingangshalle mit ihrer aufwändig geschnitzten Holztreppe, dem originalen Kamin, Delfter Kacheln und farbigen Glasfenstern. Für Liebermann entwarf Hans Grisebach 1897 das Glasatelier auf dem Dach seines Wohnhauses am Pariser Platz gleich neben dem Brandenburger Tor. Der Kaiser kanzelte das Vorhaben in einer Aktenrandnotiz als »scheußlich« ab. Liebermann zog vor Gericht und setzte sein Glasatelier durch.

TIPP: Neben der Villa Grisebach zeigt das Käthe-Kollwitz-Museum die bedeutende Künstlerin der Kaiserzeit (s. S. 114).

^ *Das Künstlerhaus St. Lukas und das benachbarte Theater des Westens, beide von Bernhard Sehring erbaut.*

GARTENPARADIES AM WANNSEE

MAX LIEBERMANN UND DIE VILLENKOLONIE ALSEN

Am 14. Juli 1909 unterzeichnete Max Liebermann den Kaufvertrag für eines der letzten Wassergrundstücke in der 1863 gegründeten Villenkolonie Alsen am Großen Wannsee. Hier hatten sich Geschäftsleute wie Arnold von Siemens oder Franz Oppenheim und arrivierte Künstler wie Anton von Werner prächtige Sommersitze errichten lassen. Mit der 1874 angelegten Wannseebahn war die Villenkolonie bequem vom Stadtzentrum zu erreichen.

In seinem Stadthaus am Pariser Platz fiel Liebermann angesichts des wachsenden Verkehrs und der sommerlichen Hitze im Dachatelier zunehmend die Decke auf den Kopf. Die Zeiten, als er mit seinen realistischen Frühwerken um Anerkennung rang, lagen lange zurück. Nach Lehr- und Wanderjahren war der aus großbürgerlichem Hause stammende Maler 1884 als international anerkannter Künstler nach Berlin zurückgekehrt und zum führenden Kopf der 1898 gegründeten Secession avanciert, in der sich die modernen Kunstströmungen bündelten. Liebermanns impressionistische Landschaftsbilder und Porträts wurden so hoch bezahlt, dass er sich seine Wannsee-Villa in zwei Jahren »ermalte«.

Als er dort 1910 seinen ersten Sommeraufenthalt verbrachte, hatte die Secession ihre bedeutendsten Jahre bereits hinter sich. Im Frühjahr des Jahres war es zum Streit gekommen, als die Jury unter Liebermanns Vorsitz Gemälde der jungen expressionistischen Brücke-Künstler Max Pechstein und Ernst Ludwig Kirchner zurückwies. Wenig später legte Liebermann den Vorsitz nieder und zog sich umso lieber in sein »Schlösschen am See« zurück, wie er die Villa nannte.

»Hier kann ich meine Ellenbogen wenigstens nach beiden

^ *Max Liebermann malt sich selbst (1908).*

Seiten ausstrecken, ohne – anzustoßen«, schrieb er an seinen Freund Alfred Lichtwark, der ihn bei der Anlage des Gartens beraten hatte. Heute sieht das Anwesen beinahe wieder aus wie zu Liebermanns Zeiten. Vor der säulengeschmückten Straßenfassade der Villa blühen die Sommerblumen, daneben reifen Salat, Bohnen und Erdbeeren. Von der Terrasse des Landhauses schweift der Blick über eine weite Rasenfläche hinunter zum Wannsee. Etwa 200 Ölbilder, viele Pastelle und Zeichnungen hat Liebermann bis zu seinem Tod 1935 in diesem Garten gemalt. Eine Auswahl davon ist nun als Leihgaben in die ehemaligen Wohn- und Atelierräume zurückgekehrt. Sie zeigen die Gartenpartien als flirrende, locker hingestrichene Improvisationen aus Farbe und Licht: die Geranien auf der Terrasse, die weiße Gartenbank, den Fischotter-Brunnen von August Gaul, die Staudenrabatten am Gärtnerhaus.

Zu verdanken ist das wiedergewonnene Museumskleinod einer Bürgerinitiative. Noch wirken die neu gepflanzten Birken auf dem Gartenweg schmächtiger als auf Liebermanns Gemälden. Die geometrisch angelegte Heckengartenpartie bleibt Fragment, da um die Rückgabe eines vom Maler einst hinzugepachteten Grundstückstreifens noch gestritten wird. Dieser Teil ist gartenkünstlerisch besonders interessant. Denn hier hat Alfred Lichtwark einen geometrischen »Architekturgarten« angelegt, wie er Reformvorstellungen entsprach. Das klassische Vorbild englischer Landschaftsgärten mit ihren geschwungenen Wegen und malerischen Baumgruppen war passé: Der moderne Hausgarten orientierte sich an den formalen

^ *Blick auf den zur Straßenseite gelegenen Blumen- und Gemüsegarten vor der Villa Liebermanns. Foto 2007*

Gärten des Barock und an der Schlichtheit alter Bauerngärten.

Schnörkel und Schnickschnack wollte Liebermann auf jeden Fall vermeiden. Als Architekten engagierte er den Messel-Schüler Paul Baumgarten, der kurz zuvor nebenan eine Villa für den AEG-Direktor Johann Hamspohn gebaut hatte. Auch sie ist seit Frühjahr 2006 als privates Museum zu besichtigen und birgt anders als die Liebermann-Villa sogar Teile der originalen Innenausstattung (1906, Am Großen Wannsee 40). In einer etwas eigenwilligen Präsentation erlebt der Besucher hier die heterogene Berliner Kunstszene um 1900. Heute vergessene Maler wie der vom Kaiser hoch geschätzte Marinemaler Carl Saltzmann hängen neben Mitgliedern der 1892 gegründeten »Vereinigung der XI.« und der Secession.

Rund um Liebermanns Anwesen ist ein einzigartiges Ensemble von Jahrhundertwende-Villen erhalten. Auf dem Nachbargrundstück steht die fachwerkgeschmückte Villa des Verlegers Carl Langenscheidt (Colomierstraße 1, 1899, Bodo Ebhardt), gegenüber das markante Landhaus Alfred Messels für den Verleger Ferdinand Springer (Am Großen Wannsee 39, 1901). Auch die neobarocke Villa des AGFA-Inhabers Franz Oppenheim von Messel steht noch (Zum Heckeshorn 38, 1908). Dass die unweit davon gelegene schlossartige Villa Marlier mit ihrem Park auch von innen zu besichtigen ist, liegt an ihrer späteren Nutzungsgeschichte: Hier plante Hitlers Führungsriege 1942 auf der Wannsee-Konferenz die Ermordung des europäischen Judentums (Paul Baumgarten, 1915, Am Großen Wannsee 56-58). Zu dem Zeitpunkt waren in viele Villen der Kolonie Alsen NS-Organisationen eingezogen, die ehemals jüdischen Besitzer waren enteignet, geflohen, verfolgt. Das zwangsweise verkaufte Anwesen Liebermanns nutzte die Reichspost als Schulungslager.

TIPP: Sehenswert ist auch die 1874 gegründete Villenkolonie Wannsee direkt am gleichnamigen S-Bahnhof. Die Neorenaissance-Villa Guthmann, in der das Literarische Colloquium seinen Sitz hat, ist bei Lesungen mehrmals im Monat zugänglich. (1884/85 von Kayser & Großheim, Am Sandwerder 5).

Die 1906 von Paul Baumgarten erbaute Villa Hamspohn ist als privates Museum zu besichtigen. ^

ZILLES ORTE

Als der Bildhauer August Kraus 1898 für die Siegesallee im Tiergarten (s. S. 104) ein Porträt des mittelalterlichen Ritters Wedigo von Plotho schaffen sollte, verlieh er ihm kurzerhand die Züge seines noch weitgehend unbekannten Künstlerfreundes Heinrich Zille. So entstand das erste Zille-Denkmal Berlins. Als Skizzenbuchzeichner verewigte ihn der Bildhauer Heinrich Drake 1965 in einem Denkmal am Märkischen Museum: Neugierig äugt dem Künstler ein Straßenjunge über die Schulter.

Sein Einkommen bestritt der aus einfachen Verhältnissen stammende Zille jahrzehntelang als Retuscheur der »Photographischen Gesellschaft«. In deren Nähe bezog die Familie 1892 ein neu errichtetes Mietshaus in Charlottenburg, wo Zille 37 Jahre bis zu seinem Tod lebte (Sophie-Charlotte-Straße 88, IV. Stock, Gedenktafel). Erst mit über 40 Jahren trat er mit seinen realistischen und humorvollen Zeichnungen »Aus dem dunklen Berlin« an die Öffentlichkeit: »Zeichnungen, die viel besser, wahrer waren, als die, die ich später zum Broterwerb geleckter, frisierter bringen musste, die das herbe Leben der Armen zeigten«. Die Skizzen des überzeugten Sozialdemokraten aus den Elendsquartieren der Kaiserstadt, aus Kneipen, Hinterhöfen und Stuben erzielten seit 1903 in satirischen Zeitschriften wie dem »Simplicissimus« große Popularität. Als herausragender Dokumentarfotograf des großstädtischen Alltags wurde Zille erst nach seinem Tod bekannt. Arbeiten von ihm findet man im Märkischen Museum, in der Berlinischen Galerie und im privaten Zille-Museum (Propststraße 11 im Nikolaiviertel), sein Grab auf dem Südwestfriedhof Stahnsdorf ist ausgeschildert (s. S. 92).

^ *Zeichnung Zilles aus einem Ausstellungskatalog der Secession (1911)*

DIE BRÜCKE

AVANTGARDE IM BERLINER SÜDWESTEN

Was das Publikum der Kaiserzeit schockierte, ist heute im Brücke-Museum und in der Neuen Nationalgalerie als klassische Moderne zu bewundern: die Malerei der Brücke-Künstler Ernst Ludwig Kirchner, Karl Schmidt-Rottluff, Max Pechstein, Erich Heckel und ihrer Freunde. Da räkelt sich das Zirkusmädchen Marcella auf grünem Sofa, nackte Modelle posieren unbefangen unter Bäumen, elegante Damen hocken im Café und unscheinbare Landschaften werden zum glühenden Farberlebnis.

Vom Potsdamer Platz, wie ihn Ernst Ludwig Kirchner 1914 auf seinem berühmten Gemälde in der Neuen Nationalgalerie dargestellt hat, ist in der Realität kaum etwas geblieben: nicht der Potsdamer Bahnhof, nicht das Café Vaterland und nicht die flirrende nächtliche Atmosphäre auf dem Platz. Seismographisch hat Kirchner auf dem großformatigen Bild die Stimmung der Metropole am Vorabend des Ersten Weltkrieges eingefangen. Von seinem Atelier in der Körnerstraße 45 (nicht erhalten) unweit des S-Bahnhofs Friedenau konnte er die Brennpunkte des großstädtischen Lebens in kurzer Zeit erreichen.

In Dresden hatten er und die anderen Mitglieder der 1905 gegründeten Künstlergemeinschaft »Brücke« mit Bildern Aufsehen erregt, die den herkömmlichen Schönheitsidealen Hohn sprachen. Direkt und unverfälscht wollten die jungen Autodidakten ihre Gefühle wiedergeben. Sie malten mit wildem Pinselschwung und starken Farben, liebten die Aktmalerei im Freien und das unkonventionelle Leben. 1911 siedelten die Mitglieder der Brücke in die Hauptstadt über. Sie wohnten in fußläufiger Entfernung in den neuen Wohnvierteln südlich der Ringbahn, in Schöneberg, Friedenau, Steglitz,

^ *Bilder wie die »Sitzende« des Brücke-Mitglieds Otto Mueller stellte 1914 die neu gegründete »Freie Secession« aus.*

die damals noch nicht zu Berlin gehörten.

Der Maler Otto Mueller, der seit 1910 zur Gruppe zählte und bereits in der Hauptstadt lebte, überließ Erich Heckel sein Atelier in der Steglitzer Markelstraße 60, wo dieser dann bis 1919 wohnen blieb (Gedenktafel). Karl Schmidt-Rottluff fand eine Bleibe in der Friedenauer Niedstraße 14 (Gedenktafel): »Das Atelier befand sich unter dem Dach. Dort durfte nach feuerpolizeilicher Vorschrift nicht gewohnt werden, wohl aber durfte man sich dort aufhalten und arbeiten. Wir mussten deshalb den Eindruck vermeiden, dass es sich um unsere Wohnräume handelte. Die notwendigsten Möbel mussten tagsüber im Speicher verschwinden. So war der Raum nur mit Vorhängen dekoriert.« Neben den Brücke-Malern verkehrten hier die Dichterin Else Lasker-Schüler und der Autor Richard Dehmel, der Galerist Herwarth Walden und der Maler Lyonel Feininger, den die Brücke-Maler gern als Mitglied gewonnen hätten. Der Großstadt-Expressionist Ludwig Meidner malte in seiner »Hungermansarde« (Wilhelmshöher Straße 21) apokalyptische Kriegs- und Stadtvisionen. Der Bildhauer Wilhelm Lehmbruck zog nach Ausbruch des Ersten Weltkrieges in die Fehlerstraße 1 und schuf 1915/16 seine bahnbrechende Plastik »Der Gestürzte«. Nicht weit davon setzt die Bildgießerei Noack heute wie schon zur Kaiserzeit die plastischen Entwürfe von Künstlern in Bronze um (Fehlerstraße 8).

Die Boheme der expressionistischen Brücke-Maler inszenierte sich in ihren exotisch ausstaffierten Wohnateliers nach dem Vorbild der »Primitiven«, deren Kunst sie im Völkerkundemuseum (s. S. 126) studierten. Max Pechstein, dessen farbig-dekorative Malereien auch finanzkräftigen Auftraggebern gefielen, konnte sich 1913 eine Wohnung in der Offenbacher Straße 8 leisten. Im Treppenhaus haben sich seine ornamentalen Malereien erhalten und im Dachatelier ein lange Zeit unter weißer Wandfarbe verborgenes exotisches Wandgemälde. Pechstein schuf es 1917 nach einer Reise in die Südsee. Das Haus gehört zum 1910-14 angelegten Rheingau-Viertel am U-Bahnhof Rüdesheimer Platz, einer nahezu vollkommen erhaltenen Wohnsiedlung mit Terrassengärten und einem skulpturengeschmückten Platz.

Die eingeschworene Brücke-Gemeinschaft war dem verschärften Konkurrenzkampf in der Metropole nicht gewachsen: 1913 löste sie sich im Streit auf, der Erste Weltkrieg riss die Künstler endgültig auseinander. Einige gelangten in der Weimarer Republik zu akademischen Ehren – und ihre Werke in die Nationalgalerie.

MUSEUMSBOOM

Das 19. Jahrhundert war ein Zeitalter der Musealisierung: Niemals zuvor gab es ein so starkes Interesse, Zeugnisse der Vergangenheit zu sammeln und auszustellen. Man begeisterte sich für frühere Stilepochen und frönte dem Geniekult einstiger Geistesgrößen. Wissenschaftler entwickelten ein immer feineres Instrumentarium zur Erforschung der Natur-, Kunst-, Stadt- und Nationalgeschichte.

Bis zum Beginn der Kaiserzeit war die Berliner Museumslandschaft überschaubar: Neben dem 1830 eröffneten Museum von Karl Friedrich Schinkel gab es dessen Erweiterungsbau, das im Zweiten Weltkrieg stark zerstörte Neue Museum für die Ägyptische Sammlung. Daneben standen private Kunstsammlungen wie die des Grafen Raczynski am Königsplatz Interessierten offen. Die Anfänge des 1867 gegründeten Kunstgewerbemuseums waren ebenso bescheiden wie das kleine Schinkelmuseum in der Bauakademie.

Nach der Reichsgründung folgten die Museumsgründungen dann Schlag auf Schlag: Reichspostmuseum (1872), Museum für Völkerkunde (1873), Militärmuseum im Zeughaus (1875), Hohenzollernmuseum (1877), Botanisches Museum (1880), Musikinstrumenten-Museum (1888). Das neue Naturkundemuseum wurde 1889 eingeweiht, im gleichen Jahr das Museum für Volkskunde gegründet, 1904 das Museum für Islamische Kunst und 1906 das Museum für Ostasiatische Kunst.

Der Museumsboom diente auch der nationalen und kommunalen Repräsentation. Man besann sich seiner Geschichte – und damit auch seiner Bedeutung in Vergangenheit und Gegenwart. Die Museen entfalteten in Konkurrenz zu anderen Hauptstädten weltumspannende Tätigkeiten und gaben so dem Machtanspruch des Kaiserreiches Ausdruck. Die ganze Welt lag den Besuchern in den Berliner Museen zu Füßen.

< Das Märkische Provinzial-Museum im Köllnischen Rathaus, vor dem Umzug ins Märkische Museum (um 1900)

»DER DEUTSCHEN KUNST«

ALTE NATIONALGALERIE

Mit dem Jahr 1871 hat weder die Gründung der Sammlung noch die Eröffnung des Hauses etwas zu tun, obschon in goldenen Lettern am Giebel des Musentempels steht: »Der deutschen Kunst MDCCCLXXI«. Die Inschrift ist eine politische Botschaft, die die Museumsgründung mit dem Datum der Reichsgründung verknüpft. Was die Nationalgalerie sein sollte, darüber wurde im Laufe ihrer Geschichte heftig gestritten, zwischen Kaiser, Museumsdirektoren, Publikum und Künstlern.

An ihrem Beginn stand ein private Stiftung. 1859 vermachte der Bankier und Konsul Joachim Wagener seine Sammlung von 262 zeitgenössischen Gemälden dem preußischen Kronprinzen, späteren König und Kaiser Wilhelm I. mit der Auflage, daraus eine »Nationale Galerie« in einem geeigneten Gebäude zu gründen. Wilhelm begrüßte die »vaterländische« Schenkung, wobei er übersah, dass sie nicht nur deutsche Werke enthielt, sondern auch Gemälde belgischer, französischer und italienischer Künstler.

Als Standort bot sich die Museumsinsel an, die König Friedrich Wilhelm IV. zu einer »Freistätte für Kunst und Wissenschaften« erkoren hatte und wo bereits das Alte und Neue Museum standen. Auch ein Plan für das neue Bauwerk existierte schon: Friedrich Wilhelm IV. selbst hatte 1841 die Idee eines antiken Tempels auf hohem Sockel für die Spreeinsel skizziert, eigentlich als Fest- und Versammlungshalle. Daraus entwickelte der Schinkelschüler Friedrich August Stüler den Entwurf der Nationalgalerie und August Strack führte ihn nach dessen Tod aus.

Als das Haus 1876 am Geburtstag des Kaisers eröffnet wurde, war Deutschland vereinigt, und die Nationalgalerie verkörperte keine kulturpolitische Utopie mehr,

^ *Die selten benutzte Freitreppe vor der 1876 eröffneten Nationalgalerie bekrönt ein Reiterstandbild Friedrich Wilhelms IV.*

sondern sollte nun der Selbstdarstellung des Kaiserreiches dienen. Schon während der Bauzeit wurden großformatige Schlachtengemälde zur Verherrlichung der preußischen und deutschen Geschichte in Auftrag gegeben. Erst 1910 durfte Museumsdirektor Ludwig Justi die künstlerisch eher mäßigen Historienbilder ans Zeughaus abgeben. Heute vermittelt der Galerierundgang ein anderes Bild von der Kunst des 19. Jahrhunderts als bei der Eröffnung. Damals standen im Zentrum des Hauses die meterhohen Entwurfskartons von Peter Cornelius mit idealisierten, klassizistischen Szenen aus der antiken Mythologie. Heute hängen an ihrer Stelle die französischen Impressionisten Monet, Manet, Renoir und Cézanne. Als Direktor Hugo von Tschudi sie 1896 mit Hilfe finanzkräftiger Mäzene erwarb, tobte Kaiser Wilhelm II.: Seine Nationalgalerie sollte der deutschen Kunst vorbehalten sein. Als Kunstwerke konnte er die skizzenhaft anmutenden Gemälde der Franzosen ohnehin nicht akzeptieren.

Tschudi sorgte auch für eine Wiederentdeckung der deutschen Kunst des 19. Jahrhunderts. In seiner bahnbrechenden, von Peter Behrens gestalteten »Jahrhundertausstellung deutscher Kunst« präsentierte er 1906 auch die überraschend modern wirkenden Frühwerke des kurz zuvor verstorbenen Adolph Menzel. Das lichtflirrende »Balkonzimmer« hatte der Künstler nie öffentlich gezeigt. Heute besitzt die Nationalgalerie die weltgrößte Menzel-Sammlung. Hier wird eine Epoche lebendig: die Hofbälle im Schloss, die Hinterhöfe der Mietshäuser, das Menschengedränge Unter den Linden beim Kriegsausbruch 1871, die im »Eisenwalzwerk« schuftenden Industriearbeiter. Anton von

^ *Adolph Menzel »Eisenwalzwerk« gehört noch heute zu den beeindruckendsten Werken der Nationalgalerie.*

Werner hat den Malerkollegen Menzel in seiner typischen Rolle als Beobachter auf einem Empfang bei Hofe dargestellt. Werner selbst erfreute sich der besonderen Protektion des Kaiserhauses, seit er mit der »Kaiserproklamation in Versailles« eine Ikone der Reichsgründung gemalt hatte, die bis heute in jedem Schulbuch abgedruckt, aber nur in Vorstudien erhalten ist.

Bedeutender erscheinen uns damals umstrittene Positionen, etwa Max Liebermanns realistische »Gänserupferinnen«, Anselm Feuerbachs antikisch gestimmtes »Gastmahl«, Arnold Böcklins düstere »Toteninsel«. Die bedeutendsten Werke der Secession (s. S. 188) gelangten erst nach dem Ende des Kaiserreichs in die Sammlung, so Lovis Corinths furioses Gemälde des »Geblendeten Simson«. Mit dem frühen Max Beckmann endet der Ausstellungsparcours kurz nach 1900. Seine späteren Werke findet man, ebenso wie die Brücke-Künstler oder George Grosz, in der Neuen Nationalgalerie.

Die widersprüchliche Kunstentwicklung des 19. Jahrhunderts zwischen Idealismus und Realismus, zwischen konservativer Rückschau und Aufbruch lässt sich in der Alten Nationalgalerie in einem Gebäude verfolgen, das selbst das Museum eines Museums ist. Trotz Kriegsschäden ist von der Ausstattung und Raumgestalt der Kaiserzeit viel erhalten und seit der 2001 abgeschlossenen Restaurierung wieder zu erleben. Nur die zweigeschossigen Cornelius-Säle gibt es nicht mehr: Durch eine Zwischendecke wurde hier zusätzlicher Ausstellungsraum gewonnen. Schon bei seiner Eröffnung war das Haus für die wachsenden Bestände zu klein.

^ *Böcklins Gemälde »Die Gefilde der Seligen« ging der Nationalgalerie im Zweiten Weltkrieg verloren.*

SCHATZHAUS DER ALTEN MEISTER

BODE-MUSEUM

Wie ein Wasserschloss erhebt sich das Bode-Museum auf der Nordspitze der Museumsinsel. Frisch restauriert glänzen die goldenen Krönchen auf der Kuppel. Über dem von Kolossalsäulen flankierten Eingang stand ursprünglich »Kaiser-Friedrich-Museum«, denn dem 99-Tage-Kaiser und »Protektor der Museen« Friedrich III. war das Museum gewidmet. Der prächtige Neobarockbau sieht jetzt nach der Sanierung fast wieder aus wie zur Eröffnung 1904. Nur die Reiterstatue des Namenspatrons vor dem Eingang existiert nicht mehr.

Das Bode-Museum ist der einzige Museumsbau auf der Spreeinsel, der ganz in der Kaiserzeit entworfen und auch vollendet wurde. Ursprünglich hatte sich auf dem sumpfigen Baugelände der Küchengarten des Berliner Schlosses befunden. Seit 1882 ratterte die Stadtbahn über die Insel und grenzte ein spitzwinkliges Grundstück ab. Der kaiserliche Hofbaumeister Ernst von Ihne nutzte es bis an den Rand aus und wählte einen repräsentativen Baustil, wie Kaiser Wilhelm II. ihn liebte. Nicht antike Tempel standen dabei Pate, wie bei den Museumsbauten von Schinkel und seinen Schülern, sondern barocke Schlossarchitektur.

Der große Kuppelraum des Treppenfoyers mit dem Reiterdenkmal des Großen Kurfürsten überwältigt mit schierer Opulenz an Stuck, Gold und Marmor. Dieses Entree ist eine Art Ruhmeshalle der Hohenzollernmonarchie. Das zweite, kleinere Treppenhaus antwortet darauf im friderizianischen Stil mit den Skulpturen preußischer Generäle und Originalplastiken aus dem Park von Sanssouci. Zwischen beiden Kuppelräumen liegt die so genannte Basilika, das Herz des Hauses (Foto S. 271). Sie versetzt den Besucher in die Früh-

^ *Blick in eine Kuppel des 1904 eröffneten Bode-Museums, früher Kaiser-Friedrich-Museum. Foto 2006*

renaissance und ist eine Kopie der Kirche San Salvatore al Monte in Florenz. Das Renaissancevorbild verweist zugleich auf die Sphäre bürgerlichen Mäzenatentums. Denn die Hauptförderer des Museums waren gebildete Berliner Großbürger, die sich als Nachfahren der Medici fühlten. Animiert von dem Museumsdirektor Wilhelm von Bode, dessen Namen das Haus seit DDR-Zeiten trägt, finanzierten sie maßgeblich den rasanten Ausbau der Gemälde- und Skulpturensammlung zu einem Ensemble von Weltrang. Der bis heute existierende Kaiser-Friedrich-Museums-Verein bündelte die Finanzkraft von Mäzenen wie dem jüdischen Tuchhändler James Simon, der den Berliner Museen über 400 Werke stiftete, darunter die Nofretete (Gedenktafel an der Landesvertretung Baden-Württemberg, Tiergartenstraße 15, wo sein Haus stand). Unermüdlich bereiste Wilhelm von Bode die Kunstmetropolen Europas, um Kunstgüter für die Berliner Museen zu erwerben: Werke von Giotto, Donatello, Dürer, Rubens sowie Rembrandts »Mann mit dem Goldhelm«, der sich später als Werk eines Schülers erwies. Außerdem trug Bode eine kostbare Orientteppich-Sammlung für die von ihm gegründete Islamische Abteilung zusammen. Der Expansionsdrang Bodes entsprach dem Geltungsbedürfnis Kaiser Wilhelms II. auf dem Parkett der europäischen Großmächte.

Neuartig war Bodes Ausstellungskonzept: Architektur und Kunst sollten ein in sich stimmiges Ganzes bilden. Die damals übliche lehrhafte und dicht gedrängte Aneinanderreihung von Kunstwerken lehnte er ab. Statt dessen schuf er stimmungsvolle Ensembles aus historischen Mö-

^ *Das Kaiser-Friedrich-Museum mit dem Reiterstandbild des Kaisers, nach dem das Haus benannt war (1905)*

beln, Gemälden und Skulpturen, die einer Kunstregion entstammten. Originale hölzerne Kassettendecken, reliefierte Türeinfassungen und Terrakottaböden aus Italien geben dem Haus bis heute ein ganz eigenes Flair. An Bodes Ausstellungskonzept knüpften die Museumsmacher der 2006 neu eröffneten Dauerausstellung ansatzweise an, indem sie die Werke der Skulpturensammlung mit stilistisch passenden Bildern aus der Gemäldegalerie kombinierten. Bodes Mobiliar und Kunsthandwerk dagegen wanderte größtenteils ins Kunstgewerbemuseum.

Die Skulpturensammlung besitzt im Bode-Museum jetzt erstmals ein eigenes Stammhaus, ebenso wie das Museum für byzantinische Kunst. Deren Glanzstück ist ein frühchristliches Mosaik aus Ravenna, für das Bode eigens einen Apsisraum einbauen ließ. Eindrucksvoll ist auch die in der Kaiserzeit aufgebaute Münzsammlung. Sie umfasste 1918 mehr als 300.000 Stücke von der Antike bis in die Gegenwart und machte Berlin zu einem numismatischen Weltzentrum.

Wer in den ausgedehnten Gefilden des Bode-Museums die Orientierung zu verlieren droht, dem geht es nicht anders als Besuchern vor 100 Jahren. Damals machte ein Journalist den ironischen Vorschlag, »Rettungsstationen des Roten Kreuzes für verzweifelte Verirrte« zu errichten. Auch sonst ließ die Presse bei der Eröffnung kaum ein gutes Haar an dem Prachtbau, schmähte die Architektur als »zusammengestümpert« und resümierte: »Um das Museum als Gebäude wird Berlin von keiner Stadt der Welt beneidet werden.« Seit seiner Wiedereröffnung im Jahr 2006 weckt das aufwändig sanierte Bauwerk einhellige Begeisterung.

^ *Der Museumsgründer Bode kombinierte Skulpturen, Möbel, Teppiche und Architekturteile zu Epochenräumen (1905).*

HAUS DER ANTIKE

PERGAMONMUSEUM

Hätte es das Deutsche Kaiserreich nicht gegeben, dann befände sich der Pergamonaltar vielleicht noch immer auf dem Burgberg von Pergamon in der heutigen Türkei. Bis ins 19. Jahrhundert lag er unter dem Schutt der Jahrhunderte verborgen, dann entdeckten Kalkbrenner durch Zufall die ersten Relieffragmente. Der deutsche Ingenieur Carl Humann, der in der Gegend mit dem Straßenbau befasst war, machte die Berliner Museen darauf aufmerksam. So kam es, dass das monumentale hellenistische Kunstwerk aus Kleinasien zur größten Museumsattraktion der deutschen Hauptstadt wurde.

Kaiser Wilhelm II. selbst war ein begeisterter Hobbyarchäologe, vor allem während seiner Sommeraufenthalte auf der griechischen Insel Korfu. Seit 1875 finanzierte Deutschland die Ausgrabungen in Olympia, allerdings verfolgte der griechische Staat eine restriktive Ausfuhrpolitik. Bessere Aussichten versprachen Grabungskampagnen im Osmanischen Reich, zumal Wilhelm II. beste persönliche Beziehungen zum türkischen Sultan Abdul Hamid II. unterhielt. Die Fassade des Wüstenschlosses Mschatta aus der Gegend von Amman machte der Sultan dem Kaiser 1903 zum Geschenk, was zur Gründung der Islamische Abteilung der Berliner Museen führte.

Ein Abkommen mit der türkischen Regierung erlaubte den Deutschen, den größten Teil des Pergamonaltars abzutransportieren, den Carl Humann und Alexander Conze 1878 bis 1886 freigelegt hatten. Es dauerte Jahre, die mehr oder minder stark fragmentierten Reliefplatten zusammenzufügen. Ab 1901 konnten die Berliner das dramatische Kampfgetümmel der olympischen Götter gegen die Giganten in einem provisorischen Museum am Standort des heutigen Pergamonmuseums bewundern.

^ *Das Pergamonmuseum gehört heute zu den Haupttouristenattraktionen Berlins. Foto 2005*

Es besaß nur einen einzigen Ausstellungssaal und musste aufgrund von Baumängeln noch im selben Jahrzehnt abgerissen werden. Bis zur Eröffnung des heutigen Pergamonmuseums vergingen dann noch über zwanzig Jahre. Geplant und entworfen wurde dieses größte Bauwerk der Museumsinsel 1907-09. Es ist eines der bedeutendsten Baudenkmäler der »konservativen« Moderne in Deutschland.

Interessanterweise erhielt der Architekt Alfred Messel den Auftrag. Wilhelm von Bode setzte damit seinen Wunschkandidaten durch, den der Kaiser eigentlich als »Hypermodernen« ablehnte. Mit Reformwohnanlagen (s. S. 150) und dem Kaufhaus Wertheim (Foto S. 14) hatte sich Messel international einen Namen gemacht. Er starb 1909, bevor die Bauarbeiten überhaupt begannen. Sein Freund, der Baustadtrat Ludwig Hoffmann, der sich zuvor mit dem Entwurf des Märkischen Museums als Museumsarchitekt profiliert hatte, übernahm das Projekt.

Klarer, strenger Neoklassizismus prägt das Äußere des Baus, der mit grobem Muschelkalkstein verkleidet und mit dorischen Halbsäulen geschmückt ist. Ludwig Hoffmann erhöhte den Sockel des mächtigen Baukörpers um 5 Meter. Aufgrund des sumpfigen Untergrunds zogen sich die Bauarbeiten in die Länge, während die Museumsleute über die Ausstellungsgestaltung im Inneren stritten. Das von Bode konzipierte Deutsche Museum existiert so nicht mehr. Geblieben ist das 1899 begründete Vorderasiatische Museum mit den Prachtbauten Babylons, dem Ischtar-Tor und der Prozessionsstraße aus der Zeit Nebukadnezars. Der deutsche Archäologe Robert Koldewey grub sie 1899 bis 1917 südlich von Bagdad aus, finanziert von der neu gegründeten Deutschen Orientgesellschaft und Kaiser Wilhelm II.

^ *Das erste Pergamonmuseum auf der Museuminsel stand nur wenige Jahre. Foto um 1905*

HAUS WIEGAND IN DAHLEM

MODERNE ANTIKE

Die Idee, im Pergamonmuseum antike Architektur als Ganzes in ihren originalen Proportionen und nicht nur anhand von Fragmenten erlebbar zu machen, geht auf Theodor Wiegand zurück, der 1912 Direktor der Antikensammlung wurde. Wiegands Antikenbegeisterung spiegelt sich auch in seiner Dahlemer Villa, die er von Peter Behrens 1911-12 im strengen Neoklassizismus errichten ließ.

Der Bau ist von großer Strenge und Perfektion. Die Proportionen des mit einem Säulenvorhof geschmückten Baukörpers sind exakt abgestimmt, der erhaltene Garten in das Gesamtensemble einbezogen. Einzelne Skulpturen setzen Akzente, ohne das karge Gesamtbild zu beeinträchtigen. Peter Behrens orientierte sich an antiken Vorbildern, vereinfachte die Schmuckformen aber radikal, sodass die mit Muschelkalk verkleidete Villa ausgesprochen monumental wirkt. Dass es sich um ein Wohnhaus handelt, würde man kaum vermuten. Auch im Inneren ist vieles noch original, sogar das von Behrens entworfenen Mobiliar des Speisezimmers und der Bibliothek. Es wird heute vom Deutschen Archäologischen Institut genutzt, das hier seinen Sitz hat. Nur zu besonderen Anlässen ist das Haus öffentlich zugänglich (Peter-Lenné-Straße 28-30, Nähe U-Bhf. Podbielskiallee).

TIPP: Ebenfalls in Dahlem errichtete Bruno Paul, wie Behrens Architekt des Werkbundes, das Asiatische Museum, heute Sitz verschiedener außereuropäischer Sammlungen der Berliner Museen (1914-23, Arnimallee 23-27, U-Bhf. Dahlem-Dorf). Auch er wählte einen vereinfachten Klassizismus, allerdings weniger streng. Sein Bau kam wegen des Ersten Weltkrieges zunächst nicht über den Rohzustand hinaus, diente als Depot und wurde erst nach dem Zweiten Weltkrieg von den Westberliner Museen genutzt.

^ *In dem einst für den Direktor der Antikensammlung gebauten Haus hat das Deutsche Archäologische Institut seinen Sitz.*

MÄRKISCHES MUSEUM

RUMPELKAMMER ODER ERLEBNISRAUM

Man könnte die unregelmäßige Gebäudegruppe am Köllnischen Park für ein über Jahrhunderte gewachsenes Ensemble halten. Massig dominiert der Backsteinturm, filigrane Maßwerkgiebel ragen in die Höhe. Einige Schritt weiter glaubt man, vor einem spätgotischen Kirchenchor zu stehen, während der angrenzende Gebäudeflügel aussieht wie ein Bürgerhaus der norddeutschen Renaissance. Die Etappen der märkischen Architekturgeschichte lassen sich hier chronologisch abschreiten: als Museumsentwurf aus einem Guss. 1908 konnte das Haus nach langwierigen Querelen um die Inneneinrichtung eröffnet werden, also nicht lange nach dem Kaiser-Friedrich-Museum, dem heutigen Bode-Museum.

Nicht nur in ihrem Äußeren unterscheiden sich die beiden Institutionen grundsätzlich. Das Märkische Museum entstand aus einer bürgerlicher Initiative und untersteht bis heute der Stadt. Bereits 1865 hatten sich geschichtsbegeisterte Bürger um den liberalen Oberbürgermeister Karl Theodor Seydel zu einem Verein für die Geschichte Berlins zusammengeschlossen. Daraus entwickelte sich das 1874 gegründete Märkische Provinzialmuseum. In einer Zeit rasanter Urbanisierung und Industrialisierung wollte man sich der Vergangenheit vergewissern und ihre schwindenden Zeugnisse bewahren und erforschen.

Kirchen, Vereine, Innungen und Privatpersonen stifteten Tausende an Gegenständen für die Sammlung, von frühgeschichtlichen Grabbeigaben und Knochenharpunen über mittelalterliche Bronzekessel bis zu alten Urkunden und Fotografien historischer Gebäude. Eine beim Reichstagsbau gefundene mittelalterliche Hellebardenspitze

^ *Das neu erbaute Märkische Museum vor der Eröffnung. Foto um 1904*

wurde ebenso im Museum abgegeben wie der Stoßzahn eines Mammuts, der auf einem Fabrikgelände am Tempelhofer Berg zu Tage trat. Auch eine naturgeschichtliche Abteilung gehörte anfangs zu dem rasch aus allen Nähten quellenden Museum, das Wilhelm von Bode als »Rumpelkammer« verspottete. Jahrzehntelang zog es von einem provisorischen Domizil ins andere, vom Roten Rathaus ins Podewil-Palais und ins alte Köllnische Rathaus. Ein 1893 ausgeschriebener Architekturwettbewerb brachte kein realisierbares Ergebnis. 1896 nahm sich der soeben zum Stadtbaurat berufene Ludwig Hoffmann der Aufgabe an. Er machte sich mit den Sammlungsbeständen vertraut und trieb intensive Architekturstudien in der Altmark, Uckermark und den Küstenstädten von Anklam bis Lübeck.

Das Ergebnis lässt sich an dem Museumsbau ablesen. Der Turm erinnert an das Westwerk des Ratzeburger Doms aus dem frühen 13. Jahrhundert, der Maßwerkgiebel zitiert die Katharinen-Kirche in Brandenburg an der Havel. Auch im Inneren wollte Hoffmann die Räume im Baustil auf die ausgestellten Objekte zuschneiden. So errichtete er eine »gotische« Kapelle für die mittelalterliche Sakralkunst, einen Waffensaal für die Rüstungen und Kanonenkugeln. Bautrümmer, Ornamentsteine oder Schmiedegitter abgerissener historischer Häuser wurden mit verbaut. Denn Hoffmann wollte keine trockene Studiensammlung nach wissenschaftlichen Grundsätzen, sondern ein »Stimmungsmuseum«: »Wer es später besuchen würde, sollte sich wie in Alt-Berlin fühlen.«

Das Resultat rief bereits in den Zwanziger Jahren den Spott des damaligen Direktors Walter Stengel hervor: »Manche Räume waren so finster, daß das Publikum sich mit Taschenlampen ausrüsten musste, um überhaupt etwas sehen zu können.« Bis heute macht es der historische Bau den Museumsleuten nicht leicht. Die Vorstellungen über Sinn und Zweck eines kulturhistorischen Stadtmuseums haben sich gewandelt, neuere Epochen fordern ihren Platz im Haus. Aber auf Veränderung ist das Bauwerk nicht angelegt. Nach

Gotische Kapelle für Sakralkunst in der Originalausstattung des Märkischen Museums ^

dem Zweiten Weltkrieg wurde das kriegsbeschädigte Museumsgebäude lieblos behandelt, seit einigen Jahren jedoch entfernt man die entstellenden Einbauten Stück für Stück, um die markantesten Räume Ludwig Hoffmanns originalgetreu zu rekonstruieren: die »Große Halle« und die »Kapelle«, den »Zunftsaal« und die »Waffenhalle«. Moderne Ausstellungsräume für die neuere Berlin-Geschichte und für Sonderausstellungen soll das Stadtmuseum im Marinehaus erhalten. 1908 als Vereinshaus erbaut, liegt es dem Märkischen Museum genau gegenüber (am Köllnischen Park 4). Bis das Marinehaus als Erweiterungsbau hergerichtet ist – voraussichtlich 2012 – bleibt der Besuch im Stadtmuseum ein Orientierungslauf durch das Labyrinth der Stadtgeschichte.

Die Kaiserzeit erlebt der Besucher in ihren unterschiedlichen Facetten: Die drei Kaiser posieren in Bronze, von der bürgerlichen Wohnkultur erzählt ein wuchtiger Herrenschreibtisch, die Schwerindustrie veranschaulicht ein Wandbildzyklus aus der Villa Borsig von Paul Meyerheim, ergänzt durch Arbeitsgerät aus der Eisenverarbeitung. Das rekonstruierte Kaiserpanorama lässt seinen unerschöpflichen Vorrat an historischen 3D-Fotografien an den Augen der Betrachter vorüberziehen. Koloriert und zusammengestellt wurden die Bilderserien um 1900 in der ersten Berliner Passage (s. S. 21). Herausragend ist die Sammlung von Berliner Malerei: Adolph Menzel ist mit Porträtbüste und originaler Malerpalette vertreten, Franz Skarbina mit Stadtansichten. Die Gemälde der Secessionskünstler dokumentieren nicht nur Kunstgeschichte, sondern auch Stadtgeschichte: Hans Baluscheks Eisenbahnbilder und Max Beckmanns »Blick auf den Nollendorfplatz«, Lyonel Feiningers avantgardistische Ansicht des Schöneberger Gasometers ebenso wie das Porträt, das der AEG-Chef Walther Rathenau bei dem umstrittenen Avantgardemaler Edvard Munch in Auftrag gab. Einmal wöchentlich ist die Epoche auch akustisch zu erleben: Dann werden Automatophone vom Pianola bis zur Drehorgel aus der Fabrik Bacigalupo in der Schönhauser Allee zum Klingen gebracht.

Zur Gemäldesammlung des Stadtmuseums gehört das Porträt Walther Rathenaus von Edvard Munch (1907, Ausschnitt). ^

MARTIN-GROPIUS-BAU

KUNSTGEWERBEMUSEUM

Glasbläser arbeiten am Schmelzofen, Kunsttischler werkeln an verschnörkelten Schränkchen, Spinnerinnen drehen die Garnspule: Auf den Reliefs am Martin-Gropius-Bau sieht man Kunsthandwerker aller Art am Werk. Die Szenen zeigen ein Ideal: die Einheit von Kunst und Handwerk, von künstlerischem Entwurf und meisterlicher Ausführung. Dies war das Ziel der Museumsgründer. Denn seit der Industrialisierung ging es mit der Handwerkskunst bergab, billige Massenware überschwemmte den Markt und verdrängte traditionelle Arbeitstechniken. So entstand europaweit eine Reformbewegung, um das Kunsthandwerk neu zu beleben. Das Berliner Kunstgewerbemuseum wurde 1868 als drittes seiner Art nach London und Wien gegründet. Es sollte kein elitäres Kunstmuseum, sondern eine Vorbild- und Mustersammlung für das heimische Gewerbe sein und beinhaltete auch eine Unterrichtsanstalt. Dahinter stand nicht zuletzt die ökonomische Erwägung, durch bessere Qualität und künstlerische Form der wachsenden internationalen Konkurrenz Paroli zu bieten.

1881 bezog das aus einer Privatinitiative hervorgegangene Museum den heutigen Martin-Gropius-Bau (Niederkirchnerstraße 7, S-Bhf. Anhalter Bahnhof). Das Gebäude selbst zeigte die Leistungsfähigkeit des Kunsthandwerks mit farbigen Fassadenmosaiken aus Venedig, Terrakottareliefs und bunt glasierten Keramikplatten aus der Berliner Tonwarenfabrik March. Ein mit Glas überfangener Lichthof bildet das Zentrum des Bauwerks, das nach Kriegsschäden denkmalgerecht restauriert wurde: ein Musterbeispiel für den Umgang mit der Architektur der Kaiserzeit.

Entworfen hat das Museum Martin Gropius, ein Großonkel

^ *Die Eingangsfassade des Martin-Gropius-Baus. Einst stand daneben das 1886 eröffnete Völkerkundemuseum. Foto 2006*

des Bauhaus-Architekten Walter Gropius. Er orientierte sich am Entwurf der Schinkelsche Bauakademie, denn auch das Kunstgewerbemuseum sollte ja eine Lehranstalt ein. Die Hälfte der Räume war für Unterrichtszwecke vorgesehen. 1905 erhielt die Kunstgewerbeschule einen eigenen Bau nebenan. Die Kellergeschossreste auf dem Gelände der »Topographie des Terrors« erinnern an die letzte Nutzung der Schule als Gestapo-Zentrale mit Folterkeller.

Geleitet wurde die Schule seit 1907 von dem »Simplicissimus«-Zeichner und Werkbund-Architekten Bruno Paul, der sie für moderne Strömungen öffnete und damit der konservativen Akademie Konkurrenz machten. Die späteren Dadaisten George Grosz, Hannah Höch und viele andere zogen es vor, hier zu studieren; 1924 wurden beide Institute zu den »Vereinigten Staatsschulen für freie und angewandte Kunst« zusammengeführt.

Heute ist aus der einstigen Vorbildersammlung ein reines Kunstmuseum geworden, dessen kostbare Bestände im Schloss Köpenick und am Kulturforum zu besichtigen sind. Dazu gehören auch Stücke aus der 1875 aufgelösten Kunstkammer der brandenburg-preußischen Kurfürsten und Könige sowie das 1874 erworbene Lüneburger Ratssilber. Auf den Weltausstellungen angekaufte Prunkvasen und Schatzkästchen des Historismus, die damals als vorbildlich galten, sind ebenfalls zu bewundern. Doch heute fällt es schwer, in ihnen mehr als handwerklich virtuose Surrogate vergangener Kunststile zu sehen. Dem Vorhaben der Museumsgründer, das deutsche Kunsthandwerk zu erneuern, war also kein dauerhafter Erfolg beschieden. Ihnen verdankt Berlin jedoch eine der bedeutendsten Sammlungen für angewandte Kunst in Europa – und auch die Kunstbibliothek, die gegenüber vom Kunstgewerbemuseum am Kulturforum ihren Sitz hat (Matthäikirchplatz 4-6, Nähe Bhf. Potsdamer Platz).

TIPP: 1881 trafen 40 Kisten „trojanische Alterthümer" in Berlin ein, die der Unternehmer und Self-Made-Archäologe Heinrich Schliemann im türkischen Hisarlik ausgegraben und dem deutschen Volk vermacht hatte. Anfangs im Kunstgewerbemuseum ausgestellt, befindet sich ein Großteil seit dem Zweiten Weltkrieg in Russland, der Rest im Museum für Vor- und Frühgeschichte in Charlottenburg.

Handwerker bei der Arbeit ^
zeigt die Fassade des Gropiusbaus.

BERLINER JUGENDSTIL

EXKURS

1890 reiste Julius Lessing, der Direktor des Kunstgewerbemuseums nach Paris, um eine Glasvase von Emile Gallé zu erwerben – ein frühes Zeugnis des Jugendstils. Die große Zeit des Historismus war vorbei; eine zunehmend kritische Haltung gegenüber den jahrzehntelang vorherrschenden Stilformen der Neogotik, Neorenaissance und Neobarock machte sich breit.

Der Jugendstil brachte frischen Wind in die internationale Kunst- und Gestalterszene. Alle Lebensbereiche wollte die neue Bewegung, deren Name auf die Münchener Zeitschrift »Jugend« zurückgeht, von Grund auf verändern. Die Dynamik der geschwungenen Linie wurde zu einem Markenzeichen des neuen Stils. Funktion, Form und Verzierungen eines Gegenstandes sollten eine Einheit bilden, modern, materialgerecht und schön. Aber bald verkam der ganzheitliche Impuls zu einem modischen Ornamentstil: Biegsame Pflanzenstängel und Blütenkelche überrankten Vasen und Sitzmöbel, Hausfassaden und Türklinken, Ohrringe und Bucheinbände – ebenso wie zuvor die gotischen oder barocken Ornamente.

Eine Jugendstil-Stadt wie Brüssel, Prag oder Wien ist Berlin nie geworden. Aber wer aufmerksam durch die Straßen geht, wird an vielen Mietshäusern der Jahrhundertwende die verschlungenen Pflanzenornamente des Jugendstil finden. Oft verbinden sie sich mit Gestaltungselementen des Historismus zu einem repräsentativen Stil, wie bei dem Gerichtsgebäude an der Littenstraße (1894-1904 Otto Schmalz, Foto S. 78). Der S-Bahnhof Mexikoplatz (1903-05, Hart & Lesser, Foto S. 40) ist mit seinem Umfeld komplett erhalten, und die S-Bahnhöfe Pankow, Heinersdorf, Blankenburg, Karow (Ernst Schwartz und Karl Cornel-

^ *Jugendstilmöbel sieht man auch in der Dauerausstellung des Deutschen Historischen Museums.*

ius, 1908-16) zeigen eine strenge Jugendstil-Variante.

Im Oktober 1900 kam einer der Köpfe der internationalen Jugendstil-Bewegung nach Berlin, der Belgier Henry van de Velde. Hier fand er einen kleinen, aber wohlhabenden Kreis von Kunden. Harry Graf Kessler ließ sich seine komplette Wohnungseinrichtung entwerfen. Davon hat sich nur ein versilbertes Kerzenleuchterpaar im Bröhan-Museum erhalten. Dieses Landesmuseum für Jugendstil, Art Deco und Funktionalismus bildet ein Eldorado für Jugendstil-Begeisterte. Alle berühmten Entwerfer aus Frankreich, Belgien und Deutschland, Emile Gallé, Hector Guimard, Josef Hoffmann oder Peter Behrens sind hier mit bedeutenden Werken versammelt (Schloßstraße 1a, am Schloss Charlottenburg).

Henry van de Veldes wohl berühmtester Entwurf, sein wuchtig geschwungener Herrenschreibtisch, steht im Kunstgewerbemuseum. Mit über 1000 Mark kostete solch ein Stück damals mehr als eine gesamte bürgerliche Wohnungseinrichtung. Extravaganter Luxus war auch die Ladeneinrichtung des Königlichen Hoffriseurs Haby, die van de Velde entwarf und die zum Teil – wie andere seiner Arbeiten – im Stadtmuseum erhalten ist. Die Wasserrohre sind offen sichtbar, als dekoratives Gestaltungselement eingesetzt. Max Liebermann fand das unpassend: Schließlich trage ja auch niemand seine Gedärme als Uhrkette.

Wie Henry van de Velde war auch der Jugendstilarchitekt August Endell Autodidakt. 1871 in Berlin geboren hatte er Philosophie studiert, und in München 1897/98 mit der gewagten, abstrakt dekorierten Fassade des Photoateliers »Elvira« Furore gemacht. 1901 kam er nach Berlin. Sein berühmtestes Werk, die Hackeschen Höfe (Foto S. 181), ist bereits eine Weiterentwicklung des Jugendstils: Endell verzichtete auf die gängigen Ornamente und versetzte die Hoffassade durch glasierte Klinkerbänder in rhythmische Bewegung.

Auch andere Jugendstil-Gestalter schlugen einen Weg ein, der schließlich zum völligen Verzicht auf Dekor und damit in die Moderne der Zwanziger Jahre führte. 1907 schlossen sich die progressiven Gestalter im Deutschen Werkbund mit Vertretern der Industrie zusammen, um vorbildliche Alltagsgegenstände für breitere Bevölkerungsschichten zu schaffen. Zu den Gründungsmitgliedern gehörten Bruno Paul (s. S. 210), Peter Behrens (s. S. 176) und Hermann Muthesius (s. S. 158). Henry van de Velde ging 1907 nach Weimar, wo er eine Reformkunstgewerbeschule gründete, das zur Keimzelle des 1919 ins Leben gerufenen Bauhauses wurde.

STADT DES WISSENS

Dass Berlin die größte Universitätsstadt in Deutschland ist, hat Tradition: Von den rund 30.000 Studenten, die 1886 an deutschen Universitäten immatrikuliert waren, studierten 5766 an der Berliner Friedrich-Wilhelms-Universität, der heutigen Humboldt-Uni. Bis zum Ersten Weltkrieg verdoppelte sich ihre Zahl nahezu. Das Palais Unter den Linden 6, das die Hochschule in ihrem Gründungsjahr 1810 bezogen hatte, war für solche Studentenzahlen viel zu klein. In der Kaiserzeit entstanden in der näheren Umgebung zahlreiche Neubauten, vor allem für die aufstrebenden naturwissenschaftlichen Fächer.

Eine eigenes Gebäude für die Universitätsbibliothek wurde gebaut (1871-74, Paul Spieker, Dorotheenstraße 28), erwies sich aber bald als zu klein. Auch die Königliche Bibliothek in der barocken »Kommode« am heutigen Bebelplatz benötigte ein neues Quartier. Für beide Bibliotheken und die Akademie der Wissenschaften entwarf der vom Kaiser protegierte Architekt Ernst von Ihne den Gebäudekomplex der heutigen Staatsbibliothek Preußischer Kulturbesitz Unter den Linden. Dafür wurde das alte Marstallgebäude abgerissen, die dort bisher neben der Wissenschaftsakademie untergebrachte Akademie der Künste (s. S. 187) zog an den Pariser Platz. Elf Jahre lang, von 1903 bis 1914, klaffte neben dem Universitätsgebäude an der Paradeallee Unter den Linden eine gut hundert Meter breite Baustelle. Dann war das kaiserliche Bücherschloss fertig. Sein Zentrum war der große Lesesaal unter einer Kuppel mit 38 Metern Spannweite. Er ist im Zweiten Weltkrieg zerstört worden, an seiner Stelle entsteht ein nicht weniger monumentaler, aber rechteckiger Lesesaal.

De facto besaß die Hauptstadt um die Jahrhundertwende bereits zwei Universitäten. 1871 erhielt die Preußische Gewerbeakademie, an

< *Eine Kathedrale der Gelehrsamkeit war der Lesesaal der Königlichen Bibliothek, heute Stabi Unter den Linden.*

der Maschinenbau, Ingenieurwesen, Chemie, Hüttenkunde und Schiffbau gelehrt wurden, den Status einer technischen Hochschule. Sie fusionierte wenige Jahre später mit der Königlichen Bauakademie und bezog 1883 einen neuen Campus auf dem Gelände der heutigen Technischen Universität. Teile des alten Hauptgebäudes wurden nach dem Zweiten Weltkrieg in den Neubau integriert (Straße des 17. Juni 135).

Beide Hochschulen besaßen in der Kaiserzeit hohes Ansehen und zogen ausländische Studenten an. Weltweit war Berlin als führendes Forschungszentrum der Medizin und Naturwissenschaften anerkannt. Zwischen 1901 bis 1918 gingen allein sechs Nobelpreise für Chemie, drei für Physik und drei für Medizin an Berliner Forscher – eine nie wieder erreichte Erfolgsquote.

Wissenschaft, Wirtschaft und Stadtentwicklung waren eng miteinander verflochten. Die Erforschung von Infektionskrankheiten beeinflusste den Städtebau und den Aufbau eines Gesundheitssystems für die Millionenmetropole. Naturwissenschaftliche Erkenntnisse ermöglichten den Boom der Chemie- und Elektroindustrie. Die Technische Hochschule bildete Ingenieure für die Industrie und Architekten für die Baubüros der Hauptstadt aus. Neben der Industrie war das Militär daran interessiert, dass Deutschland einen Technologievorsprung behielt. Großunternehmen förderten die Einrichtung wissenschaftlicher Eliteinstitute abseits des Unibetriebs; sie stifteten das Kapital für die Einrichtung der ersten Kaiser-Wilhelm-Institute, Vorläufer der heutigen Max-Planck-Institute (s. S. 234).

Die Wissenschaftsmetropole Berlin hatte aber auch ihre Schattenseiten. »Die Juden sind unser Unglück«, polemisierte 1879 der Historiker

^ *Der zerstörte Mitteltrakt der Technischen Hochschule, um 1900. Andere Altbauten auf dem TU-Campus sind erhalten.*

Heinrich von Treitschke und machte damit den Antisemitismus salonfähig. Gelehrte jüdischer Herkunft durften zwar Vorlesungen halten, hatten aber wenig Chancen auf Spitzenpositionen im Wissenschaftsbetrieb. 1898 verabschiedete das preußische Abgeordnetenhaus ein Gesetz, um Sozialdemokraten wie dem jüdischen Physiker Leo Arons die Lehrbefugnis an der Universität zu entziehen. Vergeblich protestierten liberale Professoren gegen das vom Kaiser befohlene Berufsverbot.

Als Reaktion auf die Mängel des staatlichen Bildungssystems entstanden zahlreiche Schulen und Hochschulen auf privater Grundlage: So gab es die »Hochschule für die Wissenschaft des Judentums« (seit 1872, Gedenktafel Tucholskystraße 14, Mitte) und die nach amerikanischem Vorbild von Berliner Kaufleuten getragene, staatsferne Handelshochschule (Spandauer Straße 1, 1904-06, Cremer & Wolffenstein, heute wirtschaftswissenschaftliche Fakultät der Humboldt-Universität). Manche Institutionen, die neueste wissenschaftliche Erkenntnisse an ein breites Publikum vermittelten, existieren bis heute: die populäre »Urania« (gegründet 1888), die »Lessing-Hochschule« (1901) oder die »Volkssternwarte«, heute Archenhold-Sternwarte im Treptower Park.

Langsam, aber unaufhaltsam drangen auch Frauen in die Männerdomäne des Wissenschaftsbetriebs ein – später als in anderen europäischen Ländern. Seit 1895 durften sie an Universitätsvorlesungen teilnehmen, sofern die Dozenten es gestatteten. 1908 wurden Frauen zum regulären Studium zugelassen und stellten am Vorabend des Ersten Weltkrieges ein Zehntel der Berliner Studentenschaft.

^ *Unweit des Hauptgebäudes (rechts unten) entstanden in der Kaiserzeit zahlreiche Neubauten für die Universität.*

AUGE, ZELLE, BAKTERIUM

ALBRECHT V. GRAEFE

RUDOLF VIRCHOW

ROBERT KOCH

»O eine edle Himmelsgabe ist das Licht des Auges. Alle Wesen leben vom Lichte. Jedes glückliche Geschöpf – die Pflanze selbst kehrt freudig sich zum Lichte!« Ein Schillerzitat und farbige Terrakottareliefs mit der Darstellung Augenleidender schmücken das Denkmal für den Arzt Albrecht von Graefe, der 1851 eine Augenklinik in der nahen Reinhardtstraße (damals Karlstraße) eröffnete. In der Mittelnische der klassizistischen Denkmalwand steht er selbst als Bronzefigur, geschaffen vom Bildhauer Rudolf Siemering, mit einem Augenspiegel in der Hand. Graefe hat dieses Instrument nicht erfunden, auf die Idee kam der als Militärarzt ausgebildete Berliner Physiker Hermann von Helmholtz (s. S. 227), doch der Augenarzt hat das Ophtalmometer in die alltägliche Praxis eingeführt. Mit seiner Hilfe hat Graefe die Augenheilkunde zu einem selbständigen medizinischen Fachgebiet weiterentwickelt. Außerdem war er ein sozial engagierter Arzt, der Arme umsonst behandelte. Als der rastlose Mann 1870 an Tuberkulose starb, war er erst 42 Jahre alt.

Mit ihren angenehmen Proportionen zählt die 1883 eingeweihte Denkmalanlage an der Luisen-, Ecke Reinhardtstraße zu den ansprechendsten der Kaiserzeit. Entworfen haben sie die Architekten Martin Gropius und Heino Schmieden, die auch das erste kommunale Krankenhaus Friedrichshain bauten und damit das Modell für viele weitere Kliniken in Berlin vorgaben (s. S. 65). Eine Straßenecke weiter, am Karlplatz, hat der Bildhauer Fritz Klimsch den Kampf eines Arztes gegen die Leiden der Kranken viel drastischer inszeniert: Über einem hohen Sockel mit dorischen Ecksäulen ringt ein muskulöser Titan eine Sphinx nieder.

^ *Albrecht von Graefe mit Augenspiegel. Teil des Denkmals in der Nähe des alten Charité-Eingangs. Foto 2007*

Die Stadt Berlin gab das Denkmal für den Arzt und Politiker Rudolf Virchow in Auftrag, das 1910 eingeweiht wurde, acht Jahre nach seinem Tod. Berlin hatte dem umtriebigen Gelehrten viel zu verdanken: Seit 1859 kämpfte er als Stadtverordneter für die Gesundheit seiner Mitbürger, setzte sich für die Errichtung städtischer Krankenhäuser ein (realisiert ab 1867), sowie für den Bau einer Kanalisation (ab 1873), eines modernen Schlachthofes (ab 1877) und von Markthallen (ab 1886). Der Mitbegründer der liberalen Deutschen Fortschrittspartei saß auch im Preußischen Landtag und war von 1880 bis 1893 Reichstagsabgeordneter. Mit seinen demokratischen Überzeugungen war er ein Widersacher der Konservativen, allen voran Bismarcks, der seinen Kontrahenten 1865 nach einer Debatte im Preußischen Landtag sogar zu einem Duell forderte, was Virchow jedoch ignorierte.

Das soziale Engagement als Arzt und als Politiker waren für Virchow zwei Seiten einer Medaille, denn, so hat er es formuliert, »die Politik ist weiter nichts, als Medizin im Großen«. In seinem Buch »Cellularpathologie« (1858) beschrieb er die einzelnen Zellen als kleinste Einheiten des Lebendigen. So wie die Individuen im Staat begriff er die Zellen als verschieden begabt, aber prinzipiell gleichberechtigt. War das Leben der Zellen gestört, erkrankten einzelne Organe oder der ganze Mensch. Entsprechend hatte auch der Staat für die einzelnen Zellen Sorge zu tragen.

Seit 1856 leitete Virchow das neu gegründete Institut für Pathologie an der Charité und widmete sich dort der Erforschung von Krankheitsbildern nach dem Motto: »Kein Tag ohne Präparat«. Er baute eine Sammlung auf, die möglichst alle bekannten Erkrankungen anschaulich dokumentieren sollte. Sie umfasste weit über 20.000 in Spiritus eingelegte Körperteile, Föten, Knochen und Schädel. Die Krönung dieses Lebenswerks war die Eröffnung des Pathologischen Museums am 27. Juni 1899. Vom Virchowdenkmal auf dem Karlplatz führt eine gerade Straße, die Charitéstraße, zu dem Gebäude auf dem Gelände der ältesten Berliner Klinik, der 1710 als Pesthaus gegründeten Charité. Der Museumsneubau war Teil eines

^ *Das Virchow-Denkmal am Karlplatz wurde von Kaiser Wilhelm II. erst auf Bitten des Künstlers genehmigt. Foto 2006*

großen Umbaus der Klinik in den Jahren 1897 bis 1916, der ihr Erscheinungsbild auf dem Campus zwischen Luisenstraße und Stadtbahn bis heute bestimmt. Nach dem Vorbild der älteren städtischen Kliniken (s. S. 64) bekamen einzelne Abteilungen wie die Chirurgie, die Nervenheilanstalt oder die Pathologie separate Institutsgebäude innerhalb einer parkartigen Anlage, doch wegen der beengten Verhältnisse war kein Platz für Pavillons. Statt dessen entwarf der Architekt Georg Diestel kompakte, bis zu fünfstöckige Baublöcke.

Im kriegsbeschädigten Gebäude des Pathologischen Museums, der sogenannten »Ruine«, knüpft heute das Medizinhistorische Museum an Virchows Vision von einem Ort der medizinischen Aufklärung für jedermann an. Sein Arbeitstisch ist dort zu sehen und eine große Schausammlung von Präparaten, die wie zur Kaiserzeit in langen Glasschränken aufgereiht sind. Die meisten Stücke sind neueren Datums, manche Exponate aber gehörten schon zu Virchows Sammlung – wie die Harnblasensteine aus dem 18. Jahrhundert oder der Schädel mit Schussverletzungen aus dem Krieg um Schleswig-Holstein von 1864. Anhand historischer Exponate kann man sich auch ein Bild von der Entwicklung der Zahntechnik, der Urologie, der

Augen- und der Sprachheilkunde machen. Hinzu kommen Sonderausstellungen zu medizinischen Themen auf dem aktuellen Stand der Forschung.

In seinem Museum feierte Virchow am 13. Oktober 1901 seinen 80. Geburtstag, zu dem Glückwünsche aus aller Welt eintrafen. Im folgenden Winter brach er sich beim Abspringen von einer Straßenbahn am Leipziger Platz ein Bein. Von den Folgen dieses Unfalls erholte er sich nicht mehr. Virchow starb am 5. September 1902 in Berlin. Sein Museum war bis 1914 für die Öffentlichkeit zugänglich, danach wurde es aus Kostengründen geschlossen und diente nur noch der Fortbildung von Medizinern. Ein Bombentreffer im Zweiten Weltkrieg dezimierte die Sammlung. Erst seit 1998 steht dieses Museum aus der Kaiserzeit unter neuen Namen, aber im Sinne seines Gründers wieder für jedermann offen, der den Anblick medizinischer Instrumente und

^ *Der Arzt und Politiker Rudolf Virchow an seinem 80. Geburtstag am 13. Oktober 1901* präparierter Leichenteile nicht scheut.

Was für Albrecht von Graefe der Augenspiegel war, das war für Virchow das Mikroskop, unter dem sich gesunde und kranke Zellen unterscheiden ließen. Wenige Schritte vom Medizinhistorischen Museum entfernt, in der Luisenstraße 57, gelang es einem Mitarbeiter des Kaiserlichen Gesundheitsamtes zum ersten Mal, einen Tuberkulosebazillus unter dem Mikroskop sichtbar zu machen. Jahrelang hatte Robert Koch bereits Infektionskrankheiten erforscht und versucht, Erreger auf speziellen Nährböden zu züchten und einzufärben. Am 24. März 1882 stellte er seine Entdeckung auf einem Vortrag vor der Berliner Physiologischen Gesellschaft in der Dorotheenstraße 96 vor. An beiden Gebäuden findet man Gedenktafeln, die diese Pionierleistung würdigen, außerdem ein Denkmal für den Forscher am nördlichen Ende der Luisenstraße, auf dem Robert-Koch-Platz (von Louis Tuaillon, 1916). Die Bibliothek, in der Koch seinen Vortrag hielt, ist im heutigen Institut für Mikrobiologie und Hygiene an der Dorotheenstraße 96 erhalten; dort wird auch ein Teil seines Nachlasses verwahrt und ist (nach Voranmeldung) ein kleines Museum zu besichtigen.

1884 identifizierte Robert Koch auf einer Indienreise den Cholera-Erreger. Auf weltweiten Expeditionen forschte er nach den Ursachen von Pest und Malaria. Seine Erkenntnisse führten 1891 zur Gründung eines Königlichen Instituts zur Erforschung und Bekämpfung von Infektionskrankheiten in Berlin. Für dieses Institut entstand bis 1900 ein Neubau am Nordufer 20 in Wedding, in der Nachbarschaft des 1906 fertig gestellten heutigen Rudolf-Virchow-Klinikums.

1904 gab Koch die Leitung seines Instituts auf, im folgenden Jahr erhielt er den Nobelpreis für Medizin. Als er 1910 in Baden-Baden starb, wurde er auf eigenen Wunsch eingeäschert. Die Urne befindet sich in einem damals zum Mausoleum umgestalteten Raum des Forschungsinstituts am Nordufer. Unter dem Namen Robert-Koch-Institut wacht dort bis heute eine Bundesbehörde über die Gesundheit der Bevölkerung, beobachtet die Ausbreitung von Krankheiten und entwickelt Strategien zu ihrer Eindämmung.

^ *Die naturwissenschaftlichen Institute zwischen Wilhelm-, Dorotheen- und Bunsenstraße entstanden 1873 bis 1908.*

BERLINER FORSCHER

Friedrich Althoff (1839-1908), Wissenschaftsorganisator, s. S. 234 und 237.

Friedrich Simon Archenhold (1861-1939), Astronom, baute 1896 zur Berliner Gewerbeausstellung (s. S. 171) das längste Linsenfernrohr der Welt im Treptower Park (heute Archenhold-Sternwarte, Alt-Treptow 1).

Emil Dubois-Reymond (1818-1896), lehrte seit 1854 Physiologie in Berlin und leitete das 1877 eröffnete Physiologische Institut an der Dorotheenstraße 94-96 (Gedenktafel).

Emil von Behring (1854-1917), zeitweise Assistent von Robert Koch, entwickelte zusammen mit Paul Ehrlich die ersten wirksamen Schutzimpfungen gegen Diphterie und Tetanus und erhielt dafür 1901 den ersten Medizinnobelpreis. Büste vor der Wohnadresse an der Puschkinallee 8 in Treptow.

Albert Einstein (1879-1955), übersiedelte 1914 nach seiner Wahl zum Mitglied der Preußischen Akademie der Wissenschaften nach Berlin (Gedenktafel am Eingang zur Akademiebibliothek, Unter den Linden 8). Formulierte hier die allgemeine Relativitätstheorie. Nobelpreis 1921.

Emil Fischer (1852-1919), seit 1892 Chemieprofessor an der Universität, initiierte den Institutsneubau an der Hessischen Straße 1-2 (1899-1900, Mitte), wo er auch wohnte. Chemienobelpreis 1902.

^ *Robert Koch (oben), die Archenhold-Sternwarte in Treptow (links) und Gedenktafel an der Dorotheenstraße 94 (unten)*

Otto Hahn (1879-68) erforschte 1906-12 mit **Lise Meitner** die Radioaktivität im 1. Chemischen Institut der Friedrich-Wilhelms-Universität (1899-1900, Hessische Straße 1-2, Mitte, Gedenktafel). Chemienobelpreis 1944.

Adolf von Harnack (1851-1930), Theologe und bedeutender Wissenschaftsorganisator, Foto S. 235.

Jacobus Hendrikus van't Hoff (1852-1911), Begründer der physikalischen Chemie, erster Nobelpreisträger für Chemie 1901, wohnte 1904-09 in der Lietzenburger Straße 77 (Ecke Uhlandstraße, Gedenktafel).

Hermann Helmholtz (1821-94), »Bismarck der Physik«. Sein Denkmal (Ernst Herter, 1899) steht vor dem Haupteingang der Humboldt-Universität Unter den Linden 6. Äußerst vielseitiger Wissenschaftler, seit 1871 Leiter des Physikalischen Instituts der Universität. An dessen zerstörten Neubau aus der Kaiserzeit erinnert eine Gedenktafel (Wilhelmstraße 67a). Seit 1887 Präsident der neu gegründeten Physikalisch-Technischen Reichsanstalt (Neubau 1887-89, Abbestraße 2-12, Nähe Ernst-Reuter-Platz, heute Physikalisch-technische Bundesanstalt), auf deren Gelände er zuletzt wohnte.

Robert Koch (1843-1910), s. S. 225.

Theodor Mommsen (1817-1903), Historiker, erhielt 1902 für seine »Römische Geschichte« als erster Deutscher den Literaturnobelpreis. Denkmal im Ehrenhof der Humboldt-Universität, Unter den Linden 6 (1909, Adolf Brütt).

Walther Nernst (1864-1941), leitete seit 1905 das Institut für physikalische Chemie in der Bunsenstraße 1 (Gedenktafel, Mitte, Foto S. 225). Chemienobelpreis 1920.

Max Planck (1858-1947), seit 1889 Professor für mathematische Physik an der Universität. Am 14. Dezember 1900 hielt er im Physikalischen Institut (zerstört, Gedenktafel Wilhelmstraße 67a) den ersten öffentlichen Vortrag zur Quantentheorie (Nobelpreis des Jahres 1918). Gedenktafeln am Universitätsgebäude Unter den Linden 6 und an der Wohnadresse (1905-44) in Wilmersdorf, Wangenheimstraße 21.

Georg Simmel (1858-1918), jüdischer Philosoph und Mitbegründer der Soziologie (»Philosophie des Geldes«, 1900), Privatdozent an der Universität, Gedenktafel am Wohnhaus in Westend, Nußbaumallee 14.

Werner Sombart (1863-1941), Nationalökonom und Soziologe (»Der moderne Kapitalismus«, 1902), lebte 1906-1919 in der Charlottenburger Suarezstraße 27 (Gedenktafel). Lehrte an der Berliner Handelshochschule (s. S. 221).

^ *Der Physiker Hermann von Helmholtz war ausgebildeter Militärarzt und forschte auf vielen Gebieten.*

MUSEUM FÜR NATUR-KUNDE

Zwölf Meter hoch ragt das Skelett des Brachiosaurus Brancai im Lichthof des Naturkundemuseums auf. Direkt über dem Kopf des Urzeitriesen spannt sich das – nach dem Zweiten Weltkrieg erneuerte – Glasdach. Der große, lichte Raum wirkt wie gemacht für das höchste je in einem Museum aufgestellte Dinosaurierskelett. Dabei lagerten dessen versteinerte Knochen noch unentdeckt in der Erde Afrikas, als der Architekt August Tiede das Museumsgebäude 1883-1889 errichtete. Erst 1907 wurden in der damaligen deutschen Kolonie Deutsch-Ostafrika, dem heutigen Tansania, die Saurierfundstätte auf dem Tendaguru-Hügel entdeckt. Noch im selben Jahren waren deutsche Paläontologen vor Ort. Dem Direktor des Berliner Naturkundemuseums, Wilhelm von Branca, gelang es, die Öffentlichkeit für die spektakulären Funde zu begeistern und durch private Spenden eine mehrjährige Ausgrabungsexpedition zu finanzieren. Es wurde die bedeutendste Saurier-Grabung aller Zeiten. In Berlin waren die Forscher noch Jahrzehnte später mit der Aufarbeitung der abtransportierten 250 Tonnen Knochen und Gestein beschäftigt.

Allerdings unterliefen den Paläontologen bei der Aufstellung der Skelette Irrtümer, die bei der jüngsten gründlichen Restaurierung nach dem neuesten Stand der Forschung korrigiert wurden. Derweil geht die Tendaguru-Expedition in die zweite Runde: Mit Hilfe der Deutschen Forschungsgemeinschaft hat das Naturkundemuseum Forscher nach Afrika gesandt, die den Fundort mit Hilfe neuester Technologien untersuchen sollen, um weitere Erkenntnisse über die Tier- und Pflanzenwelt vor 150 Millionen Jahren zu gewinnen.

^ *Der strahlend gelb-schwarze »Monarch« (Danaus plexippus) im 1889 eröffneten Naturkundemuseum*

Das Museum für Naturkunde ist nämlich nicht nur eines der beliebtesten Berliner Museen, sondern auch ein Forschungsinstitut der Humboldt-Universität von internationalem Rang. Seit ihrer Gründung im Jahr 1809 besaß die Universität umfangreiche Sammlungen an zoologischen Präparaten, Mineralien

und Gesteinen, die als Anschauungs- und Forschungsmaterial dienten. Im Obergeschoss des Universitätsgebäudes Unter den Linden ausgestellt, waren die ausgestopften Tiere, Skelette und Kristalle auch dem Publikum zugänglich. Mit dem Aufblühen der Naturwissenschaften und der zunehmenden Spezialisierung im Laufe des Jahrhunderts wuchsen die Sammlungen so stark an, dass die drangvolle Enge eine wissenschaftliche Arbeit unmöglich machte.

Das neue Museumsgebäude an der Invalidenstraße 42-44 wurde am 2. Dezember 1889 feierlich eingeweiht. Vor den Toren der Stadt unweit des Invalidenhauses war auf dem Gelände der ehemaligen Königlichen Eisengießerei ein neuer Universitätsstandort entstanden. Das Naturkundemuseum bildete das Herzstück eines dreiteiligen Bauensembles. Als erstes entstand 1875-78 das Gebäude der Geologischen Landesanstalt und Bergakademie, heute Sitz des Verkehrs-und Bauministeriums, dann als Pendant dazu die Landwirtschaftliche Hochschule, in der noch heute die Studenten ein- und ausgehen. Zwischen beide Baukörper im Stil der Neorenaissance fügte der Architekt Tiede schließlich, ein Stück von der Straße zurückversetzt, das Naturkundemuseum ein. Über einen baumbestandenen Vorplatz gelangt man zu dem repräsentativ gestalteten Hauptportal des Museums. Zwei Wissenschaftler in Stein wachen darüber: rechts der Zoologe Johannes Müller, links der Geologe Leopold von Buch, beides Pioniere ihres Fachgebiets im frühen 19. Jahrhundert.

Die Museumskonzeption änderte man noch während der Bauphase. Statt die Sammlung wie ursprünglich vorgesehen auf allen drei Geschossen für das Publikum auszubreiten, entstand

^ *Der vor hundert Jahren in Afrika ausgegrabene Brachiosaurus Brancai im Lichthof. Vor der Neuaufstellung 2007*

eine Schausammlung im Erdgeschoss und eine streng wissenschaftliche Hauptsammlung in den oberen Etagen. Ein Konzept, das in der Folgezeit international Schule machte, und hier bis heute in seinen Grundzügen erhalten ist. Die großzügigen, lichten Schausäle liegen um den großen Innenhof herum: rechts die Paläontologie, links die Mineralogie und in den rückwärtigen Gebäudeteilen die Zoologie. »Überall musste aus finanziellen Gründen die höchste Beschränkung in der Formgebung geübt werden«, heißt es in einer zeitgenössischen Beschreibung des Baus: „Auch die innere Ausstattung ist höchst einfach«. Bis heute wirken die Räume mit ihren Granit- und Sandsteinsäulen, den Terrazzoböden, gemusterten Fliesen und reichverzierten Eisentreppen ansprechend und nicht überladen.

Doch das Haus ächzt unter der Last seiner Jahre. Noch immer sind die Kriegsschäden des Zweiten Weltkriegs nicht vollständig beseitigt, ein ganzer Gebäudeflügel wartet auf seinen Wiederaufbau. Die Schausammlung beeindruckt mit ihrer Fülle an Exponaten und mit dem Charme ihrer historischen Innenräume. Für einen modernen Betrachter wirken die eng bestückten Vitrinen mit Mineralien und Kristallen oft ermüdend, viele der historischen Tierpräparate bedürfen dringend der Restaurierung. Der neue Direktor des Hauses, Reinhold Leinfelder, will sein Institut als hochkarätige Forschungsanstalt und publikumsfreundliches Museum für die Zukunft fit machen. Veranschlagte Kosten: 100 Millionen Euro.

Über 30 Millionen Objekte fasst das Museum heute, von der winzigen in Bernstein eingeschlossenen Fliege bis zum ausgestopften Gorilla, vom Meteoriten bis zum Fischskelett. Die größten Zuwächse verzeichneten die Sammlungen in der Kaiserzeit: aus den deutschen Kolonien, aber auch durch Expeditionen wie die Valdivia-Tiefsee-Expedition, die bis an die Eisgrenze der Antarktis führte, die Plankton-Expedition mit dem Schiff »National« oder den Ankauf der weltgrößten Schmetterlingssammlung 1905. Eine der bedeutendsten Erwerbungen gelang 1877 mit dem versteinerten Urvogel Archaeopteryx aus Solnhofer Plattenkalk, bis heute das besterhaltene Exemplar weltweit.

Wer durch die Sammlungen flaniert, spürt den dahinterstehenden Anspruch, das gesamte Inventar der belebten und unbelebten Natur zu erfassen, zu klassifizieren und zu ordnen. Ein Vorhaben, das bis heute nicht abgeschlossen ist: bislang sind noch längst nicht alle Tier- und Pflanzenarten auf der Welt bekannt, jährlich sterben Tausende davon aus.

ELEFANTÖS

DER ARTENREICHSTE ZOO DER WELT

Die amerikanischen Bisons grasen vor massiven Blockhäusern mit farbigem Schnitzwerk im Indianerstil, die Zebras wohnen in einem weiß verputzten Wüstenschloss mit hochaufragendem Kuppelturm. Eingeweiht wurden ihre Tierhäuser 1905 und 1909. Majestätisch stolzieren die Giraffen vor ihrem 1872 eröffneten Prachtbau einher, der sich wie eine orientalische Moschee mit spitzen Minaretten zwischen den alten Bäumen des Zoos erhebt. Nicht weit davon scharren Hühner in zierlichen Volieren rund um ein malerisches Landhaus (1908) aus Backstein, während Hirsche und Rehe in hübschen Jagdhütten (1896) Unterschlupf finden. »Dieser großartige Garten, wo die wilden Tiere wie die Fürsten wohnen«, schwärmte der Professor Edmond Perrier von der Pariser Sorbonne beim Internationalen Zoologen-Kongress 1901 im Berliner Zoo.

Den Tieren dürfte das kunstvoll auf ihre Herkunftsländer abgestimmte Ambiente gleichgültig gewesen sein. Doch auch sie profitierten davon, als der Berliner Zoo in der Kaiserzeit unter den Direktoren Heinrich Bodinus und Ludwig Heck zu einer Institution von Weltrang ausgebaut wurde. 1844 als erster Zoo in Deutschland eröffnet, entwickelte er sich von einem waldigen Park mit eingestreuten Tierhäusern zum größten und artenreichsten Zoo der Welt – mit rund 500 Säugetierarten und 1000 Vogelarten vor dem Ersten Weltkrieg. Renommierte Architekten wie Ende & Böckmann entwarfen nicht nur repräsentative Schauarchitekturen, die die Besucher wahlweise nach Afrika, Asien oder in die Alpen versetzten, sondern auch zunehmend artgerechte Gehege und Winterställe. Die ersten der Natur nachempfundenen Kulissen-

^ *Durch das Elefantentor (von Zaar & Vahl) betritt man seit 1899 den Zoologischen Garten. Rekonstruiert 1985, Foto 2006*

bauten gehen auf die Kaiserzeit zurück, etwa der später erweiterte Gemsenfelsen (1899), das Wassernagetierhaus (1902/03) mit seinen Felsformationen oder der mächtige Adlerfelsen aus Elbsandstein (1909). Von dem Theaterkulissenbauer Moritz Lehmann entworfen birgt er im Inneren ein beheizbares Wintervogelhaus. Solche naturnah gestalteten Freigehege waren Bühnen für die Phantasie der Besucher, um die freie Wildbahn zu imaginieren. Im großen Stil kamen in späteren Jahrzehnten Felsengelände für Löwen, Bären, Robben hinzu, während die exotische Architektur aus der Mode geriet.

Wer den Zoo heute besucht, wird trotz starker Kriegszerstörungen noch viel von der kaiserzeitlichen Anlage entdecken. Denn damals erhielt das Gelände seine heutige Struktur und Gestalt. Man betritt es wie einst durch das Elefantentor (Original errichtet 1899) oder das Löwentor (Original 1909). Beide wurden in den 1980er Jahren rekonstruiert: das Elefantentor war im Krieg zerstört, das Löwentor 1956 abgetragen worden, da es den Stadtplanern bei der Anlage des Busbahnhofs vor dem Bahnhof Zoo im Weg stand, ebenso wie das ägyptisierende Straußenhaus (1901). Viele der mehr oder weniger stark beschädigten Architekturrelikte der Kaiserzeit verschwanden. Nur noch ein zum Brunnen umgenutztes Neptunrelief an der südwestlichen Zoogrenze erinnert an den Aussichtsturm (1899), der auch als Wasserreservoir diente. Vom japanischen Stelzvogelhaus blieben nur die Schnitzreliefs mit ihren naturalistischen Vogeldarstellungen, heute in der Fasanerie. Der 1871/72 ausgehobene »Vierwaldstätter See«, über dessen Westufer einst die »Kaiser-Wilhelm-Höhe« mit einer Büste wachte, prägt noch immer die Landschaftsanlage. Breite, symmetrisch mit Blumenrabatten geschmückte Flanierwege führen den Besucher vom Elefantentor aus über die Dreisternpromenade (1898) in den Garten hinein. Auf einer Bank sitzend kann man sich unschwer die sonntäglich herausgeputzten Damen mit ihren ausladenden Hüten, die Kinder im Matrosenanzug, die Herren mit ihren Kaiserbärten vorstellen, die hier entlang strömten – bis zu 100.000 Besucher zählte der Zoo an schönen Tagen.

In Cafés, Restaurationen und Sälen gab sich die Gesellschaft ein Stelldichein. Hier fanden die größten Bälle der Hauptstadt statt, die elegantesten Militärkonzerte, hierher führte der Kaiser seine Staatsgäste. Etwa beim Dreikaisertreffen 1872,

als sich Kaiser Wilhelm I. mit Franz Joseph und Zar Alexander II. im Antilopenhaus traf. Eine Hauptattraktion waren die seit 1878 fast jedes Jahr stattfindenden Völkerschauen: ob Eskimos, Nubier oder Singhalesen – bis Anfang der Dreißiger Jahre hinein gab es im Zoo Menschen aus fernen Ländern zu bestaunen. Der Kolonialismus erleichterte auch die ehrgeizige Erweiterung des Tierbestandes. So lud Zoodirektor Ludwig Heck gern die in Berlin weilenden Kommandeure der Kolonialtruppen zum »Afrikanerfrühstück« – und diese revanchierten sich oftmals mit Tiergeschenken. Heute bescheren ausländische Staatsoberhäupter dem Zoo bisweilen Zuwachs durch Staatsgeschenke.

Seit 1913 befindet sich auf dem Zoogelände neben dem Elefantentor das Aquarium, das 1869 von Alfred Brehm Unter den Linden 62-68 gegründet worden war (Gedenktafel). Der nach Kriegsschäden weitgehend originalgetreu wiederhergestellte Bau im Zoo beherbergt – wie zur Kaiserzeit – nicht nur Fische, sondern auch Insekten und Reptilien. Die Außenwände schmücken rekonstruierte Reliefs und Mosaiken mit Saurierdarstellungen (Foto S. 15), vor dem Eingang vom Zoogelände her wacht ein fünf Meter hoher Iguanodon-Saurier in Lebensgröße – der heutige Wissenschaftler schmunzeln lässt. Das Salzwasser für die Meerestiere wurde einst von Hamburg mit großen Elbkähnen zur Tiergartenschleuse geschippert und über eine kilometerlange Schlauchleitung in die Becken gepumpt. Seit Ende des Ersten Weltkriegs wird das Wasser künstlich angerührt.

^ *Im Antilopenhaus traf sich Wilhelm I. 1872 mit Kaiser Franz Joseph und Zar Alexander II. zum Frühstück. Foto 2006*

FORSCHEN IN DAHLEM

KAISER-WILHELM-INSTITUTE

Den behelmten Kopf der antiken Göttin Minerva sieht man in Dahlem an vielen Häusern. Er gehört zum Logo der Max-Planck-Gesellschaft, einer der größten deutschen Wissenschaftsorganisationen, die in Dahlem mehrere Forschungsinstitute unterhält. Die Göttin der Weisheit findet sich auch an Gebäuden der Freien Universität. Ein Hinweis darauf, dass diese ursprünglich für die 1911 gegründete Kaiser-Wilhelm-Gesellschaft gebaut wurden, die Vorgängerin der 1948 ins Leben gerufenen Max-Planck-Gesellschaft. Deren Verwaltungszentrale befindet sich heute in München, ihr Gedächtnis aber am Ursprungsort in Dahlem. Im ehemaligen Institut für Zellphysiologie, das architektonisch einem märkischen Landschlösschen nachempfunden wurde, sind heute die Bibliothek und das Archiv zur Geschichte der Max-Planck-Gesellschaft untergebracht (»Otto-Warburg-Haus«, 1929-30, Boltzmannstraße 14. Denkmal des Chemienobelpreisträger Emil Fischer im Garten, s. S. 226).

Die »Begründung eines deutschen Oxford« in Dahlem geht auf Friedrich Althoff (s. S. 237) zurück, den mächtigen Ministerialdirektor im preußischen Kultusministerium. Er starb 1908, doch seine Pläne für den Aufbau eines Wissenschaftscampus im Berliner Südwesten wurden mit Unterstützung des Kaisers, führender Naturwissenschaftler und der Industrie weiterverfolgt. Am 11. Januar 1911 fand die konstituierende Sitzung der Kaiser-Wilhelm-Gesellschaft zur Förderung der Wissenschaften in der Akademie der Künste am Pariser Platz statt. Schon im folgenden Jahr nahmen die ersten Institute ihre Arbeit in Dahlem auf:

- Kaiser-Wilhelm-Institut für Chemie (Thielallee 63-67, 1911-12, Ernst von Ihne, heute Otto-Hahn-Bau der FU). Gedenktafel für

^ *Minervakopf am 1927 eröffneten Kaiser-Wilhelm-Institut für Anthropologie, Erblehre und Eugenik, Ihnestraße 22-24*

die Entdeckung der Uranspaltung durch Otto Hahn und Fritz Strassmann 1938. Hahn wohnte seit 1929 in der Altensteinstraße 48 (Gedenktafel).

- Kaiser-Wilhelm-Institut für physikalische Chemie und Elektrochemie (Faradayweg 4-6, 1911-12, Ernst von Ihne, heute Fritz-Haber-Institut der Max Planck-Gesellschaft). In der Direktorenvilla am Faradayweg 8, Eingang Hittorfstraße 24, lebte bis 1933 Fritz Haber, Chemienobelpreisträger 1918. Vis-a-vis liegt die Villa des Chemikers Richard Willstätter, der für seine Forschungen über den Pfanzenfarbstoff Chlorophyll 1915 als er erster Wissenschaftler der Kaiser-Wilhelm-Gesellschaft einen Nobelpreis (für Chemie) erhielt.

- Kaiser-Wilhelm-Institut für Biologie (Boltzmannstraße 3, Ernst von Ihne, 1914-16, heute Juristische Fakultät der FU).

In der Nachbarschaft entstanden nach dem Ersten Weltkrieg weitere Institute. Den Namen des ersten Präsidenten der Kaiser-Wilhelm-Institute, Adolf von Harnack, trägt das 1929 eingeweihte Hörsaalgebäude der Kaiser-Wilhelm-Gesellschaft, das »Harnack-Haus« (Ihnestraße 16-20, alle Nähe U-Bhf. Thielplatz).

^ *Ehemaliges Institut für Chemie (links), Adolf von Harnack (rechts), Emil-Fischer-Denkmal am Otto-Warburg-Haus (u.)*

DIE GANZE WELT IN EINEM GARTEN

Innerhalb weniger Minuten von Europa in den Himalaja zu reisen oder aus den sibirischen Wäldern nach Nordamerika – im Botanischen Garten war das schon zur Kaiserzeit möglich. Der damalige Direktor Adolf Engler legte 1897 eine 13 ha große pflanzengeographische Abteilung an. Mit über 6000 Pflanzenarten bildet sie bis heute das Herzstück des Botanischen Gartens in Steglitz, der insgesamt 22.000 Arten auf über 43 ha versammelt. Hier und da entdeckt man in den Beeten sogar noch die historischen Beschilderungstäfelchen mit Porzellanetikett.

Unter freiem Himmel gedeihen im Berliner Klima allerdings nur die Pflanzen der Nordhalbkugel. Der Ehrgeiz der Botaniker richtete sich in der Kaiserzeit aber vor allem auch auf die Pflanzenwelt ferner Erdteile. Durch die deutschen Kolonien war ein intensives wirtschaftliches Interesse an tropischen Nutzpflanzen entstanden. Deren Erforschung wurde zu einem Schwerpunkt der wissenschaftlichen Tätigkeit im Botanischen Garten – und führte überhaupt erst dazu, dass die Institution zwischen 1897 und 1910 an ihren heutigen Standort umzog. Zuvor befand sich der Botanische Garten auf dem Gelände des heutigen Kleistparks in Schöneberg. Daran erinnert noch das erste Haus des 1880 eröffneten Botanischen Museums, heute Sitz des Kunstamts Schöneberg (1878-80, Grunewaldstraße 6/7).

Am neuen Standort richtete man den Blick nach London, wo 1844 in Kew Gardens ein riesiges Palmenhaus errichtet worden war. Zwischen 1900 und 1909 entstanden in Dahlem mehrere Gewächshäusern in moderner Stahl-Glas-Konstruktion, entworfen von dem Architekten Alfred Koerner. Das große Tropenhaus zählt noch heute zu den größten der Welt. Von besonderer Schön-

^ *Dieses filigrane Gewächshaus beherbergt heute die Flora der Mittelmeerländer. Foto 2005* heit ist das einzeln stehende ehemalige Überwinterungshaus in Form einer dreischiffigen Basilika mit Jugendstil-Pflanzenornamenten (Foto links).

Von Expeditionen nach Peru, Neuguinea, Australien oder Afrika brachten Forscher nicht nur lebende Pflanzen mit, sondern auch Tausende von konservierten Pflanzenteilen. Daher wurde dem Botanischen Garten das Botanische Museum angegliedert, bis heute das einzige seiner Art in Europa. Fast 10.000 Proben umfasst allein die Holzsammlung. In Spiritus haben Kakteen, Früchte und Zapfen die vergangenen hundert Jahre überdauert. Das kostbare Herbarium enthält getrocknete Pflanzen, die teils noch von Alexander von Humboldt oder Adelbert von Chamisso auf ihren Weltreisen gesammelt wurden. Diese Forschungstradition schreiben die heutigen Mitarbeiter des Hauses und des Zentrums für Systematischen Botanik der Freien Universität fort. Neben dem nach Kriegszerstörungen vereinfacht wiederhergestellten Museum siedelte die Uni in den 1970er Jahren ihr Institut für Pflanzenphysiologie an. Schon in der Kaiserzeit waren in der Nähe biologische Lehr- und Forschungsinstitute errichtet worden, so die Königliche Gärtnerlehranstalt (Königin-Luise-Straße 22, 1902-03; mit denkmalgeschützten Gartenanlagen, heute Universitätsinstitut). In der ehemals Kaiserlichen Anstalt für Land- und Forstwirtschaft hat jetzt die Biologische Bundesanstalt ihren Berliner Sitz (1900-04, Königin-Luise-Straße 19). Zusammen mit den Kaiser-Wilhelm-Instituten bildeten diese Einrichtungen schon in der Kaiserzeit einen ausgedehnten Wissenschaftscampus auf dem Gelände der ehemaligen Staatsdomäne Dahlem.

TIPP: Ganz im Norden Berlins ist ein kleines Pendant zum großen Botanischen Garten zu entdecken: der Botanische Volkspark Pankow. Auf ehemaligen Rieselfeldern entstand ab 1909 der zentrale Schulgarten Berlins, dessen Pflanzen den Berliner Schülern zum Botanik- und Zeichenunterricht dienten. Der 1874 begründete Schulgarten befand sich zunächst am Humboldthain im Wedding. 1914 zog von dort auch die 1894 errichtete Geologische Wand nach Pankow um. Sie zeigt anhand von originalen Steinproben einen Schnitt durch die Gesteinsformationen Mitteleuropas.

Im Botanischen Garten befindet sich das Grab von Friedrich Althoff, der die Wissenschaft nach Dahlem brachte. ^

Späth-Arboretum

Privatem Unternehmerelan verdankt sich das Arboretum in Treptow. Das Parkidyll ist der letzte original erhaltene Teil der einst berühmten Späthschen Baumschulen. Das 1720 gegründete Familienunternehmen war ursprünglich vor dem Halleschen Tor ansässig. Doch Betriebschef Franz Späth setzte auf Expansion. Er kaufte den Bauern zwischen Britz und Johannisthal ihre Wiesen ab und bewirtschaftete in der Kaiserzeit ein Gelände von insgesamt 900 Morgen – die größte Baumschule der Welt. 1874 ließ er sich auf dem Areal ein Wohnhaus errichten (heute Institut für Spezielle Botanik der Humboldt-Universität). Der Park des Baumschulbesitzers wuchs zu einer Baumsammlung von internationalem Rang. Auf 3,5 Hektar Fläche umfasst er 1200 verschiedene Gehölze, darunter viele Exoten. Natürlich sind auch Pflanzen wie der Pfitzer-Wacholder oder Prunus cerasifera »purpurea« vorhanden, die Späth in den Handel einführte. Damals diente das Arboretum der Erprobung neuer Sorten und der Samengewinnung. Die Anlage im Stil englischer Landschaftsgärten gestaltete der städtische Gartendirektor Gustav Meyer, dem Berlin auch andere bedeutende Parkanlagen verdankt.

Die Späthschen Baumschulen existieren als Gewerbebetrieb bis heute. Die Baumzucht wurde allerdings aus Treptow ins brandenburgische Ketzin verlagert, da die Abgase der nahen Stadtautobahn den jungen Bäumen schaden. Bereits in der Kaiserzeit gefährdete die Verkehrsplanung die Baumschule: Als 1901 der Teltowkanal angelegt wurde, mussten Flächen wegen des sinkenden Grundwasserspiegels aufgegeben werden. (Späthstraße 80/81 in Treptow).

^ *1911 zog Karl Foerster mit seiner Gärtnerei aus Westend nach Bornim und legte seinen Garten an. Foto 2006*

Parkanlagen

Vom Späthschen Arboretum bietet sich ein Abstecher zum Treptower Park an. Er wurde vom städtischen Gartendirektor Gustav Meyer als »Volksgarten« für Erholung und Bildung geplant (1876-82 ausgeführt, s. Abb. S. 172), mit einem großen Spielplatz in Form eines Hippodroms: In der Millionenstadt Berlin gab es noch 1882 nur fünf öffentliche Spielplätze. An seiner Stelle befindet sich seit 1946-49 das Sowjetische Ehrenmal (im Park eine Büste Gustav Meyers, 1890). Im Wedding ist eine Allee nach Meyer benannt, der hier seine Dienstvilla hatte. Sie grenzt an den von ihm entworfenen Humboldthain (1876 fertiggestellt, ab 1948 umgestaltet). Von seinem Nachfolger Hermann Mächtig stammt der Kreuzberger Viktoriapark mit Wasserfall und »Wolfsschlucht« (1894 fertiggestellt). Im dicht besiedelten Wedding setzte der gut erhaltene Schillerpark (1909-13) Reformvorstellungen der Jahrhundertwende um: Die einfach und funktional gestaltete Anlage wollte nicht repräsentativ sein, sondern den Bedürfnissen der Bevölkerung dienen, mit großen Rasenflächen für Spiel und Sport, mit Plantschbecken und Rodelhang.

Karl-Foerster-Garten in Bornim

Das Firmenschild »Foerster-Stauden« weist Besuchern nördlich von Potsdam auf der Bornimer Feldflur den Weg. 1911 eröffnete Karl Foerster hier seine Staudengärtnerei und errichtete sich ein Wohnhaus im Muthesius-Stil, wo auch sein Vater Wilhelm Foerster, Direktor der Berliner Sternwarte, einzog. Heute wacht Tochter Marianne über das Blütenparadies des Hausgartens, der sich im Wechsel der Jahreszeiten wandelt. Nach dem Motto »Es wird durchgeblüht« brachte Foerster 300 neue Staudensorten auf den Markt und prägte mit seinen Gartenbüchern die Kultur der privaten Hausgärten in Deutschland. Sein Büro mit Hermann Mattern und Herta Hammerbacher gestaltete zahlreiche Gärten in und um Berlin. Der 2001 rekonstruierte Foerster-Garten ist täglich kostenlos zu besichtigen, die Stauden gibt es nebenan zu kaufen (Am Raubfang 6, Potsdam-Bornim).

^ *Der Wasserfall im Kreuzberger Viktoriapark wurde dem Zackelfall im Riesengebirge nachempfunden.*

MODERN SEI DER POET

Um das Jahr 1885 zettelte eine kleine Gruppe junger Schriftsteller eine Revolution im Literaturbetrieb an. In seinem »Buch der Zeit« formulierte Arno Holz ihr Credo: »Kein rückwärts schauender Prophet, / Geblendet durch unfassliche Idole, / Modern sei der Poet, / Modern vom Scheitel bis zur Sohle.« Modern sein, das hieß offen zu sein für die neuen Erfahrungen, die die Großstadt mit Industriebetrieben und Mietskasernen, mit Anonymität und sozialen Gegensätze bot. Kämpferisch wandten sich die »Modernen« gegen eine damals etablierte, heute vergessene Literatur, die rührselig war, weihevoll und im klassischen Sinne schön sein wollte.

»Die Fenster auf! Dort drüben liegt Berlin!
Dampf wallt empor und Qualm, in schwarzen Schleiern
Hängt tief und steif die Wolke drüber hin,
Die bleiche Luft drückt schwer und liegt wie bleiern...
Ein Flammenherd darunter – ein Vulkan,
Von Millionen Feuerbränden lodernd, ...
Ein Paradies, ein süßes Kanaan –
Ein Höllenreich und Schatten bleichvermodernd.«

So stieß Julius Hart in seinem 1884 gedruckten Gedicht »Auf der Fahrt nach Berlin« das Fenster zur modernen Großstadtlyrik auf. Mit seinem Bruder Heinrich Hart, mit Arno Holz, Johannes Schlaf und Gerhart Hauptmann gehörte er zu den Exponenten der jungen Szene. Nur wenige Kritiker – wie der vier Jahrzehnte ältere Fontane – begrüßten den Aufruhr, den die »Stürmer und Drängler« entfachten. Öffentliche Aufführungen der naturalistischen und sozialkritischen Dramen von Gerhart Hauptmann blieben noch über Jahre hinweg verboten. Um den »Modernen« ein Forum zu geben, entstanden Theatervereine wie

< Hermann Sudermann, meistgespielter Dramatiker der Kaiserzeit. Foto um 1905

die »Freie Bühne« und die »Freie Volksbühne«, neue Zeitschriften wie Maximilian Hardens »Die Zukunft« und progressive Verlage. Damals baute der Verleger Samuel Fischer mit großem Gespür für das Kommende und Bleibende sein Unternehmen zum führenden Literaturverlag in Deutschland auf.

Auch in anderen Bereichen der Kunst schuf sich der moderne Geist neue Institutionen. 1882 rebellierten 50 Musiker in Berlin gegen die schlechten Arbeitsbedingungen bei ihrem Orchesterleiter Benjamin Bilse und machten sich als Berliner Philharmonisches Orchester selbstständig. Bis heute ist es eine Künstlersozietät, die selbst ihre Leitung wählt und ihren künstlerischen Anspruch konsequent verteidigt. Die Pflege der musikalischen Tradition und das Heranführen des Publikums an die zeitgenössische Kunst gehen dabei Hand in Hand. Vergleichbar hohe Maßstäbe in Aufführungspraxis und Programmgestaltung setzte auch das 1883 neu eröffnete Deutsche Theater. In klarer Opposition gegen die Geschäftstheater und den konservativen Bühnenstil des Königlichen Schauspielhauses am Gendarmenmarkt etablierte sich dort eine nüchtern-realistische Aufführungspraxis. Maler und Bildhauer gründeten die gegen den akademischen Kunstbetrieb gerichteten Secessionen in München (1892), Wien (1897) und Berlin (1898, s. S. 176). Der Siegeszug der »Modernen« war nicht aufzuhalten, trotz der öffentlichen Ablehnung durch den Kaiser. Um die Jahrhundertwende hatten sie sich etabliert, freilich ohne den Kulturbetrieb zu dominieren.

Eine neue Künstlergeneration meldete sich um 1900 zu Wort, die bereits mit dem Naturalismus aufgewachsen war und ihrerseits nach neuem Ausdruck suchte. Es »wurde in diesen naturalistischen Aufführungen fast immer auf der Bühne gegessen, meist Knödel und Kraut, was zwar gut war, aber einem mit der Zeit auch über werden kann – jedenfalls begann mich die ganze Atmosphäre zum Schluss zu quälen und ich wurde direkt unglücklich«, klagte der Nachwuchsschauspieler Max Reinhardt 1895 über seine Arbeit am Deutschen Theater unter der Leitung von Otto Brahm. Reinhardt übernahm 1905 selbst

^ *Max Reinhardt um 1905*

Bucheinband von Peter Behrens (1907) ^

die Direktion der wichtigsten deutschen Bühne und brachte als Regisseur eine neue Opulenz ins Theater, ohne die hohen Ansprüche seines Vorgängers an Schauspieler und Spielplangestaltung aufzugeben.

Die moderne Literatur- und Kunstszene Berlins um 1900 wurde von keiner festen Gruppe beherrscht, sondern war vielfältig und vielstimmig. Ihr wichtigster Treffpunkt war das 1894 am Kurfürstendamm 18/19, der heutigen »Kranzler-Ecke« (Foto S. 149), eröffnete »Café des Westens«. Zum zentralen Künstlerlokal entwickelte es sich, als 1899 gleich neben dem nahe gelegenen »Theater des Westens« (s. S. 193) die erste Secessionsausstellung ihre Pforten öffnete. Maler, Theaterleute und Schriftsteller trafen sich in dem Café und schmiedeten gemeinsame Projekte – bald hieß das Hauptquartier der Boheme im Volksmund »Café Größenwahn«. Dort heckten Max Reinhardt, der Schauspieler Friedrich Kayßler und der Schriftsteller Christian Morgenstern in der Silvesternacht 1900 die Idee zu einem kleinen Theater unter dem Namen »Schall und Rauch« aus, Ernst von Wolzogen gründete das erste literarische Kabarett in Deutschland, das »Überbrettl« (ab 1901). Die expressionistischen Zeitschriften »Der Sturm«, ab 1910 von Herwarth Walden herausgegeben, und »Die Aktion«, ab 1911 von Franz Pfemfert geleitet, wurden ebenfalls in dem Lokal aus der Taufe gehoben. Hier verkehrte alles, was heute noch Rang und Namen hat in der damaligen Literatur: Else Lasker-Schüler, Gottfried Benn, Alfred Döblin, Frank Wedekind, Georg Heym, Erich Mühsam, Egon Erwin Kisch und der junge Walter Benjamin. Bald war das Lokal eine Touristenattraktion, in dem die »Modernen« von braven Bürgern wie in einem Zoo besichtigt wurden.

^ *Die »Modernen« im »Café des Westens«, rechts Else Lasker-Schüler und Herwarth Walden. Zeitungsausschnitt von 1905*

FREIE BÜHNEN

Die Theaterpolizei wachte streng über Zucht und Sitte auf den Berliner Bühnen. Alle Stücke mussten vor der öffentlichen Aufführung die Zensur passieren. Daher war es lange Jahre unmöglich, Werke moderner Dramatiker wie Ibsen oder Strindberg aufzuführen. Um diesem Zustand abzuhelfen, gründeten im Frühjahr 1889 junge Berliner Autoren und Theaterleute den Verein »Freie Bühne«, angeführt von dem Kritiker Otto Brahm und dem Verleger Samuel Fischer. »Uns vereinigt der Zweck, unabhängig von dem Betriebe der bestehenden Theater und ohne mit diesen in einen Wettkampf einzutreten, eine Bühne zu begründen, welche FREI ist von den Rücksichten auf Theatercensur und Gelderwerb«, hieß es im Gründungsaufruf. Die Aufführungen des Vereins blieben für Vereinsmitglieder reserviert. Als nicht-öffentliche Veranstaltungen entzogen sie sich der Genehmigungspflicht durch die Theaterpolizei.

Binnen eines Jahres zählte die »Freie Bühne« rund tausend Mitglieder. Auf die erste Premiere der »Gespenster« von Ibsen im (zerstörten) Lessing-Theater am 29. September 1889 folgte ein handfester Theaterskandal. Bei der Uraufführung des Stücks »Vor Sonnenaufgang« von Gerhart Hauptmann am 20. Oktober kam es zu wilden Tumulten. Die »Freie Bühne« blieb dem bis dahin unbekannten Dramatiker treu, sie organisierte auch die Uraufführung seines offen sozialkritischen Dramas »Die Weber« im heutigen Berliner Ensemble (Foto S. 23). Otto Brahm, der die Geschicke des Vereins lenkte, übernahm 1894 das Deutsche Theater, nachdem er dort die erste öffentliche Aufführung der »Weber« durchgesetzt hatte. Aus Protest kündigte der Kaiser seine Hofloge.

^ *Das 1888 eröffnete Lessing-Theater lag in der Nähe des Reichstages am heutigen Kapelleufer.*

Nach dem Vorbild der »Freien Bühne« formierte sich 1890 die »Freie Volksbühne«, die auf die breite Masse der Handwerker und Arbeiter zielte. Anspruchsvolle Dramatik sollte Menschen nahegebracht werden, die sich gute Plätze in großen Theatern sonst nicht leisten konnten. Die Platzkarten wurden zum Einheitspreis angeboten und verlost. Die erste Vorstellung mit Ibsens »Stützen der Gesellschaft« fand am 19. Oktober 1890 im (zerstörten) Ostend-Theater an der Frankfurter Allee statt, es folgten im ersten Vereinsjahr Stücke von Schiller, Hauptmann und Sudermann.

Der von Bruno Wille geleitete Volksbühnenverein stand der Sozialdemokratie nahe. Er geriet 1892 in den Strudel politischer Flügelkämpfe: Wille gründete die konkurrierende »Neue Freie Volksbühne«, der Sozialdemokrat Franz Mehring übernahm für vier Jahre die Führung der »Freien Volksbühne«. Trotz massiver Einschüchterungsversuche durch die Obrigkeit entwickelte sich die Volksbühne zur größten Kulturorganisation der deutschen Arbeiterbewegung. Als beide Vereine sich 1913 wieder zusammenschlossen, um ein eigenes Theater zu bauen, zählten sie zusammen rund 70.000 Mitglieder. Das im Dezember 1914 eingeweihte Haus am Bülowplatz (heute Rosa-Luxemburg-Platz) war damals das modernste Theater Berlins. Er verfügte über eine riesige Drehbühne und einen Kuppelhorizont und bot 2000 Zuschauern Platz. Während der folgenden Kriegsjahre war es allerdings schwierig, dieses Theater zu füllen. Bereits im Sommer 1915 musste der Volksbühnenverein das Haus an den Erfolgsgaranten Max Reinhardt verpachten, der auf politisch anstößige Inszenierungen verzichtete und es mit opulenten Klassikeraufführungen füllte.

Die Volksbühne wurde im Zweiten Weltkrieg bis auf die Grundmauern zerstört und stark vereinfacht wiederaufgebaut, die Inneneinrichtung des damals führenden Theaterarchitekten Oskar Kaufmann ist nicht erhalten. Seine elegante Handschrift trägt noch das 1907-08 gebaute Hebbel-Theater (jetzt HAU, Stresemannstraße 29, Nähe S-Bhf. Anhalter Bahnhof).

^ *Das denkmalgeschützte Hebbel-Theater ist eines der wenigen Zeugnisse moderner Theaterkultur um 1900.*

GERHART HAUPTMANNS WOHNUNGEN

»Weil sich Berlin wie ein ungeheurer, rätselhafter, düsterer Wirbel vor meine Seele gedrängt hatte, zog es mich unwiderstehlich dorthin. Dort musste man schwimmen, kämpfen, bestehen lernen: oder man mochte untergehen.« Zum Studium kam Hauptmann 1884 nach Berlin, wohnte im Scheunenviertel (Kleine Rosenthaler Straße 11, erhalten) und in Moabit (Lüneburger Straße 5, zerstört), wo er Armut und Wohnungselend hautnah erlebte. Diese Erfahrungen flossen später in sein Drama »Die Ratten« (1910) ein; es spielt auf einem Dachboden unweit vom Alexanderplatz.

Nach der Heirat zog Hauptmann nach Erkner. Der Vorort war durch die Bahn gut ans Berliner Zentrum angebunden, heute endet dort eine S-Bahn-Linie. In Erkner verlebte Hauptmann 1885-89 produktive Jahre. Drei Söhne wurden geboren und es entstanden die ersten reifen Werke. Sie beruhten auf Inspirationen aus der Nachbarschaft. Die Novelle »Fasching« verarbeitete einen Unglücksfall auf dem Flakensee, die Bahnstrecke nach Frankfurt/Oder inspirierte die Novelle »Bahnwärter Thiel«. Auch das Skandaldrama »Vor Sonnenaufgang« (s. S. 244) entstand in Erkner. Seit 1962 ist das Wohnhaus Gedenkstätte und Museum (Gerhart-Hauptmann-Straße 1-2). Das großbürgerliche Originalmobilar stammt allerdings nicht aus der Zeit in Erkner, es kam nach dem Zweiten Weltkrieg aus Hauptmanns Wohnsitz im schlesischen Agnetendorf nach Berlin.

Mit wachsendem Ruhm leistete sich Hauptmann immer noblere Adressen. Ab 1889 lebte er in Charlottenburg (Schlüterstraße 78, Gedenktafel), nach 1894 in der Villenkolonie Grunewald (Humboldtstraße 9, später Trabener Straße und Hubertusallee), wo sein Sohn Benvenuto das Grunewaldgymnasium besuchte (Herbertstr. 2-6).

^ *Gerhart Hauptmann beim Spaziergang. Foto um 1900*

HINTER DER WELTSTADT

FRIEDRICHSHAGEN

Je mehr sich Berlin in eine Industriemetropole mit Arbeitermassen und rauchenden Schloten verwandelte, desto stärker wurde die Sehnsucht, ins Grüne zu entkommen. Großstädter entdeckten die Schönheiten der märkischen Landschaft mit ihren Kiefernwäldern und Seen. »O ihr Tage von Friedrichshagen! Ihr Wanderungen am Müggelsee und durch die Müggelberge. Ihr seligen Stunden verträumten Hindämmerns in der Kiefernheide, gemeinsamen Schaffens und Wirkens und Suchens, fröhlicher Symposien und ernsthafter Arbeit am eigenen Selbst«, schrieb Heinrich Hart über den »Zug nach dem Osten«, der die jungen Linksintellektuellen um 1890 erfasste. Die Großstadt hing ihnen »zum Halse heraus«, so erinnerte sich Wilhelm Bölsche in seinem Essayband »Hinter der Weltstadt« (1912): »Im Kieferndufl der endlosen einsamen Wälder, die man von da oben bis zum Horizont fluten sieht wie einen blaugrünen Wollteppich, habe ich mir dann langsam in langen Jahren die Brühe der Großstadt geistig und körperlich wieder heruntergewaschen, Käfer sammelnd und auf entlegenen Waldpfaden zwischen rotem Schlagholz und dicken weißen Pilzen philosophische und ästhetische Gespräche führend mit dem einen oder anderen lieben Genossen«.

Die Initialzündung gab ein Ausflug des literarischen Debattierclubs »Durch« im Mai 1887. Zu Fuß, mit Eisenbahn und Dampfschiff erkundete man die Gegend um Erkner, wo damals Gerhart Hauptmann wohnte. Jener hatte in seinem Heim »ein lukullisches Mahl und eine hochfeine Bowle« für die geistesverwandten Schriftstellerkollegen vorbereitet. Dieser Tag prägte sich allen Anwesenden unauslöschlich ein. Der 1000-Seelen-Ort Friedrichshagen war einer der Haltepunkte

^ *Die Friedrichstraße heißt heute Bölschestraße, sonst hat sich Friedrichshagen seit der Kaiserzeit wenig verändert.*

an der Strecke nach Erkner; dorthin übersiedelten im Frühjahr 1890 zuerst Wilhelm Bölsche und Bruno Wille, führender Kopf der im selben Jahr gegründeten »Freien Volksbühne« (s. S. 245). 1895 folgten die Brüder Heinrich und Julius Hart, Mitbegründer der »Freien Bühne«. Weitere Autoren zogen nach Friedrichshagen, für ein paar Jahre war es Mittelpunkt der literarischen Boheme. Nicht nur ein Ort, »ein Zustand, eine Gemütsverfassung« sei Friedrichshagen gewesen, schrieb Max Halbe. Die Großstadtflüchtlinge fochten für den Naturalismus, sie waren Kritiker der wilhelminischen Kultur, standen der Sozialdemokratie und den Lebensreformbewegungen nahe. Ihre Schriften werden heute kaum noch gelesen, aber ihre Namen prägen das Stadtbild von Friedrichshagen: aus der Friedrichstraße wurde die Bölschestraße, aus der Kaiserstraße die Bruno-Wille-Straße, aus der Wilhelmstraße die Peter-Hille-Straße. Im Antiquariat Brandel (Scharnweberstraße 59) zeigt ein kulturhistorischer Verein wechselnde Ausstellungen zum Friedrichshagener Dichterkreis.

Einige Adressen:

- Lindenallee 20: Im Haus des schwedischen Dichters Ola Hansson quartierte sich im September 1892 August Strindberg für kurze Zeit ein. Bald floh er aus »Friedrichshölle« nach Berlin.
- Ahornallee 19: Im ersten Stock lebte von 1894 bis 1899 Wilhelm Bölsche, von 1899-1901 in der Nr. 22. In der Nr. 24 wohnten Julius Hart ab 1895 und Erich Mühsam von 1902-1903. Bölsches letzter Wohnsitz in Friedrichshagen war das Haus Müggelseedamm 254 (Gedenktafel).
- Kastanienallee 9: 1893-1920 Wohnung von Bruno Wille. Wegen freireligiösen Unterrichts wurde Wille zur einer Haftstraße verurteilt, die er (da es in Friedrichshagen kein Gefängis gab) 1895 im wenige Schritte entfernten »Gasthof zum Preußischen Adler« absitzen durfte (Rahnsdorfer Straße 5). An diese Episode erinnert sein Buch »Das Gefängnis zum preußischen Adler« (1914).
- Rathaus Friedrichshagen, s. S. 58.
- Museum im Wasserwerk, s. S. 50 und 60.
- Berliner Bürgerbräu, s. S. 183.

TIPP: Vom S-Bahnhof Friedrichshagen mit der Straßenbahn durch den Wald ist das Haus zu erreichen, das sich der Maler und Grafiker Fidus (eigentlich Hugo Höppener) 1907-09 in der Villenkolonie Woltersdorf-Schönblick, Köpenicker Straße 46, nach eigenen Entwürfen baute. Fidus versah zahlreiche Schriften der Friedrichshagener mit Buchschmuck im Jugendstil. Sein Haus war Treffpunkt und Gästehaus für Lebensreformer, Vegetarier, Theosophen und Anhänger der Freikörperkultur. 2001 scheiterten Pläne, dort ein Lebensreform-Museum zu eröffnen.

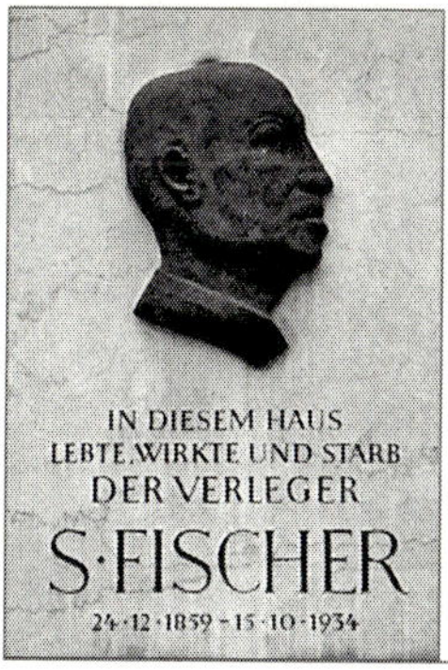

GELD UND GEIST

RUNDGANG IN DER VILLENKOLONIE GRUNEWALD

Während die literarischen Bohemiens durch die Wälder um Friedrichshagen streiften, ließen sich arrivierte Autoren und Verleger im Westen Berlins nieder. 1889 begannen die Rodungsarbeiten im Grunewald, um dort eine Villenkolonie für Wohlhabende zu errichten. Unweit des Bahnhofs Grunewald mit seinem an die Villenbebauung angepassten Empfangsgebäude (1899, Karl Cornelius) erwarb der Erfolgsautor Hermann Sudermann 1909 ein Haus. Sudermann war um die Jahrhundertwende der meistgespielte deutsche Theaterautor und der schärfste Konkurrent Gerhart Hauptmanns – beide brachten soziale Konflikte auf die Bühne, Hauptmann meist als ausweglose Tragödien, Sudermann als Rührstücke. Seine Backsteinvilla in der Bettinastraße 3 (1894, Otto March, Gedenktafel) ist ein schönes Beispiel für die früheste Bebauung in der Kolonie Grunewald – das erhaltene Mobiliar Sudermanns wurde erst 2006 versteigert.

In den Jahren nach der Gründung des Villenviertels entstanden dort immer pompösere Anwesen schwerreicher Zuzügler. So baute sich gegenüber von Sudermann der Verleger Hans Ullstein, Sohn des Verlagsgründers und Seniorchef des Unternehmens, um 1900 eine schlossartige Riesenvilla, die heute als Klinik dient (Bettinastraße 4). Gleich um die Ecke, in der Fontanestraße 8, wohnte 1902-05 der Theaterleiter Max Reinhardt (zerstört, Gedenktafel).

^ *Gedenktafel am Haus von Samuel Fischer (oben) und die Villa Hermann Sudermanns (unten)*

Der Industrielle Walther Rathenau, ab 1912 Aufsichtsratsvorsitzender der AEG (s. S. 177), fühlte sich gleichfalls zum Künstler berufen. Er malte und schrieb (»Von kommenden Dingen«, 1917) und entwarf sein Junggesellenhaus in der Koenigsallee 65 eigenhändig. Mit seinem bescheidenen Schmuck und Walmdach orientiert es sich an der Baukunst um 1800. Die 1910 errichtete Villa war ein steinerner Protest gegen die Fassadenbaukultur der wilhelminischen Zeit. »In Nudeln, Kringeln, Zöpfen und Locken bläht und ballt sich die erliehene Herrlichkeit aus Gips, Stuck, Kunstmörtel und Zement«, lästerte Rathenau in einem Aufsatz über »Die schönste Stadt der Welt« (1899). Seine Polemik gegen den Zeitgeist erschien in der politischen Wochenschrift »Die Zukunft«. Deren Herausgeber Maximilian Harden lebte seit 1894 ebenfalls in der Villenkolonie (Wernerstraße 16, zerstört, Gedenktafel).

Beispiele der von Rathenau gescholtenen Architekturauffassung finden sich zahlreich im Grunewald; etwa die Villenanlage des Architekten Wilhelm Walther in der Koenigsallee 20. Ein paar Schritte entfernt baute Bernhard Sehring für die Brauereibesitzerin Emilie Habel 1903-04 ein neobarockes Palais, in dem es heute Künstlerateliers gibt und gelegentlich Ausstellungen (»Stiftung Starke«, Koenigsallee 30-32). Jederzeit Einlass findet man auf dem Anwesen, das sich der Bankier Franz von Mendelssohn bauen ließ (1898-1908, Ernst von Ihne, Bismarckallee 23, heute »St. Michaels-Heim«).

Der Verleger Samuel Fischer empfing seine Starautoren wie Gerhart Hauptmann, Thomas Mann, Hugo von Hoffmannsthal und Walther Rathenau seit 1905 in der Erdener Straße 8; zuvor wohnte er um die Ecke in der Wissmannstraße 3. Das Verlagshaus in der Bülowstraße 90 existiert nicht mehr. Der jüdische Verlagsgründer wohnte bis zu seinem Tod 1934 in der Grunewaldvilla, danach floh seine Familie vor den Nazis ins Exil.

Der Komponist Engelbert Humperdinck, bekannt durch die Kinderoper »Hänsel und Gretel«, wohnte 1908-12 in der Trabener Straße 16. Er schrieb auch Bühnenmusiken für Max Reinhardt. Humperdinck unterstützte eine Tanzschule für Kinder im selben Haus, die von der Ausdruckstänzerin Isadora Duncan gegründet wurde (Gedenktafel).

Isadora Duncan gibt Unterricht in ihrer Tanzschule für Kinder. Foto um 1900 ^

WEITERE ADRESSEN DER MODERNE

Walter Benjamin (1892-1940), Schriftsteller und Kritiker, Verfasser von »Berliner Kindheit um Neunzehnhundert« (s. S. 73). Von den Wohnungen der Familie ist nur das Mietshaus Kurfürstenstraße 154 erhalten (ab 1893, Nähe U-Bhf. Kurfürstenstraße).

Hedwig Courths-Mahler (1867-1950), Schriftstellerin, s. S. 142.

Ferruccio Busoni (1866-1924), Komponist und Pianist, veröffentlichte 1907 den »Entwurf einer neuen Ästhetik der Tonkunst«. Arbeitete 1894-1914 in Berlin, Gedenktafel am Viktoria-Luise-Platz 11, Schöneberg.

Alfred Döblin (1878-1957), Arzt und Dichter, machte 1900 Abitur am Köllnischen Gymnasium (Wallstraße 43, Nähe U-Bhf. Märkisches Museum). Im Urbankrankenhaus erinnert die Alfred-Döblin-Patientenbibliothek an seine Zeit als Assistenzarzt (1908-11, Dieffenbachstraße 1); in der Nähe eröffnete er 1911 die erste eigene Praxis als praktischer Arzt und Geburtshelfer (Blücherstraße 18, Gedenktafel). Mitarbeiter an Herwarth Waldens Zeitschrift »Der Sturm«. Bereits 1914 entstand sein erster Berlinroman »Wadzeks Kampf mit der Dampfturbine«.

Georg Heym (1887-1912), expressionistischer Lyriker, besuchte 1900-05 das Joachimsthalsche Gymnasium (Foto S. 71), wohnte 1909-11 mit der Familie in der Neuen Kantstraße 12 (Charlottenburg, Gedenktafel). Ertrank am 16. Januar 1912 beim Schlittschuhlaufen auf der Havel: »Leb wohl, Berlin, mit deinen frechen Feuern / Lebt Wohl, ihr Straßen voll von Abenteuern / Wer hat wie ich von eurem Schmerz gewusst / Kaschemmen ihr, ich drück Euch an die Brust.«

Jakob van Hoddis (1887-1942), Verfasser des berühmtesten expressionistischen Gedichts »Weltende« (»Dem Dichter fliegt vom spitzen Kopf der Hut...«), gründete 1909 mit Kurt Hiller den expressionistischen »Neuen Club«, an dessen Zusammenkunft in den Hackeschen Höfen eine Gedenktafel erinnert (Eingang Rosenthaler Straße 40, Mitte, s. S. 180).

^ *Humboldtstraße 13: Hier wohnte Else Lasker-Schüler 1913, nicht weit vom Kurfürstendamm.*

Arno Holz (1863-1929), Schriftsteller und »Vater der Moderne«, lebte seit 1910 in der Stübbenstraße 5 (Nähe U-Bhf. Bayrischer Platz, Gedenktafel).

Else Lasker-Schüler (1869-1945), Dichterin, lebte mit ihrem zweiten Mann Herwarth Walden 1909-11 in der Katharinenstraße 5 (zerstört, Gedenktafel), nach der Trennung 1913 in der Humboldtstraße 13 (erhalten, beide Nähe S-Bhf. Halensee).

Christian Morgenstern (1871-1914), Dichter der »Galgenlieder«, Lektor, Übersetzer von Ibsen und Strindberg, wohnt um 1900 am Stuttgarter Platz 4 (Nähe S-Bhf. Charlottenburg, Gedenktafel).

Mori Ogai (1862-1922), Arzt, Übersetzer, Begründer der modernen japanischen Literatur, hielt sich 1887 zur Fortbildung als Militärarzt in Berlin auf, was sich in der Erzählung »Das Ballettmädchen« (1890) niederschlug. Seit 1984 gibt es die Mori-Ogai-Gedenkstätte an der Wohnadresse Luisenstraße 39 (Mitte, Gedenktafel).

Max Reinhardt (1873-1943), Schauspieler, Regisseur und Theaterleiter, wohnte seit 1912 im barocken »Magnushaus« an der Museumsinsel (Am Kupfergraben 7), vorher in Grunewald (s. S. 249).

Paul Scheerbart (1863-1915), Autor phantastischer Romane, hungerte sich aus Protest gegen den Ersten Weltkrieg zu Tode. Letzte Wohnadresse Marschnerstraße 15 (Steglitz, Gedenktafel).

Arnold Schönberg (1874-1951), arbeitete 1901-15 zeitweise als Kapellmeister des Kabaretts »Überbrettl« und Kompositionslehrer in Berlin. Gedenktafel in Steglitz (1913-15), Sembritzkistraße 33/33a.

Rudolf Steiner (1861-1925), Begründer der Anthroposophie, lebte von 1897-1923 in Berlin, wo er u. a. an der Arbeiterbildungsschule und »Freien Hochschule« Vorträge hielt. Wohnte seit 1903 in der Motzstraße 30 (Nähe U-Bhf. Nollendorfplatz, Gedenktafel).

Richard Strauss (1864-1949), seit 1898 Hofkapellmeister, 1908-18 Generalmusikdirektor des Opernhauses Unter den Linden, komponierte in Berlin die Opern »Salome« (1903) und »Der Rosenkavalier« (1911), die jedoch nicht in Berlin, sondern in Dresden uraufgeführt wurden. Wohnte 1913-17 am Theodor-Heuss-Platz 12, Charlottenburg (Gedenktafel).

Robert Walser (1878-1956), Schriftsteller, folgte seinem Bruder, dem Maler und Bühnenbildner Karl Walser, 1905 aus der Schweiz nach Berlin. Beide wohnten zunächst in Charlottenburg, Kaiser-Friedrich-Straße 70 (bis 1907, zerstört, Gedenktafel) und am Kurfürstendamm 29 (um 1910).

Gedenktafel für Rudolf Steiner in der Schöneberger Motzstraße 30 ^

FONTANOPOLIS

»Berlin selbst hat sich ganz außerordentlich verändert und ist jetzt eine schöne und vornehme Stadt. Wir verdanken das allem Möglichen, aber doch weitaus am meisten dem Asphalt und den Pferdebahnen. ... Alles ist Leben, Frische, Wohlgekleidetheit. Ich freue mich, diese vernobelte Zeit, an die ich kaum geglaubt, noch erlebt zu haben«, schrieb Theodor Fontane im Sommer 1881 an einen Freund in Rom. Er war Augenzeuge, wie sich die noch überschaubare Residenz Berlin in eine Millionenstadt verwandelte. 1833 schickten seine Eltern den Dreizehnjährigen aus Neuruppin in die preußische Hauptstadt, wo er den Apothekerberuf lernte und später vor allem als Journalist den Lebensunterhalt einer vielköpfigen Familie bestritt. 1870 kündigte er seine Redakteursstelle bei der konservativen »Kreuz-Zeitung« und wechselte zur liberaleren »Vossischen Zeitung«, für die er fast zwanzig Jahre lang die Aufführungen des Königlichen Schauspielhauses am Gendarmenmarkt (heute Konzerthaus) besprach. Als Kriegsberichterstatter geriet er während des deutsch-französischen Krieges von 1870/71 unter Spionageverdacht in Gefangenschaft und musste um sein Leben fürchten. Die Kriegszerstörungen im Nachbarland, die der Gründung des deutschen Kaiserreiches vorangingen, hat Fontane mit eigenen Augen gesehen.

Eine gut dotierte Anstellung als Sekretär der Akademie der Künste gab Fontane 1876 nach wenigen Wochen wieder auf, weil er mehr als ein »Rad in der großen Verwaltungsmaschinerie« sein wollte. Er war damals 56 Jahre alt und besaß keinerlei Pensionsansprüche. Nun erst eröffnete Fontane seinen »kleinen Romanschriftsteller-Laden« und schrieb Buch um Buch in der Potsdamer Straße 134c, wo er von 1872 bis zu seinem Tod wohnte,

^ *Theodor Fontane, Gemälde von Hanns Fechner um 1890 (Ausschnitt)*

nicht weit von dem befreundeten Maler Adolph Menzel (s. S. 191). Die Adresse existiert nicht mehr, dafür findet sich ungefähr an alter Stelle – Alte Potsdamer Straße, Ecke Eichendorffgasse – eine Gedenktafel an einem Neubau.

Ein Roman solle ein »unverzerrtes Widerspiel des Lebens, das wir führen« geben, glaubte Fontane. Seine Figuren und ihre Schicksale sind Erfindungen, nicht aber die Art, wie sie reden, was sie denken, wie sie sie sich kleiden und wo sie wohnen. Es charakterisiert eine Figur ganz genau, ob sie – wie Frau Jenny Treibel im gleichnamigen Roman – in einer Industriellenvilla an der Köpenicker Straße zuhause ist oder – wie die Witwe Pittelkow in »Stine« – im proletarischen Berliner Norden: »In der Invalidenstraße sah es aus wie gewöhnlich: die Pferdebahnwagen klingelten, und die Maschinenarbeiter gingen zu Mittag, und wer durchaus was Merkwürdiges hätte finden wollen, hätte nichts anderes auskundschaften können, als daß in Nummer 98e die Fenster der ersten Etage, trotzdem nicht Ostern und nicht Pfingsten und nicht einmal Sonnabend war – mit einer Art Bravour geputzt wurden.« So versetzt Fontane den Leser gleich mit dem ersten Satz in eine ganz bestimmte Stadtgegend, die zum Schauplatz einer Tragödie mit tödlichem Ausgang wird. Wie so oft in den Romanen scheitert eine Liebesgeschich-

te an Standesschranken, die in der Kastengesellschaft der Kaiserzeit kaum zu überwinden waren.

In »Effi Briest«, 1895 als Buch erschienen, ist der soziale Abstieg der von ihrem Mann verstoßenen Ehebrecherin stadträumlich genau definiert: Aus der vornehmen Keithstraße im Westen muss sie in eine kleine Wohnung unweit des Anhalter Bahnhofs ziehen. Fontanes letzter Roman »Der Stechlin« stellt im elften Kapitel der noblen, aber geschlossenen Welt des Tiergartenviertels den Blick vom Kronprinzenufer auf das moderne Berlin mit seinem regen Verkehr auf der Spree und der Stadtbahn gegenüber. Bei der Wahl zum neu erbauten Reichstag unterliegt die sympathische Hauptfigur des Buches, ein märkischer Landadliger, einem Sozialdemokraten. So zärtlich Fontane die untergehende preußische Adelswelt beschrieb, spürte er doch sehr genau, dass ihre Zeit unwiderruflich ablief. Die sozialen Verwerfungen innerhalb der Gesellschaft der Kaiserzeit, von deren psychischen Folgen die

Zu Lebzeiten ging Fontane gerne im Tiergarten spazieren. Dort steht seit 1910 sein Denkmal. ^

Romane erzählen, konnten nicht ewig durch Standesdünkel und überkommene Moralbegriffe im Zaum gehalten werden.

Diese Sichtweise machte kurz vor der Jahrhundertwende den ältesten unter den deutschen Literaten zum »entschlossensten Parteigänger der Jüngsten. Er wird von ihnen geliebt wie kein zweiter. Nicht minder von demjenigen Kreis der übrigen literarisch Interessierten, welcher nicht in rohen Bumbum-Effekten und verlogenen Sentimentalitäten den Gipfel der Kunst erblickt, sondern sich zu ehrlicher Lebensabschilderung und feinerer Seelenkunde hingezogen fühlt«, so der junge Kritiker Alfred Kerr. »Fontanopolis« nannte der Kritiker Ernst Heilborn 1909 das Berlin, das in Fontanes Romanen aufbewahrt ist. Sie beschreiben weniger die äußere Stadt als ihr Seelenleben und den Gebrauch, den die Menschen von der gebauten Umwelt gemacht haben. Die literarischen Schauplätze haben sich meist bis zur Unkenntlichkeit verändert, sind aber wegen der präzisen Angaben Fontanes immer noch auffindbar. Seine Schilderungen erlauben es uns, den versunkenen Alltag des ausgehenden 19. Jahrhundert zu imaginieren.

Als ihn eine Zeitschrift 1893 nach der Technik seines künstlerischen Schaffens befragte, antwortete er: »Ich gehe im Tiergarten spazieren und denke an Bismarck oder an eine Berliner Schrippe oder an einen Spritzfleck auf meinem Stiefel und da fällt mir was sein.« Im Tiergarten trifft man den Spaziergänger Fontane heute noch. Zehn Jahre nach seinem Tod am 20. September 1898 schuf der Bildhauer Max Klein ein überlebensgroßes Denkmal, das den Dichter im Gehrock mit Hut und Spazierstock zeigt. Es kam hauptsächlich durch Spenden von Fontaneliebhabern zustande. Am 7. Mai 1910 wurde es am Südrand des Tiergartens (s. Karte S. 108) eingeweiht. Dort steht heute eine Kunststeinkopie, das Original seit einer großen Gedenkausstellung zum 100. Todesjahr im Märkischen Museum. Begraben liegt Fontane nicht weit von der Invalidenstraße, dem Schauplatz seines Romans »Stine«, auf dem Französischen Friedhof an der Liesenstraße in Mitte (Nähe U-Bhf. Schwartkopffstraße). Das Vorbild zu Effi Briest ruht in Stahnsdorf (s. S. 92).

Fontanes Grab wurde im Zweiten Weltkrieg zerstört und bekam einen neuen Grabstein. Foto 2007 ^

MARSCH IN DEN KRIEG

»Erst wägen, dann wagen« – unweit des Kanzleramtes und neuen Hauptbahnhofes kann man diesen Wahlspruch an einer roten Sandsteinbrücke über der Spree lesen, die mit steinernen Löwen, Adlern, Eulen und Fabelwesen geschmückt ist und deren Laternen von grimmigen Zwergsoldaten in römischer Rüstung bewacht werden. Mit dem bildhauerischen Aufwand ehrte das Kaiserreich noch zu seinen Lebzeiten den populären Generalstabschef Helmuth Graf von Moltke (1800-1891). Seiner strategischen Begabung verdankte Preußen ganz wesentlich die Siege in den Kriegen von 1864, 1866 und 1870/71 und damit die Reichseinigung. Heute verweist der Standort der Moltkebrücke auf eine nach dem Zweiten Weltkrieg verlorene Adresse. Wo jetzt das neue Kanzleramt steht, das im Krisenfall als militärische Kommandozentrale dienen soll, befand sich seit 1871 das Generalstabsgebäude. Dort hat Moltke viele Jahre auch gewohnt. 1905 wurde sein Denkmal ganz in der Nähe vor dem Reichstagsgebäude enthüllt. Lässig mit übergeschlagenen Beinen an einen Tisch gelehnt, so findet man seine Marmorfigur heute an der Siegessäule mitten im Tiergarten (s. S. 107).

Das Generalstabsgebäude war das Gehirn des preußischen Militärapparates, hier wurden bis zum Ersten Weltkrieg immer neue Strategien der Kriegsführung und Schlachtpläne ausgetüftelt. Reichstag und Reichskanzler hatten dabei wenig mitzureden. Die Soldaten waren direkt dem Oberbefehl des Kaisers unterstellt und wurden auf seine Person vereidigt. In der Gesellschaft genossen Militärs eine herausgehobene Stellung: Sie rangierten bei Hofe weit vor den zivilen Würdenträgern, und wer es im Beamtenapparat zu etwas bringen wollte, musste sich wenigstens zum Reserveoffizier hochgedient haben. Militärische Umgangsformen galten im Zivilleben, an Schulen,

< Moltkebrücke mit Generalstabsgebäude; im Hintergrund erkennt man Siegessäule und Reichstagskuppel (um 1900).

auf Ämtern oder in Vereinen als vorbildlich. Staatsfeiertage wurden mit Militärparaden begangen, bei offiziellen Anlässen bildeten Soldaten und Kriegervereine eine repräsentative Kulisse. Und auch an ganz normalen Tagen waren viele Soldaten in den Straßen unterwegs, denn Berlin war die größte Garnisonsstadt des Reiches. 1882 waren hier allein 16.000 Mann stationiert, nicht eingerechnet die Regimenter in den Umlandgemeinden, in Charlottenburg, Spandau oder Potsdam. Für fast alle Einheiten wurden in der Kaiserzeit neue Kasernen gebaut. Keine andere Bevölkerungsgruppe war so präsent im Stadtbild, daher wurde Berlin vor allem im Ausland als säbelrasselnde Metropole und Brutstätte eines aggressiven Militarismus wahrgenommen.

Im März 1913 feierte ganz Deutschland mit vielen Paraden das 100. Jubiläum der Befreiungskriege gegen Napoleon. Bei Ausbruch des Ersten Weltkrieges waren die Begeisterung und die Siegesgewissheit groß: In wenigen Tagen meldeten sich allein in Berlin 80.000 Kriegsfreiwillige an die Front. »Ich kenne keine Parteien mehr, sondern nur noch Deutsche«, proklamierte der Kaiser am 4. August 1914 im Weißen Saal des Berliner Stadtschlosses vor dem versammelten Reichstag.

Am 2. September, dem alljährlich groß gefeierten Sedantag, wurden die ersten erbeuteten Geschütze aus Frankreich und Russland in einem

^ *»Völker Europas, wahret eure heiligsten Güter«: Lithografie nach einem eigenhändigen Entwurf Wilhelms II. (1895)*

Triumphzug Unter den Linden vorgezeigt. Doch schon bald blieben die Truppen in Schützengräben stecken und erlebten das Inferno moderner Materialschlachten mit Gasangriffen und pausenlosem Artilleriebeschuss. Die in der Hauptstadt aushängenden Verlustlisten wurden immer länger. Als erste deutsche Stadt gab Berlin im Februar 1915 Brotkarten aus, weil Lebensmittel knapp wurden. In den folgenden Kriegswintern hungerten und froren viele Menschen, nahm die Sterblichkeit sprunghaft zu. Es kam zu Streiks und Antikriegsdemonstrationen, darauf reagierte die Obrigkeit mit Verhaftungen, Versammlungsverboten und der Verschärfung des Ausnahmezustandes über Berlin.

Ende September 1918 empfahl die Heeresleitung dem Kaiser, der Regierung und den Reichstagsparteien die Aufnahme von Friedensverhandlungen, weil die militärische Niederlage unabwendbar sei. Daraufhin wurde eine neue Regierung gebildet, der erstmals auch oppositionelle Sozialdemokraten angehörten, und eine Abschaffung des preußischen Dreiklassenwahlrechts eingeleitet. Doch dieser Versuch, die Monarchie durch eine Revolution von oben zu demokratisieren, kam zu spät. Der Aufstand meuternder Soldaten und Arbeiter gegen die alte Ordnung war nicht mehr aufzuhalten; am 9. November 1918 dankte der Kaiser ab und wurde in Berlin die Republik ausgerufen.

Die stolze Überschätzung des Militärischen stützte das deutsche Kaiserreich lange Jahre, zuletzt aber führte sie in die Kriegsniederlage und den Untergang der Monarchie. »Erst wägen, dann wagen«: Hätte der letzte Kaiser diesen Leitsatz des alten Moltke beherzigt, wer weiß, vielleicht lebten die Deutschen heute wie andere Nationen in einer parlamentarischen Monarchie.

^ *Suppenküche für die hungernde Bevölkerung in Berlin während des Ersten Weltkrieges*

MUSTERUNG BEI GENERAL PAPPKARTON

Die weite Fläche des Flughafens Tempelhof vermittelt eine Vorstellung von den Dimensionen des riesigen Militärübungsgeländes, auf dem in der Kaiserzeit alljährlich Truppenparaden stattfanden, aber auch schon Wettbewerbe mit Motorflugzeugen ausgetragen wurden. Der »Exerzierplatz der Berliner Garnison«, wie das Tempelhofer Feld auf alten Stadtplänen (vgl. S. 54) heißt, war sogar erheblich größer als das Flughafengelände. Im Osten gehörte die Hasenheide dazu, damals ein Übungsplatz mit Schießständen, jetzt Volkspark. Im Westen erstreckte sich das Exerzierfeld bis zur Eisenbahnlinie am heutigen S-Bahnhof Südkreuz.

Die Bahnhofsschilder tragen den Zusatz »Papestraße«, ein Hinweis auf die militärische Vergangenheit jener Gegend. Der Generaloberst Alexander von Pape war seit 1888 Gouverneur von Berlin und im Urteil des letzten Kaisers das »Vorbild eines altpreußischen Soldaten«. Auf kaiserlichen Erlass erhielt 1897, zwei Jahre nach seinem Tod, die General-Pape-Straße ihren Namen. Sie führt von der Kolonnenstraße an der Bahntrasse entlang zum Südkreuz und wird von nüchternen Kasernenbauten aus Backstein gesäumt, die inzwischen von Zivilisten bewohnt und von Firmen genutzt werden.

»General-Pappkarton-Straße« nannten sie die Berliner. Dort eröffnete 1898 ein neues Landwehrinspektionsgebäude, wo sich alle jungen Berliner melden mussten, wenn sie einen Einberufungsbefehl erhalten hatten. Sie kamen üblicherweise mit einem Pappkarton in der Hand, in dem sie Wegzehrung und einige persönliche Dinge mit sich trugen. Nachdem die jungen Leute ihre Uniform erhalten hatten, gingen die Pappkartons mit der

^ *In der Papestraße mussten sich Berliner melden, die zum Wehrdienst eingezogen wurden. Foto 2006*

Zivilkleidung an die Eltern zurück (teilweise erhalten, Papestraße 62-66).

Zwischen den benachbarten Kasernen und Militärbaracken kann man sich heute frei bewegen. Wo früher stramm exerziert wurde, blüht heute im Sommer das Laubenpieperglück. In der Kaiserzeit waren hier mehrere Eisenbahnregimenter stationiert. Diese Spezialeinheiten entstanden nach den Erfahrungen des Krieges von 1870/71. Sie sollten im Kriegsfall den Bahnbetrieb und damit den Nachschub im Feindesland sicherstellen. Zu Übungszwecken wurde 1875 mit dem Bau einer Militäreisenbahn begonnen. Sie verband den Truppenübungsplatz im Süden Berlins mit einem neuen Artillerieschießplatz bei Kummersdorf, wo immer größere Geschütze getestet wurden. Parallel zu den älteren Gleisen im Bahngraben entlang der Papestraße entstand ein Militärbahnhof (s. auch Karte S. 36).

Das Militärareal an der Papestraße war ein wichtiges Testgelände für neue Techniken der Kriegsführung. Auf den Gleisen der Militäreisenbahn wurden neue Lokomotiven ausprobiert, dabei erreichte ein elektrischer Triebwagen im Jahr 1903 bereits ICE-Geschwindigkeit: 210 Kilometer pro Stunde. Eine den Eisenbahnern angegliederte Luftschifferabteilung experimentierte mit

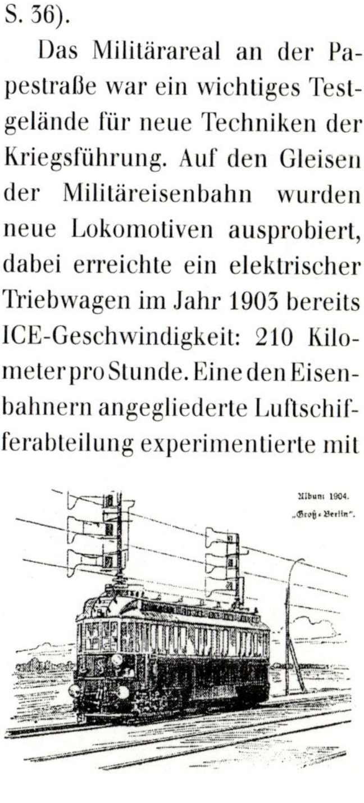

^ *Kaserne des Eisenbahn-Regiments (oben) und Schnelltriebwagen von Siemens & Halske an der Papestraße*

gasgefüllten Aufklärungsballons, was öfters zu tödlichen Explosionen und Abstürzen führte. Auch die allerersten Kraftfahrerkompagnien gehörten zu der Truppe. Die neue Logistik veränderte die Strategien der Generalstäbe, sie ermöglichte im Ersten Weltkrieg zunächst rasche Truppenbewegungen über große Distanzen, dann endlose Materialschlachten. Nach der Niederlage mussten die Eisenbahnregimenter aufgelöst werden, und auf dem Tempelhofer Feld siedelten sich zivile Nutzungen an.

Weitere Militärbauten 1871-1918:

- Reichsmilitärgericht (1908-10), heute Kammergericht, Witzlebenplatz 1-2.
- Kaserne des Garde-Kürassier-Regiments und des Königin-Augusta-Garde-Grenadier-Regiments (1895-97, Friesenstraße 15-16), großes, weitgehend erhaltenes Ensemble direkt am Flughafen Tempelhof, damals militärisches Übungsgelände. Heute von Polizeidienststellen genutzt.
- Kaserne des 3. Garde-Regiments zu Fuß (»Wrangelkaserne«, 1874-78, Wrangelstraße 98, Nähe U-Bhf. Schlesisches Tor). Heute Oberstufenzentrum Handel.
- Kaserne des Telegrafenbataillons Nr. 1 (1901-12) am Treptower Park, Bouchéstraße 87-100, jetzt Polizeidienststelle.

^ *Die erhaltenen Kasernen an der Kruppstraße in Tiergarten (o.) und an der Fidicinstraße in Kreuzberg (u.) um 1905*

- Preußische Hauptkadettenanstalt (1871-78) in Lichterfelde für 700 Zöglinge, teilzerstört, heute genutzt vom Bundesarchiv (Finckensteinallee 63). Fußläufig dazu erhalten ist die Kaserne des Garde-Schützen-Bataillons (1881-84, Gardeschützenweg 71-101, Nähe S-Bhf. Botanischer Garten), derzeit genutzt vom Bundesaufsichtsamt für das Kreditwesen.

- Kasernen des 1. Garde-Feld-Artillerie-Regiments (1878-95, Kruppstraße 3-4, 13A-18).

- Kaserne des Kaiser-Alexander-Garde-Grenadier-Regiments (»Alexanderkaserne«, 1898-1901 am Kupfergraben und zu beiden Seiten der Geschwister-Scholl-Straße 2-8, Nähe Bhf. Friedrichstraße), heute von der Universität und den Staatlichen Museen genutzt. Zum Ensemble gehört das Beamtenwohnhaus des Königlichen Marstalls (1898, Am Kupfergraben 3).

- Militärgefängnis (1898-1900) an der Lehrter Straße 60/61, heute genutzt von der Justizvollzugsanstalt Plötzensee (Nähe Hauptbahnhof). Dort war Karl Liebknecht während des Ersten Weltkrieges inhaftiert (s. S. 267).

- Landwehrkasino (1909, Jebensstraße 2), heute Museum für Fotografie (am Bhf. Zoo).

- Fort Hahneberg, letzte preußische Festung, gebaut 1882-86, um die Rüstungsfabriken in Spandau zu schützen (Hahnebergweg).

^ *Soldaten beim Nachtdienst in Schinkels Neuer Wache (um 1900, o.); in der Nähe steht noch die Alexanderkaserne (u.).*

REICHSMARINEAMT UND PÉPINIÈRE

Seit 1993 hat der Bundesverteidigungsminister seinen Berliner Dienstsitz im sogenannten Bendlerblock zwischen Landwehrkanal und Tiergarten. Dort kann man auch die »Gedenkstätte Deutscher Widerstand« besichtigen: in einem Innenhof an der Stauffenbergstraße 11-13 wurden nach dem Attentat auf Hitler vom 20. Juli 1944 der Oberst Claus Schenk von Stauffenberg und seine Vertrauten hingerichtet. Die militärische Nutzung des Geländes reicht jedoch bis in die Kaiserzeit zurück. Der imposante Kopfbau am Reichpietschufer 74-76, damals Königin-Augusta-Straße, entstand 1911-1914 für das Reichsmarineamt. Seine Größe spiegelte die gewachsene Bedeutung der Kriegsmarine unter dem flottenbegeisterten Kaiser Wilhelm II. Der Aufbau einer schlagkräftigen Hochseeflotte war erforderlich, um die Ambitionen des Reiches als Kolonial- und Weltmacht militärisch abzusichern; sie führte indes zu einem Wettrüsten und diplomatischen Spannungen. Beim Ausbruch des Ersten Weltkrieges bestand die deutsche Hochseeflotte aus 14 Schlachtschiffen, 22 Linienschiffen, 8 Küstenpanzerschiffen, 24 großen und kleinen Kreuzern, 89 Torpedobooten und 19 U-Booten. Den Kriegsverlauf konnten sie nicht entscheidend beeinflussen.

Auch die Kriegerhelme an der Fassade des Bundeswirtschaftsministeriums verraten, dass das Gebäude ursprünglich militärischen Zwecken diente: Unweit der Charité entstand 1905 bis 1910 nach Plänen von Cremer & Wolffenstein ein Neubau für die Militärärztliche Akademie (Gedenktafel Invalidenstraße 48/49, Ecke Scharnhorststraße). Zu den für den Kriegsfall ausgebildeten Ärzten gehörte der Dichter Gottfried Benn, der während des Zweiten Weltkrieges im Bendlerblock Akten über Selbstmordfälle in der Wehrmacht bearbeitete.

^ *Die ehemalige Militärärztliche Akademie (Pépinière) nutzt heute das Bundeswirtschaftsministerium.*

RAUB IN UNIFORM

DIE KÖPENICKIADE

Am falschen Hauptmann kommt in Köpenick keiner vorbei. Als Pappkamerad steht er vor Kneipen und Touristenläden, schaut von bemalten Hauswänden auf die Passanten herab, ist als lebende Kopie in den engen Altstadtstraßen anzutreffen. Als lebensgroße Bronzefigur wacht er über den Eingang zum schmucken roten Rathaus des einstigen Vororts von Berlin. Wie andere Umlandgemeinden, die im Sog der Hauptstadt aufblühten, baute sich auch Köpenick von 1901 bis 1905 ein großzügiges und modernes Haus für die Kommunalverwaltung. Ein Jahr nach der Fertigstellung war das Rathaus weltberühmt. Selbst im fernen Amerika berichteten Zeitungen über den spektakulären Raubüberfall, der sich hier am 16. Oktober 1906 zugetragen hatte. Ein arbeitsloser Schuster in Hauptmannsuniform besetzte mit zehn Soldaten das Rathaus, verhaftete den Bürgermeister, ließ sich die Stadtkasse aushändigen und floh mit 3557 Mark und 45 Pfennigen. Sogar der Kaiser soll schallend gelacht haben, als ihm die Geschichte zu Ohren kam.

In der Armee gedient hatte der Schuster Wilhelm Voigt nie, sondern sein halbes Leben wegen allerlei Eigentumsdelikten in Zuchthäusern zugebracht. Mit 57 Jahren war er eigentlich auch viel zu alt für einen preußischen Hauptmann, aber das fiel den von der Uniform geblendeten Mitmenschen gar nicht auf. Vor der Tat lebte er bei seiner Schwester in Rixdorf. Wegen seiner Vergangenheit als Krimineller wurde er am 24. August 1906 aus Berlin ausgewiesen. Daraufhin meldete er sich nach Hamburg ab, tauchte aber in der Nähe des Strausberger Platzes (Lange Straße 22, heute Neubauviertel) als Schlafbursche unter. Da Voigt schon mehrfach wegen Urkundenfälschung aufgefallen war, spricht einiges dafür, dass er sich

^ *Seit 1996 steht eine lebensgroße Bronzefigur des Hauptmanns am Rathauseingang in Köpenick.*

im Köpenicker Rathaus nicht nur Geld, sondern auch Aufenthaltspapiere verschaffen wollte.

Die Uniform kaufte sich Voigt bei Trödlern zusammen, unter anderem in Potsdam im Holländischen Viertel (Mittelstraße 3). Am 16. Oktober 1906 fuhr er mit der Ringbahn von seinem Versteck im Berliner Osten zum Bahnhof Beusselstraße, um die Uniform aus der Gepäckaufbewahrung abzuholen, dann nach Köpenick zwecks Inspektion des Terrains. Mittags, zur Zeit der Wachablösungen, war er wieder in Berlin. In der Sylter Straße im Wedding kommandierte er zehn Soldaten »auf allerhöchsten Befehl« von der Straße weg und fuhr mit der Truppe wieder nach Köpenick. Er ließ das Gebäude von den Soldaten sperren, daraufhin kam es zu einem Menschenauflauf vor dem Rathaus. Dennoch gelang es dem falschen Hauptmann, mit der Stadtkasse unerkannt zu entkommen und mit der Bahn unbehelligt nach Berlin zurückzufahren. Während die Polizei eine Großfahndung auslöste, war das Bubenstück in aller Munde. Es wurde schon nach wenigen Tagen auf Berliner Theatern nachgespielt, die europäische Presse berichtete über den Fall. Am 26. Oktober 1906 wurde Wilhelm Voigt verhaftet und schon am 1. Dezember im neuen Kriminalgericht Moabit (s. S. 77) zu vier Jahren Haft verurteilt.

Der Kaiser aber begnadigte den falschen Hauptmann vorzeitig. Auf den Tag genau zwei Jahre nach seinem Coup wurde er aus der Haftanstalt Tegel entlassen. Vier Tage später schon konnten ihn die Berliner leibhaftig im Panoptikum in der Kaiserpassage (s. S. 21) an der Friedrichstraße bestaunen, was jedoch von der Obrigkeit sofort verboten wurde. Als Medienstar tingelte Voigt durch Jahrmärkte, Hotels und Lokale und veröffentlichte 1909 seine Memoiren. Er trat sogar in den USA und in England auf und verbrachte seinen Lebensabend in Luxemburg, wo er 1922 starb.

TIPP: Im ehemaligen Tresorraum des Köpenicker Rathauses (Alt-Köpenick 21) erinnert eine Dauerausstellung an das Ereignis. Von dort kann man mit der Straßenbahn ins Gründerzeitmuseum Mahlsdorf (S. 166) fahren.

^ *Das Rathaus in Köpenick wurde durch den spektakulären Raubüberfall 1906 weltberühmt.*

»NIEDER MIT DEM KRIEG!«

LIEBKNECHTS SOCKEL

Als die SPD am 4. August 1914 für die Kriegskredite votierte, blieb ihr Abgeordneter Karl Liebknecht dem Reichstag fern. Vier Monate später lehnte er als erster Parlamentarier weitere Kredite zur Finanzierung des Krieges ab. Mit Rosa Luxemburg gelang es ihm, weitere SPD-Abgeordnete auf seine Seite zu ziehen, was zur Spaltung der Fraktion führte. Am 1. Mai 1916 trat Liebknecht als Redner auf einer Antikriegsdemonstration am Potsdamer Platz auf, wurde verhaftet und wegen Hochverrats angeklagt. Das Urteil lautete auf vier Jahre und einen Monat Zuchthaus.

Kurz vor Kriegsende entlassen, rief er am 9. November 1918 von einem Balkon des Berliner Schlosses die »Freie sozialistische Republik« aus, kurz nachdem Philipp Scheidemann die Republik vom Reichstagsgebäude aus proklamiert hatte. Während des Spartakusaufstandes im Januar 1919 gegen die Übergangsregierung unter der Führung des Sozialdemokraten Friedrich Ebert wurden Karl Liebknecht und Rosa Luxemburg von Freikorpssoldaten ermordet. Beide sind in Friedrichsfelde (S. 83) begraben.

1951 enthüllte Friedrich Ebert junior, der Sohn des ersten Reichspräsidenten und damalige SED-Oberbürgermeister in Ost-Berlin, den Grundstein für ein Liebkecht-denkmal am Potsdamer Platz; es sollte dessen Antikriegsrede mitten im Weltkrieg würdigen. Doch das Denkmal wurde nicht fertig. Seit dem Mauerbau stand allein der Sockel verloren im Grenzstreifen. 1995 verschwand er, weil der Klotz beim Wiederaufbau nach dem Mauerfall im Wege war. Im November 2003 kehrte er aus dem Lapidarium an den Potsdamer Platz zurück. Wie ein Findling ragt er aus dem Verkehrsgewühl: ein sprödes »Denkzeichen« gegen den Krieg und das Vergessen.

^ *Der Sockel des Liebknechtsdenkmals vor dem Haus Potsdamer Platz 10. Foto 2007*

ANHANG

LITERATURHINWEISE

BARTMANN, Dominik (Hg.): Anton von Werner. Geschichte in Bildern. Katalog. Berlin und München 1993.

BELOUBEK-HAMMER, Anita: Brücke und Berlin: 100 Jahre Expressionismus. Katalog. Berlin 2005.

BERLIN UM 1900. Katalog. Hg. v. d. Berlinischen Galerie. Berlin 1984.

BERLIN UND SEINE BAUTEN. Hg. v. Architektenverein zu Berlin. Berlin 1896.

BERLIN UND SEINE BAUTEN. Hg. v. Architekten- und Ingenieurverein zu Berlin. Zahlreiche Themenbände. Berlin 1964ff.

BERLIN UND SEINE EISENBAHNEN 1846-1896. Hg. im Auftrage d. Königlich Preußischen Ministers der öffentlichen Arbeiten. Berlin 1896.

BIENERT, Michael/Erhard SENF: Berlin wird Metropole. Fotografien aus dem Kaiser-Panorama. Berlin 2000.

BOBERG, Jochen/Tilmann FICHTER und Eckhart GILLEN: Exerzierfeld der Moderne. Industriekultur in Berlin im 19. Jahrhundert. München 1984.

–: Die Metropole. Industriekultur in Berlin im 20. Jahrhundert. München 1986.

CULLEN, Michael S.: Der Reichstag. Stuttgart 1990.

DIE KAISER UND DIE MACHT DER MEDIEN. Katalog. Hg. v. d. Generaldirektion der Stiftung Preußische Schlösser und Gärten. Potsdam 2005.

DIE KUNST HAT NIE EIN MENSCH ALLEIN BESESSEN. 300 Jahre Akademie der Künste, Hochschule der Künste. Katalog. Berlin 1996.

DOHL, Dörte: Ludwig Hoffmann. Bauten für Berlin. Tübingen, Berlin 2004.

DOMKE, Petra/Markus HOEFT: Tunnel, Gräben, Viadukte. 100 Jahre Baugeschichte der Berliner U-Bahn. Berlin 1998.

GEIST, Johann Friedrich und Klaus KÜRVERS: Das Berliner Mietshaus, Bd. 2 (1862-1945). München 1984.

GEIST, Johann Friedrich: Die Kaisergalerie. München 1997.

GERHARD, Ute: Unerhört. Die Geschichte der deutschen Frauenbewegung. Reinbek b. Hamburg 1990.

< Jugendstil-Einband des »Albums von Berlin« (um 1910) mit Großstadtfotografien (Ausschnitt)

GLATZER, Dieter und Ruth (Hg.): Berliner Leben 1914-1918. Eine historische Reportage aus Erinnerungen und Berichten. Berlin 1983.

GLATZER, Ruth (Hg.): Berlin wird Kaiserstadt 1871-1890. Berlin 1993.

–: Das Wilhelminische Berlin 1890-1918. Berlin 1997.

HAHN, Peter: Südwestkirchhof Stahnsdorf. Badenweiler 2003.

HANISCH, Michael: Auf den Spuren der Filmgeschichte. Berlin 1991.

HEYDEN, Ulrich von der/Joachim ZELLER: Kolonialmetropole Berlin. Eine Spurensuche. Berlin 2002.

HOFFMANN, Joachim: Berlin-Friedrichsfelde. Ein deutscher Nationalfriedhof. Berlin 2001.

HOPPE, Ralph: Die Friedrichstraße. Pflaster der Extreme. Berlin 1999.

»ICH BIN MEINE EIGENE FRAUENBEWEGUNG«. Frauen-Ansichten aus der Geschichte einer Großstadt. Berlin 1991.

JOACHIMEDES, Alexis/Sven KUHRAU u.a. (Hg.): Museumsinszenierungen. Die Berliner Museumslandschaft 1830-1990. Dresden und Basel 1995.

KAUFFELDT, Rolf/Gertrude CEPL-KAUFMANN: Berlin-Friedrichshagen. Literaturhauptstadt um die Jahrhundertwende. München 1994.

KEISCH, Claude/Marie Ursula RIEMANN-REYHER. Adolph Menzel. Das Labyrinth der Wirklichkeit. Katalog. Paris, Washington, Berlin 1997

KLINGENBURG, Karl-Heinz: Der Berliner Dom. Berlin 1987

KLÖS, Heinz-Georg/Hans FRÄDRICH und Ursula KLÖS: Die Arche Noah an der Spree. 150 Jahre Zoologischer Garten Berlin. Berlin 1994.

LAITKO, Hubert u.a.: Wissenschaft in Berlin. Von den Anfängen bis zum Neubeginn nach 1945. Berlin 1987.

MUTHESIUS. Hermann: Landhäuser. München 1912

NEDELYKOV, Nina/Pedro MOREIRA (Hg.): Max Liebermanns Sommerhaus. Berlin 2005

PARET, Peter: Die Berliner Secession. Frankfurt/M, Berlin, Wien 1983.

POSENER, Julius: Berlin auf dem Wege zu einer neuen Architektur. Berlin 1979.

PROFESSION OHNE TRADITION. 125 Jahre Verein der Berliner Künstlerinnen. Hg. v. d. Berlinischen Galerie. Berlin 1992.

RÜCKERT, Claudia/Sven KUHRAU (Hg.): »Der Deutschen Kunst...« Nationalgalerie und nationale Identität 1876-1998. Dresden und Basel 1998.

SAHERWALA, Geraldine/Thomas SCHNALKE u.a. (Hg.): Zwischen Charité und Reichstag. Rudolf Virchow: Mediziner, Sammler, Politiker. Berlin 2002.

SCHUTTE, Jürgen/Peter SPRENGEL (Hg.): Die Berliner Moderne 1885-1914. Berlin 1987.

TEEUWISSE, Nicolaas: Vom Salon zur Secession. Berliner Kunstleben zwischen Tradition und Aufbruch zur Moderne 1871-1900. Berlin 1988.

WRUCK, Peter (Hg.): Literarisches Leben in Berlin 1871-1933. Berlin 1987.

MUSEEN

Übersicht aller Berliner Museen:
www.berlin.de/museumsfuehrer/az.html

AKADEMIE DER KÜNSTE
Pariser Platz 4, 10117 Berlin
Tel. 200 57 0
www.adk.de

ALTE NATIONALGALERIE
Bodestraße 1-3, 10178 Berlin
Tel. 2090 5801
www.smb.museum

ARCHENHOLD-STERNWARTE
Alt-Treptow 1, 12435 Berlin
Tel. 5348080, www.astw.de

BERLINER DOM (MIT DOM-MUSEUM)
Am Lustgarten 1, 10178 Berlin
Tel. 20 2691-28
www.berliner-dom.de

BERLINER U-BAHN-MUSEUM
Rossitter Platz 1, 14053 Berlin
Tel. 25 62 71 71
www.ag-berliner-u-bahn.de

BERLINISCHE GALERIE
Alte Jakobstraße 124-128,
10969 Berlin
Tel. 789 02-600
www.berlinischegalerie.de

BODE-MUSEUM
Eingang Monbijoubrücke, 10178 Berlin
Tel. 2090 5601

BOTANISCHER GARTEN UND BOTANISCHES MUSEUM
Königin-Luise-Str. 6-8, 14195 Berlin
Tel. 838 50-100

BRÖHAN-MUSEUM
Schloßstraße 1a, 14059 Berlin
Tel. 326 906-00
www.broehan-museum.de

BRÜCKE-MUSEUM
Bussardsteig 9, 14195 Berlin
Tel. 831 20 29
www.bruecke-museum.de

DEUTSCHES HISTORISCHES MUSEUM
Unter den Linden 2, 10117 Berlin
Tel. 20304-0
www.dhm.de

DEUTSCHES TECHNIKMUSEUM BERLIN
Trebbiner Straße 9, 10963 Berlin
Tel. 90 254-0
www.dtmb.de

ETHNOLOGISCHES MUSEUM
Arnimallee 27, 14195 Berlin
Tel. 8301 438
www.smb.museum

^ *Die »Basilika« im Bode-Museum kurz vor dessen Wiedereröffnung. Foto 2006*

GERHART-HAUPTMANN-MUSEUM
Gerhart-Hauptmann-Straße 1-2
15537 Erkner
Tel. 03362 - 299 590
www.gerhart-hauptmann.org

GRÜNDERZEITMUSEUM IM GUTSHAUS MAHLSDORF
Hultschiner Damm 333, 12623 Berlin
Tel. 567 83 29
www.gruenderzeitmuseum.de

HEINRICH-ZILLE-MUSEUM
Probststraße 11, 10178 Berlin
Tel. 246 32-500
www.heinrich-zille-museum.de

KÄTHE-KOLLWITZ-MUSEUM
Fasanenstraße 24, 10719 Berlin
Tel. 882 52 10
www.kaethe-kollwitz.de

KAISER-WILHELM-GEDÄCHTNISKIRCHE
Breitscheidplatz, 10789 Berlin
www.gedaechtniskirche-berlin.de

KUNSTGEWERBEMUSEUM
Tiergartenstraße 6, 10785 Berlin
Tel. 266 2902
www.smb.museum

KUNSTSALON BERLINER SECESSION
Villa Thiede /Villa Hamspohn
Am Großen Wannsee 40,
14109 Berlin
Tel.: 030-8049 5360

LIEBERMANN-VILLA AM WANNSEE
Colomierstraße 3, 14109 Berlin
Tel. 805 85 900
www.liebermann-villa.de

MARTIN-GROPIUS-BAU
Niederkirchnerstraße 7, 10963 Berlin
Tel. 254 860
www.gropiusbau.de

MEDIZINHISTORISCHES MUSEUM
Charitéplatz 1, 10117 Berlin
Tel. 450 536156
www.bmm.charite.de

MUSEUM ZUM FRIEDRICHSHAGENER DICHTERKREIS
im Antiquariat Brandel
Scharnweberstr. 59, 12587 Berlin
Tel. 641 11 60
www.brandel-antiquariat.de

MUSEUM FÜR KOMMUNIKATION BERLIN
Leipziger Straße 16, 10117 Berlin
Tel. 202 94-0
www.museumsstiftung.de/berlin

MUSEUM FÜR NATURKUNDE
Invalidenstraße 43, 10115 Berlin
Tel. 2093 8591
www.naturkundemuseum-berlin.de

MUSEUM IM WASSERWERK
Müggelseedamm 307, 12587 Berlin
Tel. 8644 7695
www.museum-im-wasserwerk.de

MUSEUM KESSELHAUS des
Ev. Krankenhauses
Königin Elisabeth Herzberge
Herzbergstraße 79, 10365 Berlin
Tel. 5472 2424
www.museumkesselhaus.de

PANKE-MUSEUM PANKOW
Heynstraße 8, 13185 Berlin
Tel. 481 4047

PERGAMONMUSEUM
Bodestraße 1-3, 10178 Berlin
Tel. 20905201
www.smb.museum

POLIZEIHISTORISCHE SAMMLUNG
Platz der Luftbrücke 6, 12101 Berlin
Tel. 4664 994762

ROBERT-KOCH-MUSEUM
(nur nach Anmeldung)
Dorotheenstr. 96, 10117 Berlin
Tel. 450 52 4002

SCHLOSS BABELSBERG
Park Babelsberg 11, 14482 Potsdam
Tel. 0331 / 96 94250
www.spsg.de

SCHLOSS BRITZ
Alt-Britz 73, 12359 Berlin
Tel. 609 79 23 0

SCHLOSS CECILIENHOF
Im Neuen Garten, 14469 Potsdam
Tel. 0331 / 96 94244
www.spsg.de

SPÄTH-ARBORETUM DER HUMBOLDT-UNIVERSITÄT
Späthstraße 80/81, 12437 Berlin
Tel. 63 66 941

STADTMUSEUM BERLIN
Am Köllnischen Park 5, 10179 Berlin
Tel. 308 66-0
www.stadtmuseum.de

WERKBUNDARCHIV – MUSEUM DER DINGE
Oranienstraße 25, 10999 Berlin
Tel. 921 063 11
www.museumderdinge.de

KARL-FOERSTER-GARTEN
Am Raubfang 6, 14469 Potsdam-Bornim

ZOOLOGISCHER GARTEN BERLIN
Hardenbergplatz 8, 10787 Berlin
Tel. 25 4010
www.zoo-berlin.de

BILDQUELLENNACHWEIS

- Michael Bienert 8, 11, 12, 15r., 22u., 26, 34, 38, 39u., 40, 47, 49, 50, 58, 59, 60, 62, 68, 70, 72, 73, 76o., 77, 83, 84, 86, 87, 90, 91, 91, 92, 97u., 105, 106, 107, 108u., 109u., 122l., 123, 128, 144, 145l., 148, 151u., 152, 153, 154, 155, 156, 163, 164, 174u., 175, 179l., 181, 182, 184, 208, 214, 215, 216, 222, 223, 225, 226l., 226u., 228, 229, 231, 233, 236, 237, 238, 247, 249, 251, 254, 255, 260, 263u., 264, 265, 266, 267
- Elke Linda Buchholz 43r., 57l., 64, 67, 102, 135, 136, 137, 139, 141, 142, 145r., 149u., 150, 160, 161, 162, 164, 174o., 176, 177, 178o, 178r., 180, 193r., 195, 196, 205, 210, 252, 271
- Ingo Buchholz 179r.
- Archiv der Autoren: Backcover, 1, 13r., 14l., 20, 24, 25, 42, 43o., 43l., 44, 45, 46, 49, 56, 61, 66, 75, 76u., 78, 79o., 80, 94, 104, 108/109o., 115, 118, 120, 126, 127, 129, 130, 131, 132, 134, 138, 143, 151o., 168, 183, 189, 218, 220, 240, 242, 245, 246, 250, 261o., 262
- Archiv des Verlags: Frontcover oben, 13l., 23o., 15, 48, 54, 65, 69, 70, 74, 96, 97o., 114, 117, 119, 121, 124o.m, 125, 146, 172, 173, 186, 188l., 192, 193l., 211, 227, 239, 258, 259, 261u., 263o.
- Zentral- und Landesbibliothek Berlin / Zentrum für Berlin-Studien 16, 18, 19, 21, 22o., 23, 27, 28, 30, 32, 33, 35, 39o., 41, 52, 53, 57r., 63, 79u., 98, 99, 100, 101, 110, 111, 113, 116, 122r., 124u., 140, 149o., 159, 166, 170, 171, 177u., 185, 188r. , 190, 191, 194, 197, 198, 200, 202, 203, 204, 206, 207, 209, 212, 213, 221, 224, 227u., 243, 244, 253, 256, 268

George Grosz, »Großstadt« (Ausschnitt), 1916/17, Collection Thyssen-Bornemisza / VG Bild-Kunst Frontcover unten

Käthe Kollwitz, Grabrelief, VG Bildkunst 144

Peter Behrens, Lichthof der NAG-Autofabrik, VG Bildkunst 176; Bucheinband, 1907, VG Bildkunst 242

Edvard Munch, Porträt Walter Rathenau, 1907, VG Bildkunst 213

REGISTER

Adlon, Lorenz 20, 100f.
Admiralspalast 24f.
AEG 28, 80, 170, 174-179, 196, 213, 250
Ärzte 64ff., 137, 142ff., 222ff., 251, 252, 264
Akademie der Künste 20, 92, 141, 187ff., 253
Alexanderplatz 39, 62f., 79
Althoff, Friedrich 226, 234, 237
Amberg, Adolph 103
Anhalter Bahnhof 20, 34f.
Apollo-Theater 22, 27
Aquarium 15, 233
Arboretum 238
Archenhold-Sternwarte 171, 221, 226
Ardenne, Elisabeth Baronin von 92
Arons, Leo 129, 221
Augusta, Kaiserin 96, 112, 135, 145
Auguste Victoria, Kaiserin 103, 111f., 134
Autobus 31

Badeanstalten 61
Bäumer, Gertrud 134, 144
Bahnhöfe 34-45, 216f.
Baluschek, Hans 141, 188, 213
Banken 28f.
Barlach, Ernst 192
Baumgarten, Paul 196
Bebel, August 130
Beckmann, Max 188, 204, 213
Beese, Melli 142
Begas, Reinhold 97, 106f., 110, 190
Behrens, Peter 118, 176ff., 203, 210, 217, 242
Behring, Emil von 226
Benjamin, Walter 34, 73, 243, 251
Benn, Gottfried 243, 264
Berend-Corinth, Charlotte 142
Berliner Ensemble 23, 244
Berliner Philharmoniker 242
Berliner Schloss 98f., 117, 121, 205, 258, 267
Berlinische Galerie 108, 197
Bismarck, Otto von 47, 106f., 116, 119-25, 127, 130, 191, 255
Blankenstein, Hermann 14, 63f., 66ff., 69f., 72, 75f., 78, 85
Blunck, Erich 113, 161
Bode, Wilhelm von 193, 205ff., 209, 212
Bode-Museum 205ff., 211
Bohrdt, Hans 192
Bolle 13, 179
Bölsche, Wilhelm 247f.
Borsig, August 169, 174, 213
Botanischer Garten 236f.
Brahm, Otto 23, 242, 244
Branca, Wilhelm von 228
Brandes, Georg 39, 95
Brauereien 182f.
Braun, Lily 142
Bröhan-Museum 103, 217
Brücke (Künstlergruppe) 194, 198f., 204
Brütt, Adolf 108, 227
Busoni, Ferruccio 251

Café des Westens 243
Carstenn, Johann Anton Wilhelm 156f.
Cassirer, Paul 188
Cauer, Minna 142

Cecilie, Kronprinzessin 102f., 134f.
Charité 20, 68, 222ff.
Charlottenburg 14f., 30f., 42, 44, 51, 57, 61, 68, 73, 79, 81, 83, 103, 106, 112, 115, 130, 135, 142, 144, 148f., 178, 184, 189, 192, 197, 215, 217, 227, 246, 251f., 263
Corinth, Lovis 92, 142, 188, 204
Cremer & Wolffenstein 221, 264

Dahlem 43, 126, 145, 210, 118ff.
Denkmäler 20, 94, 104-109, 111, 119, 126, 142, 144, 149, 197, 205, 222f., 225, 227, 234, 254f., 257, 267
Deutsche Bank 28f.
Deutsches Historisches Museum 116f., 216
Deutsches Technikmuseum Berlin 33ff., 98, 183
Deutsches Theater 23, 242, 244
Döblin, Alfred 243, 251
Dohm, Hedwig 133, 143
Dom, Berliner 81, 100, 113, 114
Duncan, Isadora 143, 250

Eberlein, Gustav 107f.
Ebert, Friedrich 15, 130, 267
Ebhardt, Bodo 28, 196
Einstein, Albert 226
Encke, Erdmann 107f.
Endell, August 180, 217
Ende & Böckmann 29, 158, 231
Engler, Adolf 236
Erster Weltkrieg 15, 57, 67, 89, 117, 126, 134, 165, 176, 179, 258f., 261, 267
Ethnologisches Museum, s. Museum für Völkerkunde

Feininger, Lyonel 199, 213
Fidus 248
Fischer, Emil 226, 234
Fischer, Samuel 89, 242, 244, 249f.
Flugpioniere 14f., 35, 92, 142, 145, 260
Foerster, Karl 238f.
Fontane, Theodor 39, 92, 106f., 191, 241, 253ff.
Frauenbewegung 133ff.
Friedhöfe 80ff., 114f., 126, 142f., 190
Friedrich III., Kaiser 49, 81, 114, 205f.
Friedrichshagen 58, 60, 247f.
Friedrichstraße 16-29, 185, 186, 266

Gallé, Emile 216f.
Gartenstädte 162-165
Gasometer 38, 179, 213
Gaul, August 103, 107, 195
Gedenkstätte der Sozialisten 84f.
Gerichte s. Justizbauten
Gewerbeausstellungen 33, 126, 170ff.
Gewerkschaften 83, 128f., 143, 145
Gierke, Anna von 143
Gleisdreieck 41f.
Graefe, Albrecht von 20, 222
Grenander, Alfred 44f., 56, 91, 179
Grisebach, Hans 45, 193
Gropius, Martin 65, 68, 214f., 222
Grosz, George 204, 215
Groß-Berlin 51ff.
Gründerzeitmuseum 166f., 266

Hauptmann, Gerhart 23, 101, 241, 244f., 246f., 249, 250
Hackesche Höfe 180f., 217, 251
Haber, Fritz 235
Hahn, Otto 145, 227, 234f.
Halbe, Max 248
Harden, Maximilian 77, 242, 250
Harnack, Adolf von 227, 235
Hart, Heinrich 241, 247
Hart, Julius 241, 248
Hart & Lesser 157, 185, 216
Hebbel-Theater 245
Heckel, Erich 198f.
Heine, Heinrich 18
Helmholtz, Hermann von 222, 227
Herter, Ernst 193, 227
Heusler-Edenhuizen, Hermine 143
Heyl, Hedwig 136, 143
Heym, Georg 243, 251
Heyn, Fritz 154
Hirschfeld-Tiburtius, Henriette 142f.
Hitz, Dora 140
Hobrecht, James 59f., 147, 153
Hoch- und Untergrundbahn, s. U-Bahn
Höch, Hannah 215
Hoeniger, Johann 72, 115
Hoddis, Jakob von 251
Hoffmann, Ludwig 14, 57, 61, 67, 69, 72f., 85, 103, 110, 209, 212
Holz, Arno 241, 252
Hotels 10, 20, 26, 100f., 123
Humann, Carl 208

Ihne, Ernst von 98f., 205, 219, 234f., 250

Ihrer, Emma 84, 143
Industrie 28, 31f., 117, 165, 168-181, 203, 213, 220, 247
Irrenanstalten 72f.

Jacobsohn, Siegfried 92
Jandorf, Adolf 89, 184f.
Jüdische Friedhöfe 86-89
Jüdische Gemeinde 68, 72f., 86ff., 115
Jugendstil 40, 42, 45, 56, 78, 180f., 217f., 236, 248, 268
Justi, Ludwig 203
Justizbauten 77-79

Kaiser-Friedrich-Museum, s. Bode-Museum
Kaiser-Wilhelm-Gedächtniskirche 111ff., 149
Kaiser-Wilhelm-Palais 20, 96f., 117
Kaiser-Wilhelm-Institute 220, 234f..
Kaisergalerie (auch: Kaiserpassage, Lindenpassage) 21, 266
Kanalisation 59f.
Karstadt, Rudolf 184
Kasernen 258-263
Kaufhäuser 14, 185
Kaufmann, Oskar 27, 245
Kayser & Großheim 19, 29, 39, 156, 189, 196
Kempinski, Berthold 89
Kerr, Alfred 255
Kiehl, Reinhold 58, 61
Kino 25ff., 28, 105
Kirchen 66, 82ff., 111ff., 161, 165
Kirchner, Ernst Ludwig 189, 194, 198
Kirschner, Martin 74, 85
Kisch, Egon Erwin 243
Klimsch, Fritz 103, 222
Koch, Robert 136, 225ff.
Kolbe, Georg 28
Kollwitz, Käthe 85, 140f., 143f., 188
Kolonialpolitik 123ff., 171, 233, 264
Komische Oper 20, 23
Kraaz, Johannes 179
Kraftwerke 13, 174ff.
Krankenhäuser 64-68, 222ff.
Kraus, August 197
Krematorien 93
Kreuzberg 8, 11, 27, 31, 32, 63, 79, 110, 115, 131, 153, 148, 180f., 183, 193, 239, 262
Kruse, Max und Käthe 192
Kulturbrauerei 182
Kunstgewerbemuseum 20, 103, 188, 207, 214ff.,
Kurfürstendamm 13, 27, 101, 111, 149, 243, 252
Kyllmann & Heyden 21, 25
Lange, Helene 139, 144
Langenscheidt, Carl 196
Lapidarium 59f., 104f.
Lasker-Schüler, Else 144, 199, 243, 251f.
Lehmbruck, Wilhelm 199
Lehmus, Emilie 144
Leistikow, Walter 187f.
Lepsius, Sabine 144
Lessing-Theater 244
Lette, Wilhelm Adolf 138, 141
Liberalismus 188, 120, 131, 138, 211, 223
Liebermann, Max 87, 187f., 193ff., 204, 217
Liebknecht, Karl 84, 144, 263, 267
Liebknecht, Wilhelm 83, 130
Lilienthal, Otto 14
Lincke, Paul 22
Lüders, Marie Elisabeth 144
Luxemburg, Rosa 74, 84, 134, 144f.

Mächtig, Hermann 85, 239
Märchenbrunnen 110
Märkisches Museum 167, 197, 200, 211ff., 255
Mahlsdorf, Charlotte von 166f., 266
Manzel, Ludwig 90, 92, 104, 192
March, Otto 155, 215, 249
Markthallen 18, 53, 62f., 223
Martin-Gropius-Bau 214f.
Mebes, Paul 155
Medizinhistorisches Museum 224
Mehring, Franz 83, 245
Meidner, Ludwig 199
Meitner, Lise 145, 227
Mendelssohn, Franz von 29, 250
Menzel, Adolph 99, 190f., 203f., 213
Messel, Alfred 14, 24f., 29, 68, 129, 138, 140, 150ff., 177, 196, 209
Metropol-Theater, s. Komische Oper
Meyer, Gustav 238f.
Meyerheim, Paul 85, 213
Mietskasernen, s. Wohnungsbau
Moabit 77, 150, 169, 177ff., 246, 234
Modersohn-Becker, Paula 141
Moltke, Helmuth von 106f., 191, 257ff.

Mommsen, Theodor 227
Morgenstern, Christian 243, 252
Morgenstern, Lina 89, 145
Mori Ogai 252
Mosse, Rudolf 88
Mueller, Otto 198f.
Mühsam, Erich 243, 248
Munch, Edvard 14, 213
Museum für Kommunikation 46ff.
Museum für Naturkunde 228ff.
Museum für Völkerkunde 126, 199
Muthesius, Hermann 158-161, 164, 185, 217

Nationaldenkmal für Wilhelm I. 94, 104
Nationalgalerie 99, 108, 187, 198-99, 202ff.
Naumann, Friedrich 131
Neptunbrunnen 110
Nernst, Walther 227
Neues Palais (Potsdam) 97f., 190
Neues Theater am Schiffbauerdamm, s. Berliner Ensemble
Neue Wache 117, 263
Neukölln (Rixdorf) 14, 49, 51, 58, 61, 79, 126, 183, 265
Neumann, Else 14

Obdachlosenasyle 74ff.
Oberbaumbrücke 33, 56
Oberschöneweide 176ff.
Oppenheim, Franz 196
Orlik, Emil 188
Orth, August 39, 113
Osthafen 33

Panke-Museum 154, 167
Pankow 26, 40, 58, 73, 79, 154f., 216, 237
Parkanlagen 43, 90ff., 96, 105ff., 110, 155, 166, 171f., 193, 196, 231ff., 238f.
Passagen 20, 21, 213
Paul, Bruno 188, 210, 215, 217
Pechstein, Max 194, 198f.
Pergamonmuseum 56, 208ff.
Pestalozzi-Fröbel-Haus 136f.
Planck, Max 227, 234f.
Polizeipräsidium 79
Porten, Henny 25, 27
Post 47ff.
Potsdam 14, 96ff., 102ff., 156, 190, 239, 266
Prenzlauer Berg 39, 59, 61, 70, 72, 74, 86f., 112, 115, 144, 148, 151, 182
Preußischer Landtag 118-122

Raschdorff, Julius 97, 114
Rathäuser 52, 56ff., 265
Rathenau, Emil 80f., 174
Rathenau, Walther 177, 213, 250
Reichspostmuseum, Postgebäude 46ff.
Reichskanzlei 124, 130
Reichstag 13, 14, 83, 99, 116-122, 125, 30, 134, 211, 223, 254, 257, 267
Reichsversicherungsamt 127
Reinhardt, Max 14, 23, 242f., 245, 249f., 252
Reinhardt & Süßenguth 58
Riehmers Hofgarten 153
Ringbahn 36-39, 90, 169
Rodenberg, Julius 85

Salomon, Alice 136f., 145
Saltzmann, Carl 192, 196
Schaper, Fritz 106, 109
Schauspielhaus 242, 253
Scheerbart, Paul 252
Scheffler, Karl 152
Schepeler-Lette, Anna 138, 145
Schering, Ernst 169ff., 174
Schliemann, Heinrich 215
Schmidt-Rottluff, Karl 198f.
Schmieden, Heino 29, 65, 68, 222
Schmitthenner, Paul 165
Schmitz, Bruno 19, 88
Schloss Babelsberg 96f.
Schloss Cecilienhof 102f.
Schloss Monbijou 98
Schönberg, Arnold 252
Schöneberg 14, 38, 40, 49, 51, 58, 60, 79, 82, 115, 130, 138, 140, 142, 146, 179, 213, 236
Schrader-Breymann, Henriette 136f., 145
Schulen 69-73, 139
Schultze-Naumburg, Paul 102
Schwechten, Franz 34, 104, 112, 175, 178, 182
Schweitzer, Heinrich 24, 29, 140
Secession 103, 106, 141f., 188, 193ff., 198f., 204, 213, 242
Seeling, Heinrich 23, 58, 68
Sehring, Bernhard 192f., 250
Siegesallee 104f.

Siegessäule 104ff., 117
Siemens, Werner von 32f., 92, 141
Siemens (Firma) 32f., 132, 168, 178
Siemering, Rudolf 107, 109, 222
Simmel, Georg 172, 227
Simon, James 61, 87, 206
Skarbina, Franz 213
Skladanowsky, Max und Emil 26
Slevogt, Max 188
Sombart, Werner 227
Sozialdemokratie 13, 15, 83ff., 112, 116, 120, 125, 130, 142, 144, 221, 254, 259, 267
Sozialversicherung 28, 127
Späth, Franz (Firma) 161, 238
Spandau 51, 58, 104, 164f., 261
SPD, s. Sozialdemokratie
Spieker, Paul 219
Stadtbahn 30, 34-40, 62, 107, 254
Stadthaus 56f.
Stadtmuseum, s. Märkisches Museum
Stadtschloss, s. Berliner Schloss
Steiner, Rudolf 252
Stephan, Heinrich von 47
Stöcker, Helene 134, 145
Strack, Heinrich 71, 96, 202
Straßenbahn 32
Strauss, Richard 252
Stüler, Friedrich August 202
Sudermann, Hermann 241, 245, 249
Synagogen 115

Taut, Bruno 91, 150, 163
Taut, Max 91f.
Telefon 47, 51, 97, 122
Technische Hochschule 112, 158, 220
Teltowkanal 33, 238
Tiergarten 104ff., 254
Theater 22f., 242ff.
Theater des Westens 193
Thiede, Paula 145
Treitschke, Heinrich von 221
Troop, Paul 176
Troost, Paul Ludwig 103
Tschudi, Hugo von 203
Tuaillon, Louis 106, 108, 225

U-Bahn 30-33, 44ff., 56
Ullstein, Hans 249
Ullstein, Leopold 87
Universität 68, 129, 137, 144, 219-29, 238
Unter den Linden 11, 14, 17ff., 26, 29, 81, 95f., 100, 116, 188f., 218f., 226, 229, 233, 252, 259
Ury, Else 71
Ury, Lesser 89, 187f.

Velde, Henry van de 117, 216f.
Villen, Villenkolonien 156ff., 162, 177, 191, 193ff., 210, 235, 246, 249
Villenkolonie Grunewald 40, 130, 156, 158, 175, 246ff., 249f.
Virchow, Rudolf 59, 131, 222ff.
Voigt, Wilhelm 265, 266
Volksbühne 242, 244, 248

Wackerle, Josef 103
Wagener, Joachim 202
Walden 144, 189, 199, 243, 251f.
Wallot, Paul 118, 121, 122, 158
Walser, Robert 17, 252
Warenhäuser 129, 152
Wasserversorgung, Wasserwerke 59f.
Wedding 70, 72, 74f., 77, 82, 93, 169, 174, 225, 237, 239, 266
Weissensee 49, 86ff., 73, 79
Werkbund 91, 102, 159, 210, 217
Werner, Anton von 99, 105, 108, 114, 117, 121, 187f., 191, 194, 204
Wertheim 14, 129, 152, 184
Wiegand, Theodor 210
Wilhelm I., Kaiser 80f., 95ff., 111, 116, 156, 202
Wilhelm II., Kaiser 42, 53, 95ff., 100ff., 104ff., 110, 114, 118, 170, 192, 208, 221, 258f., 264
Wille, Bruno 245, 248
Wilmersdorf 43f., 115, 142, 227, s. auch Villenkolonie Grunewald
Wintergarten-Varieté 27
Winckelmann, Emilie 145
Wohnungsbau 147-164
Wolzogen, Ernst von 243

Zentralviehhof 38, 223
Zentrumspartei 125
Zetkin, Clara 133, 143
Zeughaus 116f., 203
Zille, Heinrich 92, 167, 188, 197
Zoologischer Garten 231ff.

Unter den Linden 26, 10117 Berlin

Michael Bienert/Elke Linda Buchholz

DIE ZWANZIGER JAHRE IN BERLIN

EIN WEGWEISER DURCH DIE STADT

280 Seiten, 12,5 x 20,5 cm, 19,80 €

ISBN 13: 978-3-929829-28-0

Dreigroschenoper, Bubikopf, Dada, Bauhausarchitektur, Metropolis, Straßenkämpfe – der Mythos der Zwanziger Jahre prägt bis heute das Bild Berlins in der ganzen Welt. Zum ersten Mal liegt nun ein Stadtführer vor, der hilft, die Zwanziger Jahre mit all ihren Facetten im wiedervereinigten Berlin wiederzuentdecken. Zahlreiche Abbildungen, Register und ein Serviceteil erleichtern die Orientierung.

WWW.ZWANZIGER-JAHRE-IN-BERLIN.DE

Sven Felix Kellerhoff

ORTSTERMIN MITTE

SPURENSUCHE IN BERLINS INNENSTADT

256 Seiten, 12,5 x 20,5 cm, 19,80 €

ISBN 13: 978-3-929829-57-0

Berlin für Fortgeschrittene, mehr als die Hauptsehenswürdigkeiten, von einem jungen Historiker geschrieben, der außergewöhnlich interessant Geschichte in Geschichten (30 insgesamt) erzählen kann, weil er das laufend und erfolgreich tut. Kellerhoff ist der Geschichtsredakteur der WELT und der Berliner Morgenpost. Bei uns erschien von ihm »Mythos Führerbunker« (inzwischen auch auf englisch und italienisch). Erstmals erzählte Geschichten wie die vom Hotelbesitzer Curt Elschner, der Hitler die Tür wies; Admiralspalast am Rande des Rotlichmilieus; die Goebbels-Villa und ihr Bunker; Schloss Monbijou; der Tod Peter Fechners 1962 an der Mauer. Wir wurden immer wieder gebeten, etwas mehr in die Tiefe zu gehen, jetzt liegt das Ergebnis vor. Der Band ist mit vielen Abbildungen versehen, und auf einer Karte findet man die Orte.

WWW.ORTSTERMIN-MITTE.DE